Sabine Lichtenfels

WEICHE MACHT

Perspektiven eines neuen Frauenbewußtseins und einer neuen Liebe zu den Männern

*Umschlaggestaltung: Simone Kanne und Wam Kat,
unter Verwendung des Bildes "Die Göttin"
von Sabine Lichtenfels, Portugal 1996*

Copyright © 1996 by Verlag Berghoff and friends,
Rosa-Luxemburg-Straße 39, D-14806 Belzig.
Sämtliche Rechte, auch auszugsweise,
sind vorbehalten.
Satz: Wam Kat
Belichtung: Satz Art, Berlin
Druck: Clausen & Bosse, Leck
Printed in Germany
ISBN 3-9805234-0-3

Inhalt

Vorwort 7

Einführung: 11
Mein Glaube an die Liebe und warum ich als
Theologin die Kirche verlassen habe

I: **Meine Suche nach neuen Wegen in der Liebe**

1. Meine Liebeserfahrung ab 16 23
2. Ehrlichkeit in den Freundschaften, die Suche nach . 29
   Wahrheit in der Liebe
3. Das Leben zu zweit 39
4. Schwangerschaft 45
5. Der Entschluß zur Ehe 47
6. Die sich anbahnende Trennung 53
7. Die Begegnung mit einem neuartigen Mann 57
8. Die beginnende Verwirklichung 65
9. Das Leben als Single und 69
   alleinstehende Mutter in der Stadt
10. Die endgültige Entscheidung 75
11. Zwei Frauen lieben denselben Mann 79
12. Ein Gemeinschaftsprojekt mit freier 85
    Liebe und mein Stand heute
13. Meine spirituelle Entwicklung 93

II: **Eifersucht gehört nicht zur Liebe**

1. Ein neuer Liebesgedanke 107
2. Dreizehn Wahrheiten zum Thema 113
   Treue und Partnerschaft

III: **Am Anfang war das Weib**

1. Die matriarchalen Quellen der menschlichen Kultur . 123
2. Zur geschichtlichen Situation der Frau heute 129
3. Worte einer Göttin 135
4. Wer mich gefunden hat, steht am Anfang 141
   zu allen Dingen

IV: Die Entwicklung der weiblichen Kraft für eine neue Kulturbildung

1. Frauensolidarität 145
2. Ein Blick auf die Situation der Männer 153
3. Eine neue Liebe zu den Männern 157
4. Die Liebesschule 165
5. Die sexuelle Natur der Frau 173
6. Die lesbische Liebe 177
7. Die Partnersuche der Frau 181
8. Die Frage der Empfängnisverhütung 185
9. Mutterschaft 189
10. Orientierung für die Jugend 193
11. Die mediale Natur der Frau 197
12. Ein neues Berufsbild der Frauen 201

V: Traum und Wirklichkeit – Die Quellen der Zukunft

1. Der Zusammenhang von Traum und Wirklichkeit . 205
2. Die Bedeutung der Traumarbeit für 223
eine neue Kulturbildung
In der Heranreifung unseres Bewußtseins träumt
die Erde einem neuen Paradies entgegen
3. Die Schaffung einer positiven Vergangenheit 229
4. Die Kunst der Affirmation 231
5. Aufbau von Heilungsorten 237
6. Die Energie der Verwirklichung – 243
und die Kraft, nicht so zu werden,
wie die Gegner einen haben wollen

Zusammenfassung: 247
24 Thesen für eine neue Frauenbewegung

Literaturverzeichnis 259

Vorwort

Während ich die letzten Zeilen dieses Buches schreibe, wartet meine Freundin Andrea darauf, daß ihr Kind das Licht der Welt erblickt. Dieses Kind ist aus Sex entstanden, wie alle anderen Kinder auch. Für mich ist das immer noch und immer wieder ein Wunder. Und gerade, wenn so kleine Wesen in der Nähe geboren werden, kommt die drängende Frage: In welche Welt setzen wir unsere Kinder eigentlich hinein? Dieses Buch richtet sich an diejenigen, die möchten, daß unsere Kinder eine Chance haben. Und es ist für die geschrieben, die wissen, daß die Quelle, aus der wir alle kommen, die Sexualität, einen neuen und klaren Stellenwert braucht in unserer Gesellschaft. Eine Kultur, die die Sexualität verneint, verneint das irdische, sinnliche Leben.

Um einen sinnlichen Frieden einleiten zu können, sind Frauen heute mehr herausgefordert, als sie es in den letzten 2000 Jahren jemals waren. Für den planetarischen Frieden brauchen wir ein neues Verhältnis der Geschlechter. Der Traum vom Matriarchat und der Großen Mutter ist genauso ausgeträumt wie der Traum vom Patriarchat. Gemeinschaften der Zukunft brauchen den grundlegenden Rollenwechsel von Männern und von Frauen. Ohne den haben wir keine Chance. Die Frau ist für den Mann bis heute, auch wenn er die Frau äußerlich zu dominieren scheint, in vielen Bereichen ein Mythos, eine Projektion und ein Mysterium. Und die Frau hat es bis heute verstanden, ihre emotionale und erotische Macht dem Mann gegenüber auszuspielen, obwohl sie äußerlich eine untergeordnete Rolle spielt. Frauen führen die heimliche Regie über das Potenz- oder Impotenzgefühl des Mannes, und sie wissen insgeheim, daß daran für ihn alles hängt. Gleichzeitig ist der Frau das männliche Denken in vielen Bereichen nach wie vor fremd geblieben, und im großen und ganzen hat sie sich auch wenig dafür interessiert. Unterdrückung und Angst haben sie über viele Jahrhunderte vollkommen zum Verstummen gebracht. Am gesellschaftlichen und politischen Leben hat sie sich auf ihre weibliche, authen-

tische Art bisher kaum beteiligt und auch kaum beteiligen können. Es bedarf einer gehörigen Portion von Umdenken, um hier ein entsprechendes Selbstbewußtsein und eine speziell weibliche Kraft zu entwickeln, die den Verlauf der Geschichte nicht weiter den Männern überläßt.

Dieses Buch soll ein Beitrag sein für Frauen und Männer gleichermaßen. Besonders der erste Teil wendet sich an junge Menschen. Ich habe mich bemüht, in einfacher Sprache die Sackgasse in der Liebe und mögliche Auswege anhand meiner eigenen Biografie aufzuzeigen. Vielleicht hilft es jungen Menschen, die falsch angelegte Liebesstruktur in unserer Gesellschaft leichter zu durchschauen und neue Wege zu wählen. Meine Sprache folgt nicht den strengen feministischen Regeln, mir erscheint es nicht immer wesentlich, ob ich jetzt frau oder man sage. Wesentlich ist mir, einen Beitrag zu leisten für ein inneres Erwachen und den Mut, Zusammenhänge, auch sexuelle Zusammenhänge, beim Namen zu nennen. Ich kann erst an eine bessere Zukunft glauben und an die Möglichkeit ökologischer Heilung, wenn auch im intimsten Bereich, im Bereich der Liebe, eine strukturelle Heilungsmöglichkeit erkannt und genutzt wird. Im Namen aller, die nach uns folgen, damit sie eine bessere Zukunft vorfinden und damit die Liebe wieder eine Chance hat.

Ich danke allen meinen Vorgängerinnen wie z.B. Emma Goldman, Rosa Luxemburg oder Lou Andreas-Salomé, die zu einer schwierigen Zeit die Frauenemanzipation eingeleitet haben. Wir können heute den Mut entwickeln, ihre angefangenen Gedanken konsequent zu Ende zu denken. Ich danke allen Geschichtsforscherinnen wie z.B. Heide Göttner-Abendroth oder insbesondere Riane Eisler, die uns wieder eine positive Sicht auf unsere politische und soziale Verantwortung und Weiblichkeit eröffnet haben. Ich danke Frauen wie Erica Jong oder auch Anja Meulenbelt für ihren sexuellen Mut und Aufbruchsgeist. Ich danke vor allem den Freundinnen und Freunden, die mich bei der Entstehung dieses Buches unterstützt haben.

Ich möchte dieses Buch meinen Töchtern Delia und Vera widmen und den Kindern, die während unseres Gemeinschaftsexperimentes geboren wurden.

Auf daß sie eine bessere Zukunft haben und die Kraft und den Mut entwickeln, auf dieser Erde heilend zu wirken. Man muß dieses Buch nicht unbedingt in der bestehenden Reihenfolge lesen. Die einzelnen Kapitel sind unabhängig voneinander lesbar und verständlich.

Wenn das Lesen so bewegend wird wie das Schreiben dieses Buches, dann wird es zu neuen Konsequenzen führen. Möge eine humane Frauenbewegung daraus entstehen, und eine solidarische Liebe zu den Männern.

Portugal, Juni 1996

Einführung

An den Anfang dieses Buches möchte ich einen Vortrag stellen, den ich 1995 vor einer Schweizer Kirchengemeinde gehalten habe. Ich beschreibe darin den Zusammenhang von Theologie, Liebe und Eros, der für mein Leben bestimmend wurde. Ich beschreibe auch mein weibliches Erwachen in einer patriarchalen Umwelt und einer männlichen Religionsgeschichte, das für mein politisches und soziales Engagement wegweisend war.

Mein Glaube an die Liebe und warum ich als Theologin die Kirche verlassen habe

Ich beginne mit Auszügen aus meinem Lieblingstext aus dem Neuen Testament 1. Korinther. 13: Das Hohelied der Liebe

1. Wenn ich mit Menschen- und mit Engelszungen redete, und hätte der Liebe nicht, so wäre ich ein tönend Erz oder eine klingende Schelle.

2. Und wenn ich weissagen könnte und wüßte alle Geheimnisse und Erkenntnis und hätte allen Glauben, also daß ich Berge versetzte, und hätte der Liebe nicht, so wäre ich nichts.

3. Und wenn ich all mein Hab den Armen gäbe und ließe meinen Leib brennen, und hätte der Liebe nicht, so wäre mir's nichts nütze...

4. Die Liebe ist langmütig und freundlich, die Liebe eifert nicht, die Liebe treibt nicht Mutwillen, sie blähet sich nicht...

6. Sie freuet sich nicht der Ungerechtigkeit, sie freuet sich aber der Wahrheit.

13. Nun aber bleibt Glaube, Hoffnung, Liebe, diese drei, aber die Liebe ist die größte unter ihnen.

Diesen Text aus dem 13. Kapitel des ersten Korintherbriefes habe ich schon als junges Mädchen, lange bevor ich an das Theologiestudium gedacht habe, sehr geliebt. Er war für mich einleuchtend, klar und wahr. Ich gehe bis heute davon aus, daß der Geist der

Liebe, wenn wir die Liebe in ihrem umfassendsten Sinn verstehen, die höchst mögliche Entelechie (d.h. Zielgestalt) der Welt in sich versammelt. Es gibt keine komplexere Daseinsform, die ein schöpferisches Überleben denkbar macht. Nur in bewußt gestalteten sozialen Systemen liebender Menschen können Angst, Schmerz, Unterdrückung und Gewalt überwunden werden.

Wenn ich von Glauben spreche, dann kann ich sagen: Ich glaube daran, daß die Möglichkeit zur Liebe universell vorhanden ist. Wir leben im Moment in einer Zeit, in der die Frage, ob der Mensch in die Lage kommt, die Kraft der Liebe in sich zu versammeln, nicht mehr nur eine Frage der Hoffnung ist, sondern eine Frage der Notwendigkeit. Noch nie stand die Erde so real vor der Gefahr des globalen Untergangs, der "Apokalypse", wie heute. Im Grunde hat die Apokalypse längst begonnen in den Tierlaboratorien, in Bosnien, China, den Unwetterkatastrophen etc. Kein Mensch könnte auch nur eine Sekunde den Anblick des Schmerzes ertragen, der in diesem Moment real auf der Erde passiert.

Und dennoch...

Ich schreibe dieses Buch, weil ich voller Hoffnung bin.

Die Hoffnung ist eine Voraussetzung dafür, daß man sich überhaupt traut, die authentischen Gedanken, die in der gegenwärtigen Zeit anliegen, um den Geist der Liebe zu verwirklichen, zu Ende zu denken. Wenn wir etwas verstehen wollen über den universellen Menschen und die universelle Liebesmöglichkeit, dann können wir nicht mehr vor bestimmten Formen der Liebe haltmachen und sie verbieten wollen. Es geht um Liebesfähigkeit im weitesten Sinn. Dazu gehören natürlich auch der Eros und die Sexualität.

Als ich mit 18 Jahren mein Theologiestudium begann, da war ich weder besonders bibelfest, noch war ich im kirchlichen Sinn fromm. Ich wollte mehr darüber wissen: Wer war der historische Jesus? Gibt es einen liebenden Gott? Gibt es ein Paradies auf Erden? Und was bedeutet das für uns heute im 20. Jahrhundert?

Jesus war für mich in der Zeit damals das Sinnbild eines liebenden Revolutionäres. Er war der Archetyp eines einfachen Menschen, der verbunden mit der universellen Quelle der Liebe gelebt, gedacht und gehandelt hat. Er war verbunden mit dem Geist der personalen Liebe. "Abba, lieber Vater," das war die ganz intime, persönliche Ansprache, mit der er seinen liebenden Gott angesprochen hat. Der liebende Gott, das war zu seiner Zeit eine neue Ikone, ein neuer Archetyp.

Ich war auf der Suche nach Vorbildern in der Geschichte, die diesen Geist der universellen und personalen Liebe kannten. Für mich war es wichtig, daß Jesus ein Mensch war. Und ganz besonders wichtig war mir, daß er das Paradies hier auf dieser Erde schaffen wollte statt im Himmel. Das gab mir Mut für meine eigene Entwicklung. Ich nenne sehr bewußt die einfachsten elementaren Kräfte, die mich zum Theologiestudium geführt haben. Denn ich glaube daran, daß jeder junge Mensch, solange er noch Hoffnung hat, diese elementaren Wahrheitsquellen sucht. Ich wollte mehr erfahren über die wahren Zusammenhänge der Welt.

Ich wollte wissen, was Jesus die Vollmacht verliehen hat, die ihn zu der Absolutheit seines Handelns führte.

Ich liebte den Geist der Gemeinschaft und des Vertrauens, den er überall erzeugt hat. Ich bewunderte seine Unbedingtheit, mit der er sich gegen den herrschenden Geist der Institutionen, der Gesellschaft, der Pharisäer und Schriftgelehrten gewendet hat, überall da, wo er ihre Verlogenheit gespürt hat. Ich machte mir zum Vorbild, mit welcher Unbedingtheit er das tat, ohne dabei gewalttätig zu werden. Sein Angriff kam nicht aus dem Geist der Destruktion, sondern immer aus der Verbundenheit mit einem positiven Ziel.

Und ganz besonders liebte ich an ihm, daß ich dort einen Mann sah, der entgegen den damals herrschenden patriarchalen Strukturen (manche Theologen mögen sich jetzt Ohren und Augen zuhalten) die Frauen liebte.

Jesus war für mich der Archetyp eines sinnlichen Mannes. Jesus als verheirateter Mann, das wäre wohl ziemlich undenkbar. Er verschenkte seine Liebe überall, wo er war. Und er schenkte sie ohne Bedingungen den Fischern, den Kindern, den Witwen, den Huren... Er schenkte sie allen, die sie wirklich suchten.

Mein Theologiestudium brachte mir so manch ein Erwachen. Ich entdeckte, wie wenig Wissen es über den historischen Jesus gibt. Ich stellte mit Schaudern fest, wie den meisten Theologen Dogma und Kirche viel wichtiger waren als das Interesse, den Geist der Liebe und der Wahrheit zu erforschen. Der Apostel Paulus spielte für die meisten Theologen eine viel wichtigere Rolle als Jesus selbst und seine Botschaft der Liebe. Ich lernte die Bibel als ein historisches Werk kennen und sah, wie die Bibel selbst schon durchzogen war von Regeln und Gesetzen, die den aufkeimenden Geist der Gemeinschaft, der Wahrheit und Gleichberechtigung zwischen Mann und Frau wieder erstickten. Man lese in den Korintherbriefen, um sich ein Bild zu machen, welche verachtende Anschauung Paulus den Frauen gegenüber vertrat. Und diese Anschauung hat sich zur Zeit von Paulus und kurz nach ihm immer mehr verstärkt. Der Kanon wurde festgelegt. Der Apostel Paulus war der letzte, dem das Recht zugestanden wurde, sich auf eine wirkliche eigene Offenbarung zu berufen. (1.Kor.15, 8-10) Ab jetzt galt nur noch die Schrift. Frauen, die im Urchristentum kurz aufblühten, wurde das Rederecht wieder genommen. Sie hatten zu schweigen. (1.Kor. 14, 34) Prophetinnen durfte es schon gar nicht geben. (Daß diese Zusammenhänge so ausdrücklich erwähnt werden in der Bibel, nehme ich als Hinweis dafür, daß es in der Zeit des aufkeimenden Christentums Prophetinnen gab, sonst wäre das Redeverbot nicht nötig gewesen.)

Spätestens seit dem römischen Kaiser Konstantin, der das Christentum offiziell als Staatsreligion eingeführt hat, wandelte sich die Kirche in eine Institution der Macht, des Dogmas und der Gesetze.

Jesus war zu seiner Zeit ein Ketzer. Und diese Geschichte nahm ihren Fortgang. Starke Geister wie Mani, Montanus und manche andere, die einen neuen Geschichtsimpuls brachten, der den Geist der Liebe weiter entfachen und zur Verwirklichung bringen wollte, wurden verfolgt und in die Ketzergeschichte verbannt. Millionen Morde werden bis heute von der Kirche im Namen Jesu begangen. Diese Entwicklung begann in der Geschichte des Christentums mit Paulus und hat bis heute ihren Fortgang. Schon kurz nach Jesu Tod begannen die Kämpfe unter den Urchristen selbst, da es auch unter ihnen kaum Menschen gab, die sich den Geist, der aus der Vollmacht der Liebe kommt, wirklich angeeignet hatten. Ich sage das ohne Anklage. Ich sehe das eher als geschichtliche Tatsache, von der man heute lernen könnte. Von den gesellschaftlichen Institutionen, die heute die Macht haben, erwarte ich aber im 20. Jahrhundert, daß sie die notwendige Entwicklung mehr sehen und auch unterstützen. Die Kirche könnte heute voller sein, wenn das geschähe! Es könnten ganz neue Kooperationsformen zwischen experimentellen Gruppen, die etwas Neues versuchen, und gesellschaftlichen Institutionen wie der Kirche entstehen.

Stattdessen werden bis heute Bewegungen, die etwas Neues versuchen, nach wie vor verketzert und verleugnet. Das durfte ich später, als ich gemeinsam mit anderen ein neues Projekt gegründet habe, am eigenen Leib erfahren.

Ich habe gleichzeitig in meinem Studium des Christentums und der Religionsgeschichte viele Ansätze gefunden, die meine Hoffnung bestätigten. Die meisten Männer, die diese Bücher geschrieben haben, haben bestimmt nicht viel von Jesus verstanden und wahrscheinlich auch nicht viel von der Liebe, ich bin ihnen aber dankbar dafür, daß es überhaupt Geschichtsschreibung gibt.

Erstens habe ich in frühen Schriften, die nicht in den Kanon der Bibel aufgenommen wurden, viel bestätigt gefunden von dem aufkeimenden Geist der Liebe und der Gemeinschaft, der um Jesus herum herrschte. In gnostischen Frühschriften, z.B. der Pistis Sophia, bestätigt sich auch das Bild, das ich in meinem Inneren schon immer in mir trug, daß es sich damals um ziemlich sinnliche Formen des Zusammenlebens gehandelt hat. Frauen spielen da eine menschlich wichtige Rolle. Da wird z.B. Maria Magdalena als die Lieblingsjüngerin von Jesus beschrieben. Und Petrus wird eifersüchtig, weil Jesus sich soviel mit den Frauen befaßt. Man stelle sich vor, es könnte schon in der Bibel stehen, als einem kulturgeschichtlich anerkanntem Werk, daß Jesus seine ganze Vollmacht ohne die Frauen nicht hätte finden können, daß das Besondere an ihm war, daß er die Frauen geliebt und geschätzt hat. Vielleicht wären ihm und der ganzen Kirchengeschichte das ganze Leiden, die Religionskriege und das Kreuz – als Symbol der Erlösung! – erspart geblieben!

Zweitens bin ich während meines Studiums auf viele geschichtliche Personen getroffen, die mit dem Geist der Liebe, ich nenne es die universelle Quelle, tatsächlich verbunden waren. Viele Heilige haben in Verbundenheit mit dieser Quelle gelebt: Jesus, Meister Ekkehard, Franz von Assisi, Hildegard von Bingen, Mechthild von Magdeburg. Ich könnte viele aufzählen, nicht nur aus der Geschichte des Christentums. Man denke nur an das Schicksal der griechischen Philosophin Hypatia in Alexandrien oder der Heloise mit ihrem Geliebten Abälard. Da Frauen wenig historisches Denken hatten, und wenn sie es hatten, dann mit Sicherheit bekämpft wurden, ist es selbstverständlich, daß uns weniger Frauen als Männer bekannt sind.

Immer wiederholt sich die gleiche Bewegung, daß Kräfte der Wahrheit aufkeimen, bekämpft werden und dann entstellt dargestellt werden.

Wenn es um Liebe geht, ist in der Bibel fast immer von Agape die Rede, selten vom Eros. Agape, das ist die Form der Nächstenliebe. Kulturgeschichtlich ist das verständlich. Denn es keimte damals eine insgesamt neue Form der Liebe auf. Der Eros war zu besetzt von der damaligen Anschauung der Griechen, von Blut, Geschlechterkampf und Selbstgefälligkeit der Männer. Da mußte sich erst einmal etwas Neues durchsetzen, das mit Fürsorge, Wahrnehmung und Treue zu tun hatte. Aber wenn es um die universelle umfassende Liebe geht, dann muß der Eros gründlich beteiligt sein. Er ist die Quelle für unendlich viel Freude, Gesundheit und Schönheit; und er ist die Quelle von Mord und Totschlag, wenn man ihn nicht versteht. Jesus selbst war der Eros sicher nicht fremd, darauf weisen einige Bibelstellen hin. *"Wem nicht viel zu vergeben ist, der hat auch nicht viel geliebt."* (Luk.7, 47)

Verächter Jesu haben zu seiner Zeit viel darüber gespottet, daß er sich gerade in der Umgebung von Dirnen besonders wohl gefühlt habe. Nach Joh. 4,27 wunderten sich die Jünger über die freie Art, wie er sich auf Unterredungen mit Frauen einließ. Mit der jüdischen Auffassung brechend, stellte Jesus die Frauen den Männern ebenbürtig gegenüber. Die asketische Auffassung kommt erst durch Paulus auf. Es ist auffallend, wie oft Paulus sich über die Hurerei ausläßt, entweder war er selbst ziemlich besessen davon, oder es ging unter den Christen ganz schön heiß zu.

Man muß sehen, wie sehr Paulus mit seinem Frauenhaß der Bibel eine gewalttätige Richtung gegeben hat. Kein redlicher Geist kann heute noch die Bibel als höchste Instanz der Offenbarung akzeptieren, wenn es um den Geist der Liebe geht. Wer heute noch die Bibel als Rechtfertigung benutzt, um den eigenen Lügen Macht zu verleihen, der handelt, wie die Pharisäer und Schriftgelehrten, gegen das Evangelium.

Ich bin meinem Studium treu geblieben. Denn ich habe auch innerhalb der Kirche viele Geister getroffen, die revolutionär im Sinne der Verwirklichung der Liebe gehandelt haben. Als ich allerdings nach meinem Studium mein Vikariat antreten wollte und erfuhr, daß es nicht erlaubt ist, als Vikarin in einer Wohngemeinschaft zu wohnen, da fiel mein Entschluß endgültig, daß ich meinen Beruf als Theologin außerhalb der Kirche verwirklichen muß. Der Geist der Gemeinschaft war es doch gerade, der mich als junges Mädchen in die Kirche gezogen hat. Ich suchte nach neuen Formen des Zusammenlebens, und es war mir unmöglich, mich auf die Kanzel zu stellen und das ewige Ja-Wort heiratender Paare Tag für Tag abzuverlangen, wenn ich doch wußte, daß die meisten Ehen daran binnen kürzester Zeit scheitern würden, daß die Art der Treue, die da verlangt wird, unmöglich zu erfüllen ist, wenn nicht ganz neue Grundlagen dafür geschaffen werden. Die Grundlage für ein Leben, das verbunden ist mit der Quelle der Liebe, verlangt eine unverlogene Lebenspraxis.

Wahrheitsgemäße Kommunikation. Es geht ja nicht um einen privaten Erleuchtungstrip. Und wir leben auch nicht im Jahre 30 nach Christus. Wahrheiten wandeln sich, und es ist unmöglich, jetzt noch nach bestimmten Regeln leben zu wollen, die damals festgelegt wurden. Das war ja gerade die besondere Qualität im Leben Jesu, daß er sich nicht an geschriebene Gesetze hielt, sondern das höchste Gesetz war für ihn die Liebe (Matth. 22,37) (und die ist kein Gesetz, sondern eine Gnade und eine Daseinsweise). In der gegenwärtigen Zeit ist es absolut notwendig, daß soziale Formen geschaffen werden, wo der heilige Geist auch unter Menschen einziehen kann. Dazu gehört auch die Sexualität. Sex darf nicht mehr die Kraft sein, die jede Gemeinschaft auseinandersprengt. Ehen können nicht länger als Bollwerk gegen die Wahrheit des Sexus geschlossen werden. Die Freundin darf nicht mehr zur Feindin werden, nur weil sie sich in denselben Mann verliebt hat. Der heilige Geist muß schon so universell sein, daß er die Sexualität zu integrieren vermag. Ich kenne keinen Menschen, der nicht aus Sex geboren wäre.

Man könnte ja endlich einmal anfangen zu akzeptieren, daß die Sexualität selbst ein Offenbarungsakt ist, daß durch die Sexualität ein wesentliches Element des heiligen Geistes in unser Leben hineinragt. Es ist verrückt, diesen universellen Bereich unseres Lebens privatisieren zu wollen. Und es gibt und gab auch schon Gesellschaftsformen, wo das ganz anders war. Aus diesem Ghetto muß die Liebe befreit werden, sonst kommen Männer und Frauen nie zu einer wirklichen Verständigung. Gerade weil es um Dauer, um Treue und Verständigung geht, muß die Liebe in allen Variationen befreit werden aus ihrem privaten Käfig. Gott läßt sich nicht privatisieren. Man stelle sich einmal vor, wir würden Gott fragen: "Könntest du das, was du mit mir gerade erlebt hast, auch mit einem anderen erleben?"

Das, was jede kindliche Seele in der Gottesvorstellung am meisten berührt und bewegt, das ist die Tatsache, daß er für alle da ist. Und genauso sollte eine geistig und erotisch voll erwachte Frau für viele Männer da sein dürfen. Persönliche Liebe und Freundschaft entstehen darüber hinaus ganz von selbst. Auch die Treue läßt sich nicht erpressen, sondern entsteht von selbst aus dem Geist der Liebe. Du kannst nur treu sein, wenn du auch andere lieben darfst.

Wenn wir das nicht verstehen, daß die Liebe, auch und vor allem die sexuelle Liebe, von universeller und nicht privater Struktur ist, dann bleibt es immer bei kurzen Glückserlebnissen, die hinterher in der Langeweile oder Destruktion enden. Unsere herkömmlichen Lebensvorstellungen und unsere gesellschaftlichen Strukturen sind vollkommen ungeeignet, um einem solchen Glück Dauer zu schenken. Da war doch was! Es bleibt eine Ahnung zurück vom süßen Glück der Liebe, aber kein Wissen darüber, wie man einem solchen göttlichen Geschenk Dauer verleiht.

Wir brauchen ein Wissen darüber, wie man eine menschliche Gesellschaft strukturiert, damit der heilige Geist der Liebe herab auf Erden komme. So wahr wir einen Körper haben, ist das Paradies auf Erden mit Sicherheit von sinnlicher Natur und nicht asketisch. Aus diesem Grunde sehe ich meinen Beruf in der Zukunft und den von vielen Frauen als Liebeslehrerin.

Alle sexuellen Fragen wurden seit Jahrhunderten privatisiert, verbogen und bestraft. Es ist eine der dringendsten Aufgaben, daß dieser Gabentisch Gottes vom Gestank der Lüge und bürgerlichen Perversion befreit wird. Pathetisch gesprochen möchte ich sagen: Ich verstehe mich als politische Hure Gottes.

Ich sehe meine Aufgabe darin, mich zu erinnern, daß es einmal einen Garten Eden gegeben hat. Daß Eva aus dem Garten der Lust vertrieben wurde und als das Böse schlechthin erklärt wurde, ist eine der gemeinsten und schlimmsten Taten der Geschichte. Einen Gott, der so etwas tut, kann ich nicht anbeten. Da rufe ich Eva an, sich wieder zu zeigen, etwas zu zeigen von ihrem sinnlichen Wissen und es vom Gestank der Sünde, zu dem das Alte Testament sie verdammt hat, zu befreien. (Ich rede natürlich in künstlerischen Bildern, denn ich glaube weder an den Gott des Alten Testamentes noch an Eva.)

Der Sex ist so banal, wie er heilig ist. Er ist im Zentrum aller Dinge, wie Gott im Zentrum aller Dinge ist. Sex ist äußerste Wollust und äußerste Nüchternheit. Sex ist der selbstverständlichste Gottesdienst. Gott braucht keinen Weihrauch, keine Spenden, keine Riten, keine auf Knien gerutschte Bußetaten. Ich kann nur einen Gott lieben, der das gelebte Leben wünscht, ein Leben frei von Angst, Haß und Gewalt. Und wo das geschieht, da wird der Geist der Liebe frei. Alles, was aus der sexuellen Verdrängung zu unendlichen Gewalttaten geführt hat, muß ein Ende haben. Sexualität ist viel zu gewaltig, viel zu göttlich, als daß sie sich durch Moral verbieten ließe. Sie läßt sich durch moralische Gebote höchstens pervertieren. Aber sie ist. Und sie ist eine unerschöpfliche Energiequelle. Sie ist so etwas wie der Jungbrunnen Gottes, und das Paradies auf Erden werden nur die bauen können, die diesen Jungbrunnen zu nutzen verstehen und zu einem sozialen Brunnen machen, den jeder benutzen darf. Niemand muß es mehr heimlich tun. Ich danke dafür, als Hure Gottes mitgestalten zu dürfen am Bau eines Brunnens, der die Gemeinde erquickt. Ich danke auch für die schönen pathetischen Worte, die mir soeben von den Lippen kamen. Im Namen der sinnlichen Liebe.

Teil I

Meine Suche nach neuen Wegen in der Liebe

Dieser Teil des Buches ist ein biografischer Teil, der sich vor allem auf meine Entwicklung in der Liebe bezieht. Für die künstlerische Distanz habe ich die Namen zum größten Teil verändert. Aber man darf ruhig wissen, wer gemeint ist. Dieser Teil des Buches will nichts beschönigen und bietet die Erfahrungsgrundlage, aus der heraus sich der theoretische Aspekt meiner Lebensphilosophie entwickelt hat. Er ist bewußt einfach und elementar geschrieben.

Manche mögen sich bei der Beschreibung meiner Ehe fragen: Warum hat die das so lange mitgemacht? Ich benutze keine literarischen Schnörkel, die die Wirklichkeit erleichtern oder beschönigen wollen. Das, was ich da drei Jahre mitgemacht habe, das machen andere ihr Leben lang, weil sie keine andere Möglichkeit sehen.

Dieses Buch soll kein Appell sein zu einem überstürzten Ausstieg aus allem Alten, sondern Möglichkeiten aufzeigen zu einem behutsamen Einstieg in neue Gedanken und damit auch neue Realitäten.
Es gibt in der Liebe eine Chance.
Und es gibt keinen Grund mehr dafür, daß wir uns immer neu beteiligen am gleichen Elend in der Liebe. Es gibt keinen Grund, mit einem Freund Schluß zu machen, wenn wir mit einem anderem etwas Neues beginnen.

Das im Innersten wirklich zu begreifen, ist bei der Geschichte, aus der wir alle kommen, ein langer Weg. Irgendwann wird es selbstverständlich sein, es wird sich überall herumgesprochen haben: Du kannst nur treu sein, wenn du auch andere lieben darfst. Für die Verbreitung und Vertiefung dieses ganz einfachen Grundgedankens ist dieses Buch geschrieben.

Wir können den ewigen Liebeskummer und das Lügenspiel beenden, das normalerweise schon früh beginnt, und wir haben die Zeit und die Muße, unsere wirklichen Lebenspartner im Laufe unserer Erfahrung zu wählen und zu finden. Und wahrscheinlich werden wir mehr als nur einen Liebespartner wählen und uns eine organische Liebes- und Lebensgemeinschaft aufbauen. "Szenen einer Ehe", die heute alle unsere Liebessehnsüchte überschatten, sollten irgendwann einer geschichtlichen Vergangenheit angehören, weil wir etwas Besseres kennengelernt haben. Ich habe selbst zuviel Elend in der Liebe gesehen und auch selbst erfahren, als daß ich zulassen könnte, daß in diesem Bereich weiterhin soviel geschwiegen und gelogen wird. Ich möchte, daß meine und andere Kinder neue Möglichkeiten sehen, ihren großen Traum von der Liebe und ihre Sehnsucht zum Leben zu verwirklichen.

1

Meine Liebeserfahrung ab 16

Mein erster Freund

Meinen ersten richtigen Freund hatte ich mit 16 Jahren. Er war für mich die große Liebe. Er hieß Jan. Ich lernte ihn in der Stadtschülermitverwaltung kennen. Ich hatte bemerkt, daß er ein Auge auf mich geworfen hatte, faßte mir ein Herz und lud ihn zu einer Party ein. Nach dem ersten Kuß war es beschlossene Sache. Wir gingen miteinander. Und ich war mächtig stolz, endlich einen Freund zu haben, noch dazu einen so schönen. Ich hatte bereits meine ersten sexuellen Abenteuer hinter mir. Ich hatte vieles ausprobiert, außer das Vögeln selbst, das war mir heilig, und ich wollte es erst tun, wenn ich älter war. Es war das erste Mal, daß ich einen richtigen Freund gefunden hatte. Ich dachte nicht ans Heiraten, auch nicht ans Kinderkriegen. Ich dachte nur: "Er ist es. Ihn liebe ich. Mit ihm möchte ich zusammenbleiben, mein Leben lang." Es war für mich das erste Mal, daß ich mit einem jungen Mann über alles, was mich bewegte, reden konnte. Und es war für mich das erste Mal, daß ich sinnlich richtig verliebt war, bis über beide Ohren. Wir haben "es" nie miteinander getan, denn ich befürchtete, schwanger zu werden. Mit der Aufklärung war es nicht besonders weit her. Und die Pille mit 16 zu nehmen, das habe ich mich nicht getraut. Dafür haben wir alles andere getan und entdeckt aneinander, was man eben so ausprobiert, wenn sinnliche Liebe im Spiel ist.

Da alles noch etwas Verbotenes hatte, denn wir waren ja noch so jung, haben wir es heimlich getan. In der Kirche auf dem roten Teppich. (Sein Vater war Küster.) An der stinkenden Wupper in einem Bundeswehrschlafsack oder auf der Vorderbank seines blauen Volkswagens. Wenn die Eltern nicht zu Hause waren, wurde die Familienvilla kurz umfunktioniert in einen Pavillon der Liebe, und bei ihm zu Hause konnten wir es sogar in seinem Zimmer wagen. Seine Eltern waren sehr einfach, und seine Mutter hatte die Angewohnheit, jedes Mal zu klopfen, bevor sie das Zimmer betrat. Das flößte mir große Hochachtung vor ihr ein.

Sein Saft wurde aufgefangen in einem Taschentuch, damit das Bettuch keine Flecken bekam. Liebe machen, miteinander reden, Ausflüge machen in die Umgebung, Drachen bauen, Schwimmen gehen, alles war gleichermaßen umflutet vom Glück zweier Liebender. Und natürlich viel über die Zukunft reden. Mein schüchternes Herz öffnete sich immer mehr. Ich vergaß über diesem Glück so manches andere, die anderen Freunde, die Schulaufgaben, sogar die Stadt-SMV rückte in den Hintergrund. Welche Rolle spielt denn Politik noch für zwei Verliebte? Wir redeten manchmal stundenlang. Wir lasen Karl Marx, er lernte durch mich die klassische Musik lieben, ich die ersten Schlager. Durch ihn lernte ich Van Gogh lieben und Gauguin. Wir sprachen intimst über unsere Hoffnungen, Sehnsüchte und Ängste. Wir wollten beide später einmal Schriftsteller werden. Ich las ihm eine Geschichte vor, die ich für eine Schülerzeitschrift geschrieben hatte, und meine Gedichte. Er stellte gleich einen Kontakt mit einem Schriftsteller aus der Gegend her, um nachzufragen, ob ich Talent habe. Wenn wir getrennt waren voneinander, dann nahmen wir Pfefferminzbonbons mit, machten bestimmte Uhrzeiten ab, wann wir sie lutschen und aneinander denken würden.

Die anderen Männer

Einmal waren wir sechs Wochen voneinander getrennt. Ich arbeitete in den Sommerferien mit meiner Freundin in einem Kinderheim in München. Jeden Tag bekam ich einen Brief von ihm mit einem Fenster im Briefumschlag und einer Postkarte darin. Picasso: "Die Dame in blau" oder "Der Sämann" von Van Gogh oder andere schöne Dinge. Ich brannte vor Sehnsucht, und meine Wand über dem Bett war voll mit den Postkarten von ihm, Fotos von ihm, und ich hatte immer ein Taschentuch von ihm dabei, an dem ich riechen konnte. Und natürlich die Pfefferminzbonbons.

Gleichzeitig gingen meine Freundin und ich in der Freizeit auf Abenteuertour. Ich war das erste Mal für längere Zeit ohne Eltern in der Großstadt. Hinter jeder Kneipentür und hinter jedem blinkenden Discoschild erhofften wir das große, freie Leben. An den Wochenenden trampten wir durch die Umgebung, zum Chiemsee, zum Starnberger See oder nach Oberammergau. Natürlich lernten wir dabei auch Jungens kennen. Bei zweien übernachteten wir sogar auf dem Zimmer im Hotel. Aber ich blieb treu. Einer verliebte sich in mich. Er war ein Lehrling aus dem Heim, in dem wir arbeiteten. Er verfolgte mich mit flammenden Liebesreden. Ich merkte, wie ich mich von ihm ziemlich angezogen fühlte. Wir gaben uns sogar einen flüchtigen Kuß. Aber das war die Grenze meiner "Untreue". Weiter konnte ich nicht gehen. Ich war über meine Treulosigkeit ziemlich verwirrt, denn mein Herz war doch nur von einem besetzt, und der hieß Jan.

Da gab es einen anderen, den Sohn des Kinderheimleiters, er war schon wesentlich älter und studierte bereits. Er lud uns zum Segeln ein. Er liebte meine Art, wie ich im Kinderheim einfach meine Ärmel hochkrempelte und loslegte. Ich war ja durch mein Liebesglück ein Blickfang für so manch ein Männerherz. Und eigentlich war mein Leib so voll des Jubels, daß ich von diesem Glück auch gerne weitergegeben hätte. Ich hätte es in die ganze Welt hinausjubilieren mögen. Aber das war mir zu schwierig, und so blieb alles platonisch. Noch Jahre später, zu meinem Abitur, bekam ich Liebesbriefe von beiden. Denn ich war für sie unerreichbar geblieben, und das macht das Verlangen mit Sicherheit nicht geringer. Natürlich war ich stolz darauf, Blickfang für Männer zu sein, aber gleichzeitig verwirrte es mich, denn es war eigentlich nicht meine Absicht, andere ins Liebesunglück zu treiben.

Als ich zurück war aus dem Urlaub, sprachen Jan und ich viel darüber. Auch er hatte auf seiner Reise nach Schweden mit seinen Eltern ein anderes Mädchen kennengelernt, und die hatte sich in ihn verliebt. Aber auch er hatte ihr redlich erzählt, daß er schon eine Freundin habe. Er war auch wieder näher mit seiner ersten Freundin zusammengekommen, die mich natürlich nicht besonders leiden konnte. Ich merkte, wie ich äußerst interessiert reagierte auf alle

Berichte von ihr und wie es mir immer einen leichten Stich versetzte, wenn er von ihr zu erzählen begann. Er sagte mir, wie toll er es fände, daß ich überhaupt nicht eifersüchtig sei, ich sei da ganz anders als die anderen. Ich schluckte. Würde ich dem standhalten können? Der Gedanke, daß wir uns irgendwann einmal trennen würden wegen einer anderen, war furchtbar.

Der Anfang vom Ende

Unser Glück hielt etwa sechs Monate mit kleinen Einbrüchen. Aber dann schlich sich langsam der Alltag ein. Manchmal saßen wir nebeneinander und wußten auf einmal nicht mehr, worüber wir reden sollten. Auch unsere sexuellen Entdeckungen waren an eine Grenze gekommen. Man hätte es jetzt richtig tun müssen. Aber da hatte die moralische Einstellung meiner Eltern noch zuviel Macht, als daß ich mich das getraut hätte. Er bekam manchmal etwas Launisches und lag auf dem Bett und redete kein Wort. Wir wußten aber auch nicht recht, was wir sonst machen sollten. In unserem Liebestaumel hatten wir uns ziemlich isoliert von unseren verschiedenen Freundeskreisen. Noch konnten wir uns immer wieder aufrappeln. Wir machten eine Radtour nach Bonn, und ich sprang das erste Mal in meinem Leben vom Zehn-Meter-Brett. Oder wir gingen tanzen und machten Mutproben, indem ich fremde Männer aufforderte und er fremde Frauen. Wir guckten sie uns gegenseitig aus. Es machte uns diebischen Spaß, mit ihnen zu flirten und gleichzeitig zu wissen, daß man von dem intim Geliebten beobachtet wurde. Dann erzählten wir uns gegenseitig alles bis ins Detail, was gelaufen war. Oder wir gingen in Kneipen und fragten die Menschen, ob wir die Reste von ihren Tellern bekommen können. Es gab immer wieder etwas, das uns vor der Normalität rettete.

Aber irgendwann ging auch das nicht mehr. Wir kamen nicht umhin, einzusehen, daß unser Höhentaumel sich dem Ende zuneigte. Auf einmal machte man sich Gedanken darüber, wie es weitergehen sollte. Die Vorstellung, daß man demnächst heiraten würde oder ähnliches, war unmöglich. Ich war ja ganz jung. Und eigentlich war ich damals schon der festen Überzeugung, daß ich niemals heiraten würde. Das ganze Leben stand ja noch vor mir. Ich konnte mir auch nicht vorstellen, daß ich jetzt nie mehr etwas mit einem anderen Mann zu tun haben sollte. Aber ihn verlassen, daß wollte ich schon gar nicht. Alleine fanden wir keinen Ausweg aus dieser Sackgasse. Da war auch niemand, den wir in echtem Vertrauen hätten fragen können. Im Oktober zog er den Schlußstrich. Klassisch, wie es im Bilderbuch steht. Er gestand mir, daß er "es" jetzt einfach auch mal mit anderen Mädchen probieren möchte. Nicht etwa, daß er eine neue Freundin suche, er habe sich viel zu früh gebunden, aber er liebe mich immer noch. Es wurde verworren und kompliziert, aber er sprach im Grunde das aus, was wir beide seit langem fühlten. Und wir hatten keine andere Lösung. Man geht auf einmal nicht mehr miteinander. Wir führten ein langes Gespräch. Es war klar, daß er noch andere Frauen entdecken wollte. Und es war auch klar, daß ich noch vieles vorhatte. Und dafür mußte man eben Schluß machen. Tapfer schluckte ich diesen kategorischen Imperativ der Liebe. Es erschien wie ein Naturgesetz, daß es unmöglich war, einen Menschen innig zu lieben und gleichzeitig eine neue Welt entdecken zu wollen und sich anderen gegenüber zu öffnen, auch sinnlich. Wir liebten uns immer noch. Aber jetzt platonisch? Mein Liebeskummer und meine Verzweiflung an der Welt waren unendlich. Das konnte doch nicht alles gewesen sein! Ich haderte mit dem Schicksal, mit Gott, mit mir und der Welt! Ich verfluchte die Welt der Erwachsenen. Denn ich sah keine Ehepaare, wo das Glück der ersten Liebe noch sichtbar war. Verzweifelt suchte ich nach neuen Wegen und Möglichkeiten in der Liebe.

Ich möchte dazu beitragen, daß meinen Töchtern und anderen jungen Frauen dieser Urschmerz der Trennung erspart bleibt. Dadurch, daß sie Erwachsene antreffen und soziale Strukturen, die ihnen eine andere Einweihung in das Liebesthema zwischen Mann und Frau ermöglichen.

2

Ehrlichkeit in den Freundschaften, die Suche nach Wahrheit in der Liebe

Nach den ersten Wochen, die ich in aufgewühltem Liebeskummer verbrachte, stürzte ich mich wieder voll ins Leben. Irgendwie war ich auch intelligent genug, um zu sehen, daß es nicht um ein persönliches Versagen ging, sondern daß fast alle Verliebten sich in die gleiche Sackgasse bewegten.

Ich war auf der Suche nach einem Ausweg. Ich liebte Jan in seiner Jugend und in seiner Kraft, in seinen Träumen und Visionen – so wie er eigentlich gemeint war – immer noch. Da, wo uns die Perspektive verloren ging, verwandelte er sich in einen launischen, leicht depressiven Mann. Ich verwandelte mich in das typische Weibchen, das darauf guckte, was "Er" denn hat, statt den eigenen Interessen nachzugehen. Und dasselbe konnte ich bei allen meinen Freundinnen und Freunden beobachten, wenn sie verliebt waren. Sie blühten kurz auf, wurden schön, isolierten sich von ihren bisherigen Freundeskreisen und verwandelten sich nach und nach in kleine Hausmonster, ohne es zu merken.

Ich lernte die Burg Waldeck kennen, und das war mein Glück. Es war ein Treffpunkt für die Jugend. Ich entdeckte die Burg Waldeck auf einer Tramp-Tour mit zwei Freundinnen. Wir wurden empfangen von einem für uns damals "älteren Herrn" (er war 25 Jahre alt), der uns mit den Worten begrüßte: "Na, Sahnebärchen, was habt ihr denn vor?"

Er stellte uns ziemlich schnell eine Hütte zur Verfügung, in der wir die nächsten Tage unbeobachtet und undomestiziert hausen durften.

Für uns war das wie ein Paradies auf Erden. Daß es so etwas gab! Einen Platz, an den man einfach so hinkommen konnte. Einen Platz, an dem man nicht moralisch bevormundet wurde, sondern einen Vorschuß an Vertrauen bekam. Hier durften Jungen und Mädchen sogar zusammen nächtigen, ohne daß ein Erwachsener sie überprüft hätte. Die Burg Waldeck wurde mein Ausgangspunkt, um über eine sinnvolle Zukunft nachzudenken. Ich verführte alle, meine Lieblingslehrer, meine Schulklasse, meine Freundinnen und Freunde und solche, von denen ich gerne gehabt hätte, daß sie meine Freunde und Freundinnen sind, auf die Burg Waldeck. Ich lud auch Jan ein. Aber der hatte inzwischen, schön, wie er war, ganz gegen seine Vorsätze eine neue Freundin. "Ich würde gerne kommen, aber so einfach geht das eben nicht. Sie würde das nicht verstehen." "Die versteht das eben nicht" (gemeint ist die eigene Freundin oder Ehefrau), diesen Satz bekam ich in nächster Zeit noch oft zu hören. Dieser Satz wurde für mich zum dauernden Stachel für meine Suche nach neuen Möglichkeiten und Wirklichkeiten in der Liebe.

Der große Vater im Allgäu

Nach meiner Trennung von Jan kam ich wieder viel mehr in meinen alten Freundeskreis zurück. Gemeinsam mit meiner besten Freundin beschloß ich eine Tramp-Tour ins Allgäu, um dort einen außergewöhnlichen Mann zu besuchen. Meine Freundin hatte ihn bei einer Bergführung kennengelernt und viel von ihm geschwärmt. Er hatte als junger Mann sein Biologiestudium abgeschlossen und war anschließend in die Berge gegangen, um dort auf einfache Weise mit der Natur zu leben und heilend einzugreifen. Ich hatte ihn auf einem Foto gesehen. Auf einer Postkarte, die er an meine Freundin geschrieben hatte, standen die Worte von ihm geschrieben:
"Meine Spuren im Schnee... Die größte Offenbarung ist die Stille."
Er zog mich magisch an. Ich wußte, daß ich ihn kennenlernen wollte, und nichts konnte uns abhalten, gemeinsam ins Allgäu zu trampen, obwohl wir dazu eigentlich keine Erlaubnis hatten.

Wir verliebten uns beide in ihn, das war eine wichtige Erfahrung. Wichtig war, daß sich meine Freundin und ich gleichzeitig in den gleichen Mann verliebten. Er war kein Partnerarchetyp für uns, deshalb ging es leichter. Er war viel älter, und wir projizierten alles in ihn hinein, was man in einen positiven Vater projiziert. Er brachte mich mit Nietzsche in Verbindung und mit Teilhard de Chardin. Er führte ein ungewöhnliches Leben, war uns Vorbild und machte mir Mut, mich nicht an der bürgerlichen Welt zu orientieren. Fast alle aus meiner Schulklasse waren ja bereits jetzt voll mit der Frage beschäftigt, was sie einmal beruflich machen wollten. Heiraten und Lehrerin werden, das war der Standard. Kaum jemand fragte noch nach dem Sinn des Lebens und positiven Alternativen. Ich hatte den Eindruck, daß viele ihr Leben schon besiegelten, bevor sie es überhaupt begonnen hatten.

Wir landeten zu dritt im Bett, und meine Freundin und ich waren unendlich glücklich darüber, daß es so eine Möglichkeit gab. Wir schrieben uns Briefe und malten auf den Briefumschlag ein Dreieck mit einem Kreis als ein Symbol, daß eine Dreierfreundschaft der Beginn für Gemeinschaft ist. Liebe kann sich nicht abschotten gegen die Welt, Liebe möchte sich der Welt gegenüber öffnen und möglichst viele einschließen. Es muß doch möglich sein, daß man mehrere liebt. Es kann doch nicht angehen, daß zwei sich trennen, nur weil noch jemand dazu gekommen ist. Meine Freundin und ich waren ganz begeistert von dieser Entdeckung. Es war uns klar, daß wir niemals heiraten würden. Und wir wollten auch keine üblichen Berufe erlernen. Wir definierten uns als Aussteigerinnen, noch bevor wir jemals eingestiegen waren. Wir wollten ein Dorf aufbauen, in dem wir mit allen unseren Freunden leben, unsere eigenen Berufe entwickeln und neue Wege in der Liebe suchen würden. Wir ahnten nicht, mit was für Schwierigkeiten ein solcher Weg gepflastert ist.

Die erste Enttäuschung wurde bereits unser Idol und Vorbild in den Allgäuer Bergen. Ich kann schwer beschreiben, wie tief die Enttäuschung war, als ich auf einmal merkte, daß er mich ganz für sich gewinnen wollte. Ich schrieb ihm in meiner Unschuld und Begeisterung Briefe von neuen Jungen, die ich kennen und lieben gelernt hatte. Er schrieb zurück und warnte mich vor ihrer dunklen Seele. "Paß auf, ich spüre bis hierher, daß er kein guter Mensch ist." Er schickte mir Pakete und überhäufte mich mit Liebesbriefen. Er liebte mich, das kann man ja wohl niemandem verübeln. Aber mir wurde immer enger ums Herz. Es war etwas Verlogenes an der Geschichte, das spürte ich immer deutlicher. "Mach dein Abitur, und dann komm zu mir ins Allgäu. Ich bringe dir das Malen bei, das Skifahren, das Töpfern und das Schreiben." Auf einmal bekam ich das Gefühl, daß ein Mann, der bereits die 50 überschritten hatte, mich heiraten wollte oder zumindest mich ganz für sich wollte. Diese Vorstellung belastete mich ungeheuer. Auf einmal war da wieder eine Art Liebe im Spiel, die in keiner Weise frei machte. Meine Freundin litt auch darunter. Sie bekam viel weniger Post und auch keine Pakete.

Ich hoffte noch, daß sich dieses Mißverständnis durch einen Besuch aufklären ließe. Ich schwärmte allen vor von meinem Freund und Guru im Allgäu und von unserer Dorfidee. Gemeinsam mit Freunden machten wir Straßenmusik in Köln, um uns eine Reise ins Allgäu zu verdienen. Als wir dann da waren, da konnte ich meine Augen nicht mehr vor der Wirklichkeit verschließen. Er war verschlossen und interessierte sich recht wenig für meine Freunde. Das Dorf würden wir wohl ohne ihn machen müssen. Ich wußte auch, daß ich nach dem Abitur nicht ins Allgäu gehen würde. Wir hielten zwar noch lange Kontakt, ich schrieb ihm herausfordernde Briefe, doch endlich die Wahrheit zu sagen. Aber meine eigentliche Hoffnung war bitter enttäuscht. Dieser Mann konnte mir in meinen Liebesthemen auch keine Antwort geben. Ich hatte ihn als positiven Lehrer gesucht, von dem ausgehend ich eine neue Orientierung in der Liebe und meine jungen Partner finden konnte; er wollte mich als junge Frau und Partnerin gewinnen. Es war klar, daß das nicht zusammenpassen konnte.

Mein Religionslehrer

Ein ähnliches Liebesabenteuer erlebten meine Freundin und ich mit unserem Religionslehrer. Es war auf einer Wanderung durch Ungarn, wo wir ihn als Leiterinnen einer Jugendgruppe begleiteten. Durch guten Wein und lebhafte Zigeunermusik beflügelt, landeten wir zu dritt in einer Scheune. Es war ein herrliches Liebesspiel. Meine Freundin und ich waren schon lange verliebt in ihn, aber daß es zu richtigen Liebesabenteuern kommen würde, das hatten wir nicht erwartet. Immerhin war er ein verheirateter Mann und dazu noch Pastor. Am nächsten Morgen, im Zug stehend, mit vielen Schmetterlingen im Bauch, fragte ich ihn, wie er das denn jetzt seiner Frau erzählen würde. "Die versteht das nicht", war seine knappe Antwort. Mit anderen Worten hieß das: "Ich erzähle ihr gar nichts." Das verstand ich nicht. Denn ich mochte seine Frau. War das seine Antwort in der Liebe? Konnte es sein, daß man als erwachsener Mensch seine intimsten Geliebten belügen muß? Mußte ich das jetzt einfach akzeptieren? Schließlich war er mein Religionslehrer, und der mußte ja wissen, was er tat. Ich wagte nicht, mich seiner Autorität zu widersetzen, hatte aber ein ziemlich blödes Gefühl dabei. Es begann ein doppelbödiges Spiel. Ich glaube heute, daß seine Frau immer etwas gewußt hat. Aber der Schleier wurde nie gelüftet, und sie ist darüber krank geworden. Sie ist an Krebs gestorben. Ich meine nicht, daß unsere heimliche Liebe die einzige Ursache war für ihre Krankheit. Ich meine aber, daß viele Krankheiten ihre Ursache darin haben, daß wir in falschen Strukturen leben und resigniert haben vor der Wahrheit in der Liebe. Ich habe erst viel später, als ich bereits studierte, gewagt, meinem Religionslehrer die Wahrheit zu sagen, was ich über unser verlogenes Spiel in Wirklichkeit gedacht habe. Ich habe ihn herausgefordert, denn ich habe ihn sehr geliebt. Leider kam es nie zu einer wirklichen Lösung. Eine wirkliche Lösung ist auch erst möglich, wenn wir ganz neue Modelle der Liebe entwickelt haben, in denen Vertrauen und Wahrheit möglich ist. In den bestehenden Strukturen bleibt einem manchmal gar nichts anderes übrig, als zu lügen.

Die Freundschaft zu ihm hielt jahrelang, auch noch, als ich bereits verheiratet war. Er war der erste, mit dem ich "fremdging". Ich erzählte es meinem Mann, und das Drama war perfekt. Meine Forderungen nach Wahrheit in der Liebe wurden wohl auch meinem Religionslehrer irgendwann zuviel, jedenfalls schrieb er mir eines Tages einen Brief, daß wir verschiedene Wege gingen und er keinen Kontakt mehr wünsche. Viel später erfuhr ich den wirklichen Hintergrund. Er hatte eine neue Freundin, und die hatte ihm den Kontakt zu mir untersagt. "Wenn du zu der den Kontakt hältst, dann sind wir geschiedene Leute." Schade. Ich hätte ihn so gerne in unserem Dorf dabei gehabt. Aber das sollte nicht der einzige

Liebeskummer bleiben auf meinem Weg. Es ist fast wie bei dem Lied von den zehn kleinen Negerlein. Von den Freunden, mit denen ich dieses Dorf einmal aufbauen wollte, sind nicht viele übriggeblieben. Die meisten sind verheiratet und leben in den herkömmlichen Strukturen. Aber immerhin, einige sind voll dabei geblieben, z.B. mein Freund Charlie, den ich mit 16 Jahren kennengelernt habe. Er singt heute noch mit der gleichen Energie und Aufbruchskraft die Lieder mit seiner Gitarre wie auf der Burg Waldeck, wo ich ihm von meinem Zukunftstraum erzählt habe.

Trotz allem war mein Religionslehrer ein Meilenstein auf meinem Weg. Er prägte den Satz: "Du machst in der Liebe mal etwas ganz anderes. Du heiratest nie." Das hat sich mir tief in die Seele geschrieben. Er hatte einen Sinn für Gemeinschaft und wirklichen Kommunismus. Und er war ein sinnlicher Mann. Schade, daß unsere Idole nie einhalten konnten, was sie für uns signalisierten. So mußten wir eben sehr früh die Verlogenheit und Doppelbödigkeit der Liebe von Erwachsenen kennenlernen. Daß die meisten da sehr früh aufgeben, das ist nur allzu verständlich. Gott sei Dank war ich mit hoher Willenskraft ausgerüstet. Trotz Ehe, trotz Eifersuchtsdramen und Verstrickungen in der Liebe bin ich meiner jugendlichen Idee, ein Dorf aufzubauen, in dem andere Strukturen im Bereich der Liebe entstehen, bis heute treu geblieben. Was für eine innere Radikalität und was für ein geistiger Einsatz dafür nötig sind, das habe ich damals noch nicht geahnt.

Ich glaube, wenige reife Männer sind sich heute darüber bewußt, welche Bedeutung sie für heranreifende Frauen haben. In einer von Männern bestimmten Gesellschaft suchen junge Frauen natürlicherweise nach einem positiven Vaterarchetyp, an dem sie sich orientieren können. Auch sinnlich. Die gängige Frauenbewegung setzt da allerdings ganz andere Werte. Da spricht man schon von Vergewaltigung, wenn ein Mann eine Frau begehrend anguckt. Und mein Religionslehrer würde wahrscheinlich als Mädchenschänder betitelt. Dafür bin ich ihm aber heute noch dankbar, daß er den Mut hatte, dem zu folgen, was so eindeutig auch von uns gewollt war. **Nicht, daß er es getan hat, war die Schande, sondern daß er es heimlich getan und gegenüber seiner Frau verleugnet hat,**

brachte die Verwirrung. Unter den gegebenen Umständen war diese Lüge vielleicht nötig. Von der Schule wäre er wahrscheinlich geflogen, wenn es aufgeflogen wäre. Ich kann das nicht ihm persönlich anrechnen, sondern das ist die Schande eines Gesellschaftssystems, das seit Jahrtausenden die Lüge in der Liebe zur Voraussetzung macht. Wer aus dieser Lüge ausbrechen will, der wird notgedrungen zum Revolutionär, denn er paßt in kein bestehendes System mehr. Diese Erfahrung machte ich Schritt für Schritt. Damals habe ich noch geglaubt, daß wir mit unserem Liebesdorf gleich nach dem Abitur anfangen würden. Heute bin ich 41 Jahre alt. Und jetzt haben wir endlich den Platz, an dem wir es verwirklichen können.

Beziehungschaos und keiner blickt durch

Erhart liebt Rita und Sabine. Sie möchten zu dritt zusammenkommen. Aber er sagt, daß er das nicht kann. Sabine liebt Jan immer noch. Jan liebt Birgit. Und Birgit würde es nie verstehen, wenn er jetzt auch noch die Sabine liebt. Charlie liebt Sabine. Er möchte mit ihr in eine Wohnung ziehen. Sabine möchte erst mal die Welt entdecken. Am liebsten nach Brasilien nach dem Abitur. Aber sie liebt Charlie auch. "Wir bleiben bestimmt ewig miteinander. Laß uns das Dorf zusammen aufbauen. Wir haben noch soviel Zeit." Charlie versteht das überhaupt nicht. Er möchte mit ihr zusammensein, und zwar zu zweit. Er nennt sie die härteste Frau, die er je kennengelernt hat. Es gibt Tränen und Chaos. Ein Klaus droht mit Selbstmord. "Komm endlich runter von deinem hohen Roß mit der freien Liebe. Du hast uns das alles eingebrockt." Unser Desaster war perfekt.

Bubo, ein älterer Mann, den ich sehr verehrt habe, beging irgendwann tatsächlich Selbstmord. Seine Frau hatte sich von ihm getrennt, weil er fremdgegangen ist. Jetzt durfte er seine Tochter nicht mehr sehen. Das gab ihm den Rest.

Warum? Warum war alles so kompliziert? Vielleicht hatte ich mich ja doch geirrt? Vielleicht war der Mensch biologisch einfach nicht für die freie Liebe gemacht? Wir hatten auf der Burg Waldeck bei unseren vielen, zum Teil auch sehr glücklichen Treffen und Gemeinschaftserlebnissen jedenfalls viel durchlebt und durchlitten.

Wie wollten wir das jemals schaffen mit dem Dorf? Gott sei Dank hatte ich ein paar Freunde, die trotz aller Schwierigkeiten dran blieben.

Im November hatte ich einen Mofa-Unfall. Vier Wochen lag ich in der Klinik und hatte Zeit, über alles nachzudenken. Ich komponierte ein Lied:

Watching rainfall on my window
watching rainfall on my mind
never watched the rain before
never really had the time.

I'm just dreaming away my life
watching teardrops on my glass
what shall become just let it come
I'll dream a while and let it pass.

Ich wußte tatsächlich nicht mehr richtig weiter. Die Auszeit tat mir gut. Zu meinem 18. Geburtstag, ich war gerade aus der Klinik entlassen, kamen 33 Leute. Jan war da mit seiner neuen Freundin Birgit. Meine Mutter sagte sofort: "Ja, die passen wirklich zusammen. Ihr hättet doch gar nicht zusammen gepaßt." Charlie war da mit seiner früheren Freundin Susi. Wir sangen gemeinsam und zweistimmig das Lied: "Watching rainfall". Mein Religionslehrer kam und war begeistert. Erhart und Rita. Und meine treue Freundin Almuth. Ich war glücklich. Es mußte doch eine Möglichkeit geben, mit ihnen allen zusammenzukommen und zu bleiben!

Das Leben spielte anders. Ich machte das Abitur und ging nach Bielefeld. Gemeinsam mit meiner Freundin Almuth studierte ich Theologie und lernte drei Sprachen in der theologischen Fachhochschule Bethel. Natürlich begann auch in Bethel gleich der Liebesreigen. Sehr schnell wurde ich als Vertrauenssprecherin in dem Wohnheim vorgeschlagen, in dem ich ein kleines Zimmer hatte. Aber ich war noch lädiert von meinen letzten Erfahrungen auf der Burg Waldeck. Ich suchte irgendwie selbst Schutz und kam mir manchmal vor wie ein Seelenmülleimer, obwohl ich in vielen Bereichen ja selbst keine Antwort hatte. Es gab einige Flirts und Liebeleien, und allen erzählte ich von meiner Idee mit dem Dorf und daß es möglich sein muß, mehrere zu lieben. Aber da, wo es um

Liebe geht, da kommt meist auch die Eifersucht. Und in der Regel hält man es für ein Naturgesetz der Liebe, zu dem man ein Recht hat. Und so gab es bald schon das übliche Chaos. Ich fühlte mich von dreien besonders angezogen. Einer hieß Hajan, einer Hartmut und einer Wolfgang. Hartmut räumte mir einmal ein Regal aus und schrieb auf einen Zettel: "Du Hure Bethels!" Das war, weil wir uns geküßt hatten, und er mich am nächsten Tag mit Hajan Hand in Hand über die Straße laufen sah. Ich flüchtete mich zu Wolfgang. Ich erzählte ihm alles. Auch von meinem Religionslehrer. Von meinem Guru aus dem Allgäu. Von Charlie, der jetzt in Göttingen studierte, und von der Dorfidee. Wolfgang war fasziniert von meiner idealistischen Art, und wir verliebten uns. Und in diese frische Verliebtheit kam dann gleich Erhart zu Besuch. Er ließ sich durch Wolfgangs Anwesenheit in keiner Weise stören. Er erzählte, daß er jetzt soweit sei. Er wolle wieder viel mehr von mir. Ich sei ganz wichtig für ihn. Er wolle mich und die Rita lieben. Wolfgang wurde immer schweigsamer, und fuhr schließlich mit dem VW, ohne ein Wort zu sagen, davon. Ich wollte dieses Chaos nicht mehr. Ich wollte auch nicht jetzt schon wieder jemanden verlieren, weil alles so chaotisch war. Ich sehnte mich nach Intimität und Zweisamkeit. Ich wollte jetzt auch nichts von Erhart. Schließlich lebte er in Opladen und hatte die Rita. Wolfgang kam zurück und sagte: "Na, da hast du ja wohl schon einen anderen, da bin ich ja überflüssig. Da kann ich ja gehen." Verzweifelt versuchte ich, ihn davon zu überzeugen, daß alles ganz anders sei. Er sagte, daß er sich einfach nicht vorstellen könne, auch mit anderen zusammenzukommen, wenn man sich wirklich liebt. Ich entschied mich und sagte zu ihm, daß ich ihm jetzt erst mal treu sein wolle, bis wir uns richtig kennen. Später kommt dann die Öffnung sicher ganz von selbst, dachte ich mir.

3

Das Leben zu zweit

So wiederholte sich noch einmal eine innige und intensive Zeit, wie ich sie zum ersten Mal mit meinem Freund Jan erlebt hatte. Wir lebten einige Monate zu zweit in einem winzigen Zimmer, einer echten Studentenbutze. Wir hatten viele gemeinsame Themen, lasen Rilke, Heidegger, Hermann Hesse, und ich las ihm meine Geschichte von Rahab vor, die ich mit 17 Jahren geschrieben hatte. Ich sprach viel und immer wieder von dem Dorf. Diesem Gedanken blieb ich treu. Wolfgang war sehr romantisch veranlagt, hatte lange Haare und rauchte Pfeife.

Ich liebte ihn so sehr, daß ich in acht Wochen das große Latinum machte, um mit ihm nach Tübingen gehen zu können. (Mein Abitur wurde in Tübingen nur anerkannt, wenn ich das große Latinum zusätzlich nachweisen konnte.) Liebe macht vieles möglich, ich schaffte es, gegen die Prognose von allen. Ich schrieb viele Gedichte, in denen ich meiner Sehnsucht, meiner Liebe, aber auch meinem Kummer Ausdruck verlieh.

"Liebst du mich?" fragte er.

"Ja", sagte ich.

"Liebst du mich auch immer?"

"Das kann man doch jetzt noch nicht wissen. Aber ich wünsche mir das."

Solche Aussagen genügten, daß er beleidigt reagierte. Er wußte, daß ich den Gedanken vertrat, daß es möglich sein mußte, auch andere zu lieben. Und er wußte auch, daß ich meine Freunde aus der Vergangenheit immer noch liebte. Seine Eifersucht wurde der Stachel, der unsere Freundschaft nach und nach zerstörte. Ich kam in eine innere Not. Ich liebte ihn tatsächlich. Aber was sollte ich machen, sollte ich bei der Wahrheit bleiben oder sollte ich lügen, bloß um Frieden zu haben?

Einmal, in einem Heidegger-Seminar, schaute mich ein junger Mann unverwandt an. Unruhig rutschte ich auf meinem Stuhl hin und her. Ich mußte immer wieder hinschauen, denn es lag eine Magie in seinem Blick, die mich sehr anzog. Er war sehr hübsch, und früher hätte ich bestimmt etwas unternommen, um ihn kennenzulernen. Wolfgang merkte das natürlich gleich. Direkt nach dem Seminar platzte es aus ihm heraus:

"So, was hast du denn mit dem?"

"Nichts habe ich mit dem, ich kenne ihn doch gar nicht."

"Und warum hat der dich so angeschaut?"

"Ich weiß es nicht, wahrscheinlich habe ich ihm gefallen."

Er bohrte und bohrte mit seinen Fragen: "So, und dir, hat er dir auch gefallen?"

Zögernd sagte ich: "Naja, er sieht schon sympathisch aus. Früher hätte ich ihn wahrscheinlich kennengelernt."

Da war die Bombe wieder geplatzt. Das war genügend Grund für getrennte Betten und viele Szenen. Ich heulte und versuchte, ihm zu erklären, daß er alles in den falschen Hals kriegt. Und wenn das so weitergehe, dann wisse ich bald gar nicht mehr, ob ich ihm noch irgendwie die Wahrheit sagen könne. Das aber sei doch gerade die Voraussetzung, daß man sich dauerhaft lieben könne. Etwa eine Woche lang hing der Himmel unserer Liebe schief, und ich füllte meine Tagebücher mit meiner Verzweiflung. Dann gab es wieder die große Versöhnung. Ohne es bewußt zu merken, machte ich mich nach und nach immer mehr zum Opfer seiner Eifersucht. Ich übernahm den Part seiner ungelösten Mutterbeziehung, die er mit seinen Launen immer neu erpressen konnte. Und ich spielte sie perfekt, die sich aufopfernde, treue, geduldige und leidende Geliebte. Die ersten Weichen waren gestellt. Das griffige Zahnrad einer Zweierbeziehung hatte gefaßt und zermalmte uns beide in seiner erbarmungslosen Mühle.

Auch meine Freundin Almuth hatte einen Freund. Auch sie war beschäftigt mit dem Thema Zweierliebe, Intimität und Treue. Wir trafen uns oft, aber die volle Intimität, mit der wir vorher zusammen gewesen waren und unsere Zukunft geplant hatten, bekam Risse. Vor allem die vielen gemeinschaftlichen Zusammenkünfte, die ich auf der Burg Waldeck so geliebt hatte, gab es plötzlich nicht mehr. Es war eben nicht mehr so selbstverständlich, daß mein Freund auch ihr Freund war und umgekehrt. Unsere Freunde fanden den Gedanken mit dem Dorf schon toll, aber jeder sollte da sein eigenes Haus haben. Man mußte schon klare Grenzen ziehen. Ich wollte aber viel mehr. Ich hatte auf der Burg Waldeck so viele glückliche Gemeinschaftssituationen und Gespräche erlebt. Meine Sehnsucht führte mich zu einem wirklichen Gemeinschaftsleben. Es gab kaum eine schlimmere Vorstellung für mich, als eine normale Hausfrau zu werden. Ich wollte aber Wolfgang auch nicht verlieren, denn der Wunsch, einen sicheren Anlaufhafen zu haben, regte sich natürlicherweise auch heftig in mir. So verstrickte ich mich nach und nach im Netz der bürgerlichen Bedingungen für eine Partnerschaft. Charly, der in Göttingen studierte, und ich schrieben uns lange, philosophische Briefe. Wir überlegten, wo unser Dorf denn wohl entstehen würde, in der Nähe von Göttingen oder in Tübingen. Wir schrieben über Kant, über Hegel und Heidegger. Und ich war seine Vertrauensperson geworden in all seinen Liebesdingen. Er kam uns oft besuchen. Auch alle seine Freundinnen brachte er mit zu uns. Er befreundete sich auch mit Wolfgang, sie führten intime Gespräche. Darüber war ich sehr glücklich.

Mein Sexualleben und neue Kontakte

Ich hatte gemeinsam mit meiner Freundin beschlossen, daß wir uns die Pille besorgten. So kam es mit Wolfgang das erste Mal zu bewußt gewähltem Sex. Ich hatte vorher einmal mit Erhart geschlafen. Aber das ging so schnell. Er hat ihn einfach kurz reingesteckt und gleich abgespritzt. Ich habe das kaum bemerkt. Und es war auch nicht abgesprochen. So richtig kapiert habe ich es erst, als er mich hinterher fragte, was ich denn jetzt mache, wenn ich schwanger werde.

Der Sex mit Wolfgang war einfach und sehr schön. Er hatte einen schönen Körper und einen großen Schwanz. Ich liebte ihn sexuell. Ich war meistens die Aktivere. Aber wir taten es eigentlich immer auf die gleiche Art. Andere Stellungen ausprobieren und darüber reden, dazu waren wir irgendwie zu prüde. Einmal schenkte er mir ein Buch: "Do it yourself." Das war wohl das Zeichen, daß er sich eigentlich auch mehr Vielfalt wünschte.

In der Nähe von Tübingen lebten wir in einem kleinen Dorf. Dort hatten wir eine schöne Wohnung. Im selben Haus wohnte ein junges Paar, und die beiden mochte ich sehr. Ich hoffte sofort auf mehr Gemeinschaft und erzählte natürlich wieder viel von unserem Dorf. Wolfgang verliebte sich in die Frau. Sie hieß Sybille. Wir machten gemeinsam einen Ausflug in die Vogesen. Dort haben sie es miteinander getrieben. Sie kamen zurück und erzählten es sofort. Ich will nicht behaupten, daß ich ganz frei von Eifersucht war. Es gab mir schon einen Stich, als ich sah, mit welcher Selbstverständlichkeit er etwas tat, von dem er verlangte, daß ich es nie tun dürfe. Daran hatte ich mich bis dahin auch treu gehalten. Aber neben dieser Aufgewühltheit kam doch gleichzeitig eine große Freude und Hoffnung auf. Ich dachte mir, daß es jetzt soweit sei, daß er es jetzt auch kennengelernt habe, daß es möglich ist, mehrere zu lieben, und daß das in keiner Weise bedeutet, daß man sich verlassen muß. Und ich mochte Sybille sehr. Auch ihr Mann Wilhelm reagierte erstaunlich ruhig und solidarisch. "Ach, ich kenne das schon bei der Sybille. Die verliebt sich oft. Das legt sich dann aber auch wieder." Irgendwann gingen wir zwei auch zusammen, aber es hat nicht so richtig geklappt. Irgendwie waren wir beide zu schüchtern. Trotzdem war es wichtig, daß wir uns eben auch ziemlich voneinander angezogen fühlten. Leider hielt unser angefangenes Glück zu viert nicht lange. Denn Sybille und Wolfgang konnten sich schon bald darauf nicht mehr leiden. Ich mußte mir ständig anhören, was für eine blöde Kuh das sei. Und sie erzählte mir immer wieder, wie schlimm sie den Wolfgang fände und wie sehr sie sich über ihn aufregen würde. Ich versuchte zu vermitteln, und es gab viel Psyche. Wolfgang wurde eifersüchtiger als vorher. Er sagte zu mir, daß ich so etwas nie machen dürfe. Wenn ich mit einem anderen ginge, dann seien wir geschiedene Leute. Einmal verliebte sich der Ingo, Wolfgangs bester Freund, in mich. Wir hatten einen wunderschönen, verliebten Spaziergang und knutschten auch miteinander. Er war sehr glücklich über mich und meine Gedanken, ich war sehr glücklich darüber, wieder mal gesehen und akzeptiert zu werden. Er schenkte Wolfgang ein großes Poster von mir und ein kleines Buch.

Da schrieb er rein: "Als Dank für unsere Freundschaft und für unsere gemeinsame Geliebte und Freundin Sabine." Eigentlich war es beglückend. Stattdessen wurde es zur neuen Katastrophe. Wolfgang war stinksauer und meinte, mit so einem Freund, der ihn so betrüge, wolle er nie wieder etwas zu tun haben. Dabei war er selbst dauernd unterwegs mit neuen Freundinnen. Das hielt er aber für normal, das war letztlich meine Schuld, da ich ihm nicht genügend Liebesbeweise gebe und nicht genügend eifersüchtig sei. Das war der Beweis für ihn, daß ich ihn nicht genügend liebte.

Und ich als die Tochter aus gutem Hause spielte dieses Drama mit bis zur Neige. Ich war drauf und dran, mich der allgemein gültigen Vorstellung zu fügen, daß Liebe hauptsächlich aus Drama bestehen muß. Ich begann sogar manchmal zu glauben, daß Eifersucht ein Liebesbeweis sei. Ich spielte dauernd die Rolle der Beschwichtigenden, Verständnisvollen, Vermittelnden und Versöhnenden. Ich spielte, ohne es zu merken, immer mehr die Frauenrolle, die Tausende von Frauen spielen. Der Mann geht fremd, mehr oder weniger heimlich. Sie ahnt es aber sowieso. Da sie ihn nicht verlieren will, erduldet sie alles. Selbst aber hält sie sich keusch zurück. Wahrscheinlich wäre unsere Feindschaft später nie so groß geworden, wenn ich früher aufgehört hätte mit den ewigen Kompromissen. Das ist die Art von Mittäterschaft, die aus der Opferhaltung kommt. Das habe ich erst viel später begriffen.

4

Schwangerschaft

In dieser Phase wurde ich dann auch noch schwanger. Ich war inzwischen 21 Jahre alt, wir waren bereits drei Jahre zusammen. Ich hatte einmal vergessen, die Pille zu nehmen, und da war es geschehen. Ich erfuhr es an einem Tag, an dem ich anschließend ein Referat über "Die Kritik der praktischen Vernunft" von Immanuel Kant halten mußte. In mir waren Freude und Schreck gleichzeitig. Ich konnte das Referat jedenfalls mit ungewöhnlicher Gelassenheit halten, denn die ganze Zeit über fühlte ich mich mit tiefem Stolz erfüllt. Ich wußte etwas, was sie alle nicht wußten. Ich fühlte mich als volle und reife Frau, und das erfüllte mich mit tiefem Glück. Der weibliche Mutterinstinkt hatte mich erfaßt. Wenn das der Immanuel wüßte, wie man sich fühlt, wenn man schwanger ist! Wahrscheinlich hätte er sich manch eine Triebfeder des Tuns oder Nichttuns, a priori und a posteriori, ersparen können.

Heute weiß ich, daß ich damals unbewußt sehr stark die Sehnsucht nach einem Kind hatte. Mutter werden erschien wie ein mögliches Glück am Horizont, wie ein Ausweg aus der ganzen Misere. Ich hatte bei einer Freundin in Göttingen die acht Wochen alte Mara gesehen, und das weckte in mir alle latent schlummernden weiblichen Mutterinstinkte. Auch wenn Sex nicht einfach nur zum Kindermachen da ist, wie es mir mein Vater beibringen wollte, so hat er eben im Hintergrund doch viel mit Zeugung zu tun. Für eine Frau liegt deshalb unbewußt eine biologische sexuelle Erfüllung in der Schwangerschaft. Das ist ja ein Dilemma der modernen Gesellschaft, daß die soziale Wirklichkeit den biologischen Tatsachen überhaupt nicht entspricht. Deshalb kommt es zu diesen vielen Abtreibungen und zu den vielen alleinstehenden Müttern oder zu unglücklichen, viel zu früh abgeschlossenen Ehen. Als ich jetzt schwanger war, da war die Entscheidung gar nicht so einfach, denn ich ahnte natürlich damals schon, daß ich mit Wolfgang, wenn die Entwicklung so weiterging, nicht ewig zusammenbleiben konnte. Ich stand jetzt vor der Entscheidung, ob ich ein normales Eheleben führen oder was ich sonst tun wollte. Wie würde meine Zukunft überhaupt aussehen? Diese Frage wurde jetzt existentiell. Die Vorstellung, plötzlich in einem kleinen Dorf in einer Dreizimmerwohnung zu leben und Hausfrau und Mutter zu sein, erschien mir grauenhaft. Das war, als würde ich zu meiner eigenen Beerdigung gehen. Aber ich wußte auch, daß ich niemals abtreiben würde. Der Gedanke, daß sich da ein kleines Wesen in mich eingenistet hatte und jetzt auf diese Erde kommen wollte, war einfach zu faszinierend. Außerdem gab es durch die Situation immer wieder schöne und intime Zusammenkünfte zwischen Wolfgang und mir, und letztlich hoffte ich ja sogar immer wieder, daß sich unsere Konflikte durch die Schwangerschaft lösen lassen würden. Erst viel später sah ich, wie viele Frauen schwanger werden, wenn das Glück in der Liebe nachläßt und die Langeweile eintritt. Kinder müssen herhalten für die uneingelösten Wünsche der Eltern. Brutal, aber wahr. Der Blick in die Zukunft wurde verbindlich. Ich führte viele Dialoge mit dem unbekannten Wesen in meinem Leib. Ich erzählte ihm von meinen Schwierigkeiten und von meinen Hoffnungen. Ich machte lange, einsame Spaziergänge, um mir über meine Situation klar zu werden. Dann erfuhr ich von Sybille, daß sie auch schwanger sei. Sofort stieg meine Hoffnung und Zuversicht.

Die Vorstellung, gemeinsam mit anderen Frauen Kinder zu bekommen, sie in der Gemeinschaft aufwachsen zu lassen und gemeinsam zu erziehen, das entsprach wieder ganz meiner eigenen Vision von der Zukunft. Vielleicht würden die beiden ja durch die Schwangerschaft meiner Dorfidee auch näher rücken, und Sybille könnte ihre Schwierigkeit mit Wolfgang überwinden. Ich wußte, daß ich in Gemeinschaft leben wollte.

5

Der Entschluß zur Ehe

Dann stand die Frage an: Heiraten oder nicht? Ich schrieb Charly einen Brief und wünschte mir seinen Besuch. Ich wollte wissen, wie er über das ganze dachte. Instinktiv wollte ich nicht heiraten. In mir wehrte sich alles gegen diese künstliche Form der Treueschwüre. Eine Ehe erschien mir wie das endgültige bürgerliche Korsett. Ich hatte da nie Vorbilder gefunden. Ehe war wie eine Absage ans Leben. Wolfgang war da sehr anderer Meinung. Immer wieder meinte er, in meiner Haltung zu sehen, daß ich ihn nicht wirklich liebe. Seine Art fremdzugehen häufte sich. Er brachte dann auch seine Freundinnen mit. Meistens befreundete ich mich mit ihnen. Sie mochten mich. Und das konnte er gar nicht ausstehen. Ist das vielleicht auch ein Grund, warum so viele Ehemänner behaupten, ihre Frauen würden ihr Fremdgehen nicht verstehen und nicht akzeptieren? Befürchten sie vielleicht, daß die Frauen sich verständigen und sich selbst auch auf die Socken machen würden, um neben ihrer Ehe noch ein paar hübsche Abenteuer zu erleben? Heute bin ich überzeugt davon, daß die Frau meines Religionslehrers mich verstanden hätte, wenn sie bemerkt hätte, daß ich ihr in keiner Weise ihren Mann ausspannen und für mich gewinnen wollte.

Wolfgang bat mich immer dringlicher zu heiraten. "Es ist doch nur ein Papier. Bitte laß es uns tun, nur meinen Eltern zuliebe."

Charly riet mir ab. Schließlich einigten wir uns darauf, daß es nur das Papier sei. Daß die Frage, ob wir zusammenbleiben würden, ob unsere Liebe Bestand haben würde oder nicht, unabhängig sei von diesem Papier.

Liebe macht tatsächlich blind, wenn man der gängigen Vorstellung von Liebe folgt. Und anscheinend liebte ich ihn immer noch. Sonst hätte ich hier nicht so gegen meine eigene Intuition gehandelt. Daß ich das aber tat, gerade das erstickte immer mehr die letzten Reste von Liebe in mir, denn ich fühlte mich wie eine Gefangene in einer Rolle, in der ich keine Selbsterfüllung finden konnte. Das steigerte meine innere Ablehnung immer mehr. Seine dauernde Forderung nach Liebesbeweisen tat das ihre dazu. Ich bat Wolfgang mit aller Inbrunst, mit mir einen Versuch zu machen, ein Haus zu suchen und eine Wohngemeinschaft aufzubauen. Ich hoffte, daß sich dadurch unsere Liebe retten ließe.

Im Krankenhaus bei der Entbindung, es war im Januar, lernte ich Lilian kennen. Lilian gebar den Hannes. Ich gebar die Delia. Beide am gleichen Tag. Draußen war es eisig kalt, und auf den Bäumen lag dicker Schnee. Die Entbindung war in einer anthroposophischen Klinik. Wir durften unsere Kinder bei uns behalten, und die Väter waren auch bei der Geburt dabei. Wir erlebten noch einmal eine Phase des tiefen Glückes. Ich lag in meinem Bett und schaute ständig gebannt auf das kleine Wesen, das ich da geboren hatte. Sie kam mir wie ein voll erwachsenes, weises Wesen vor. Immer wieder war ich fassungslos, daß es das gab. Noch während der Geburt und während der heftigen Wehen war ich empört über diesen Schöpfungsvorgang. "In Schmerzen sollst du Kinder gebären!" Was für eine Gemeinheit der Schöpfung. Aber sofort, nachdem sie da war und ihre ersten Schreie zu hören waren, war aller Schmerz vergessen, und ich tauchte ein in eine Flut des Glückes und der Ehrfurcht vor diesem Geheimnis der Schöpfung, das sich zwischen Zeugung und Geburt ereignet.

Mit Lilian freundete ich mich in der Zeit im Krankenhaus intim an. Sie war um einiges älter als ich und war Lehrerin. Ich erzählte ihr von allen meinen Hoffnungen und Plänen und von meinem Vorhaben, jetzt schon mit einer Wohngemeinschaft anzufangen. Sie war begeistert. Und wie es das Schicksal wollte, hatte sie das Haus, auf das ich so gehofft hatte. Das Ehepaar, mit dem sie vorher darin gewohnt hatte, ging für drei Jahre nach Kamerun. Und nachdem wir schon stundenlang geredet hatten, kam ihr Mann Albrecht zu Besuch. Es ging jetzt nur noch darum, unsere Männer auch noch von unserem neuen Vorhaben zu überzeugen. Wir mochten uns auf der Stelle, und das Glück schien perfekt. Mit Sybille und Wilhelm wäre das Zusammenleben zu konfliktreich geworden, darin waren wir uns schnell einig. Jetzt meldete sich eine neue Möglichkeit des Glückes am Horizont. Auch Wolfgang mochte die beiden gleich. Und obwohl er immer wieder dem Gedanken der Wohngemeinschaft viel Skepsis entgegenbrachte, willigte er ein. In einem halben Jahr würde es soweit sein, und wir würden dort einziehen können. Zu allem Überfluß war es auch noch ein wunderschönes Haus. Es hatte einen riesigen Gemeinschaftsraum mit Atelier, Kamin, großem Garten und herrlichem Blick. Was für Feste würden wir hier feiern können! In dem Haus könnte man ja lässig 20 Menschen unterbringen. Meine Phantasie blühte auf.

Leider lag über dieser ganzen Glücksverheißung der unvermeidliche Kleinfamilienwahnsinn, den wir wohl noch bis zu Ende auskosten mußten. Zunächst mal mußte ich noch die nächsten Monate in unserer Wohnung verbringen. Wolfgang lernte aufs Examen und war meistens fort. Ich war in der Wohnung mit Delia allein. Das ganze Leben war auf einmal vollkommen anders. Ich hatte unglaublich viel Milch. Meine Brüste waren prall wie zwei Euter, und wenn ich den BH öffnete, dann spritzte es manchmal bis zu zwei Meter weit, so tief war wahrscheinlich mein Mutterstolz. Man hatte mir in der Klinik gesagt, daß ich meine Brüste immer leer pumpen sollte, da sie sich sonst leicht entzünden, und wenn sie sich entzünden würden, dann könne man nicht mehr stillen. Und so lernte ich einige dieser unnötigen Horrorstories, die einen als junge Mutter ängstigen, verwirren und in seelisches Chaos führen. Auf jeden Fall bringen sie nicht die Ruhe der Wahrnehmung, die ein kleines Wesen so dringend braucht. Ich pumpte und pumpte, und meine Brust wurde nie leer. Und ich wurde nervös, wenn Delia nicht genug trank, denn dann mußte ich ja soviel pumpen. Und dann legte ich sie auf die Waage, nach jeder Mahlzeit, sie trank aber nicht genug. Und dann kam noch die Sybille und erzählte mir von Sterilisierungsmitteln und wie wichtig das sei, weil sonst zu viele Bazillen in der Luft sind. Nachts stillte ich drei bis vier Mal, und morgens war ich vollkommen unausgeschlafen. Dann Windeln waschen, Essen kochen, zwischendrin etwas lernen für die Uni, und dann, wenn der Gatte nach Hause kommt, für ihn dasein. Für die schönen Dinge des Lebens, die von selbst eintreten, weil Raum für sie da ist, war da nicht mehr viel Platz. Der Traum vom Glück des hohen Paares mit der Idylle eines glücklichen Kindes wandelte sich in einen Alptraum: ein schreiendes Krümelmonster, ein Monster Mann und ich selbst das Monster Muttertier. Hinter wievielen Vierzimmerwohnungswänden spielt sich dieses Drama ab?! Nach außen spielt man das glückliche Paar. Im Inneren wütet das Kleinfamilienchaos, dem auch das größte Genie nicht gewachsen ist. Man könnte ganze Comicbände damit füllen!

Das Schönste war noch, wenn Sybille und ich unsere Ausflüge machten mit den beiden Bambinos. Da wir wenig Geld hatten, holte ich Mais von den Feldern oder Rüben oder erntete, was ich so fand. Delia schrie oft. Besonders morgens zwischen fünf und elf Uhr. Entweder hatte sie Bauchweh oder eine riesige Wut, daß ihr Erdendasein gleich so kompliziert begann. Ich wußte jedenfalls nicht, was sie quälte, und nachts hatte ich oft Alpträume, etwas falsch zu machen. Wenn ich nur mehr auf meine natürlichen Instinkte geachtet hätte, statt auf die ganzen Theorien der modernen Erziehung. Sie machten nur nervös. Kamillentee und Fencheltee, und dann wieder die Waage, und so oft wie möglich die Brust.

Ich wäre gerne mal mit in die Stadt gefahren, ich hatte das Bild, Delia an meinen Bauch gebunden überall mit hinnehmen zu können. Auch mal auf ein Fest oder ein Konzert. Aber da war "Er" strikt dagegen. Er verfolgte die anthroposophische Linie. Da muß man ein Kind schützen vor den Einflüssen der Welt. Und einmal gab es Streit, weil Sybille der Delia ein Gummiquietschtier schenken wollte. Er meinte, daß das den Tastsinn verdirbt. So gab es auch mit Wolfgang bald wieder mehr Streit als Glück. Ich mußte nüchtern feststellen: Mutter werden ist nicht schwer, Mutter sein dagegen sehr. Manchmal fühlte ich mich wie im Käfig. Ich wollte da raus. Und im Frühjahr machte ich dann zu allem Streß zusätzlich auch noch den Führerschein, um ungebundener zu sein. Natürlich kommt man da als Mutter in die typischen Doublebind-Situationen. Auf der einen Seite liebt man das Kind über alles, auf der anderen Seite fühlt man sich plötzlich von der eigenen Entwicklungsmöglichkeit vollkommen abgeschnitten, zurückversetzt, und das erzeugt gleichzeitig Wut auf das Kind, Ohnmacht und schlechtes Gewissen. Nach und nach lernte ich und begriff es immer tiefer, daß meine Situation keine private Angelegenheit war, sondern daß es an der Struktur der Zweierbeziehung lag, an der fehlenden Gemeinschaft, die ich so verzweifelt suchte. Es gab keine Eltern, die ihrem Kind privat das geben konnten, das es so dringend gebraucht hätte. Die neue Wohngemeinschaft in Herrenberg, das Engagement von Lilian und Albrecht im Dritte-Welt-Laden, das gemeinsame Aufwachsen der Kinder, das Haus als Treffpunkt für engagierte Leute aus der Umgebung wurden für mich immer mehr zur großen Hoffnung.

Ich fand in Lilian eine solidarische Freundin. Albrecht war zwar oft mürrisch, trotzdem mochte ich ihn. Eine Zeitlang war ich etwas verliebt in ihn, aber da war ich vorsichtig geworden. Er und ich hüteten die Kinder, die in diesem Haus ein herrliches Spielparadies hatten. Mit Albrecht machte ich lange Spaziergänge und führte lange Gespräche, während die Kinder ihre neue Welt eroberten.

Lilian und Albrecht machten Arbeit für die "Dritte Welt". Wir hatten oft viele Gäste im Haus aus den verschiedensten Nationen. Ich liebte es, auf diese Art mehr von der Welt zu erfahren, über Bolivien, über Peru, über Kamerun und vieles mehr. Einmal nahmen wir zwei Flüchtlingsmädchen aus Eritrea auf, für die ich so etwas wie die Ersatzmama wurde. Ich war zwar nur sechs Jahre älter als sie, aber das genügte. Sie fragten mich alles, wir gingen zusammen in die Discos, und sie wollten alles über die Liebe von mir wissen. Gerne hätte ich ihnen mehr von meinem erträumten Paradies geboten. So konnte ich es ihnen nur als meinen Traum schildern, nicht aber als meine gelebte Wirklichkeit.

6

Die sich anbahnende Trennung

Unsere Wohngemeinschaft in Herrenberg wäre für mich ein idealer Neuanfang gewesen bzw. ein nächster Schritt, der uns einen Neuanfang in der Liebe ermöglicht hätte. Wenn nicht die blöde Eifersucht dazwischen gestanden wäre, von der fast jeder meint, sie sei normal. Fast jeder hält diese Krankheit für Gesundheit! Nicht daß jemand eifersüchtig ist, ist das Ausweglose, sondern in welchem Ausmaß er in der Regel darauf pocht und meint, er hätte ein Recht darauf. Wer dem Glauben an seine Eifersucht ganz nachgibt, der betritt einen Zyklus der self fullfilling prophecy. Und wer dem Glauben an die Eifersucht des anderen nachgibt, ebenso. Einer, der besessen ist von der Eifersucht, treibt es solange, bis man ihn tatsächlich nicht mehr lieben kann. Und jemand, der dem Glauben an die Eifersucht des anderen nachgibt, treibt es so lange, bis er den anderen tatsächlich nicht mehr lieben kann. Du kannst tun, was du willst, um es ihm recht zu machen. Du machst es immer falsch. Wenn jemand einen Freund oder eine Freundin hat, die krankhaft eifersüchtig ist, dann mögen sie sich immer fragen, was sie denn dazu beitragen, daß der Betroffene eine solche Chance zur Ausbreitung seiner Krankheit hat.

Heilung in der Liebe kann da beginnen, wo die Betroffenen einsehen, daß die Eifersucht eine Krankheit ist, die heilbar ist. Und Heilung in der Liebe kann da beginnen, wo die Liebenden einen Weg der Wahrhaftigkeit suchen, die Eifersucht überflüssig macht. Da, wo echtes Vertrauen entsteht, da verschwindet auch die Eifersucht, wenn die Betroffenen es wollen. Ich war zu unwissend, um diese Zusammenhänge damals schon ganz zu durchschauen. Oder zu feige? Wahrscheinlich hätte unsere Liebe eine Chance gehabt, wenn ich mich nicht hätte erpressen lassen.

Wolfgang spürte, wie ich durch das Wohngemeinschaftsleben immer mehr aufblühte. Wenn wir alleine waren, dann machte er mir fast nur noch Vorwürfe. Ich würde ihn fliehen, nicht richtig lieben, und überhaupt machte ich eben alles falsch. Er wolle mehr mit mir alleine sein. Wenn wir alleine waren, kam es fast nur noch zu Auseinandersetzungen. So floh ich nach und nach das Alleinsein mit ihm tatsächlich immer mehr. Das einzige, was immer wieder zur Verbindung und Versöhnung führte, war der Sex. Dann kam es wieder zu Erklärungen, daß wir versuchen wollten, alles zu lösen und zusammenzubleiben. Das eskalierte immer mehr. Ich spürte, es mußte etwas geschehen. Immer wieder überlegte ich, ob ich einfach falsche Träume vom Leben hatte, ob ich zu anspruchsvoll war, ob meine ganzen Liebesbilder eine Illusion waren. Etwa jede Woche packte er die Koffer und drohte mit Auszug. Irgendwann war es dann soweit, daß mich das nicht mehr in Schreck versetzte, sondern ich begann zu wünschen, daß er es wirklich tun würde.

Auch Lilian und Albrecht bekamen ja viel von unserer verzwickten Situation mit. Ich suchte oft Rat bei ihnen. Sie empfahlen mir immer mehr, mich von Wolfgang zu trennen. Und auch ich kam immer mehr zu dem Ergebnis, daß dieses die einzige Lösung sei. Wenn ich nicht so einen moralischen Richter in mir gehabt hätte, hätten wir uns gegenseitig manches Leid ersparen können. Innerlich wirkte einfach die Moral, die mir einflüsterte, daß eine Frau einen Mann nicht verläßt! Sie habe zu ihm zu stehen durch dick und dünn. Wieviele Frauen folgen diesem Hang zur Aufopferung und der Dramaturgie des weiblichen Leidens! Oh Weib gib acht! Da folgen wir nur allzu gern dem tiefen Seufzer der weiblichen Unschuld: Ja, was soll ich denn machen?

Wolfgang ging inzwischen zu einer Therapie. Der Therapeut wollte mich auch kennenlernen. Er war ein sympathischer, attraktiver Mann. Ich erzählte ihm alles, was ich dachte. Er bestätigte mir, daß ich eine sehr starke Frau sei und keiner Therapie bedürfe. Ich bemerkte es schnell: Er konnte mir auch nicht helfen. Er war selbst fünf Mal geschieden. Er bot mir an, mich einmal privat zu treffen, da er sehr interessiert war an dem, was ich so vorhatte. Er meinte scherzhaft: "Dann komm eher ich zu Ihnen in Therapie." Man kann sich vorstellen, welche Wut und Empörung es in Wolfgang auslöste, als er erfuhr, daß mein Therapeut mich privat besuchen wollte. Er wurde immer mißtrauischer, denn er befürchtete immer mehr, daß ich anfange, ihm Dinge zu verschweigen. Er befürchtete es natürlich zu Recht, denn die Wahrheit konnte ja gar nicht mehr gesagt werden. Die Wahrheit löste immer Kollision aus.

Nach einer anstrengenden Auseinandersetzung fuhr Wolfgang mit einer neuen Freundin nach Taizé. Die Hoffnung, daß sich dadurch etwas verbessern oder lösen würde, hatte ich langsam aufgegeben. Ich blieb zu Hause. Auch Lilian und Albrecht waren fort. Ich hatte das Haus für mich. Ich wußte, daß ich die Zeit nutzen würde, um zu neuen Entscheidungen zu kommen. Ich machte mit Delia lange Spaziergänge, schrieb mir stundenlang meine Verzweiflung von der Seele und brüllte innerlich in den Kosmos, daß jetzt irgendeine Lösung kommen müsse. Ich flehte zu Gott: "Wenn es dich gibt, dann mußt du mir jetzt helfen. Ich weiß nicht mehr weiter!" Ich warf I-Ging: "Das Erschüttern: Das Erschüttern bringt Gelingen. Das Erschüttern kommt. Huhu! Lachende Worte: Haha! Das Erschüttern erschreckt hundert Meilen, und er läßt nicht Opferlöffel und Kelch fallen." Mit der Wandlung "Die Befreiung." Noch konnte ich nichts von Befreiung spüren. Delia war inzwischen ein Jahr alt. Was würde geschehen, wenn ich jetzt alleinstehende Mutter würde? Ich las die ganzen Nächte über. Erich Fromm: "Haben oder Sein", Jean Gebser und "Der Prophet" von Kahlil Gibran. Ich las auch in Frauenbüchern, wie z.B. in Anja Meulenbelt: "Die Scham ist vorbei." Ich suchte eine Antwort.

7

Die Begegnung mit einem neuartigen Mann

Es war kurz vor Ostern. Irgendwann klingelte das Telefon. Charly war am Apparat. Im selben Moment fuhr Wolfgang vor. Er kam viel früher von Taizé zurück als abgemacht. Charly sagte mir, daß er direkt in der Nähe sei zusammen mit Joscha, von dem ich schon gehört hatte. Sie wollten gleich vorbeikommen. Ich begrüßte Wolfgang, und er bemerkte meine Freude darüber, daß Charly kommt. Natürlich war ich auch aufgeregt, Joscha kennenzulernen, der in der linken Studentenbewegung sehr bekannt war und von dem ich eines seiner politischen Bücher bereits kannte.

"Wenn du die jetzt kommen läßt, dann weihe ich deine Eltern ein", das waren Wolfgangs Begrüßungsworte. Das gab mir den Rest. Das war mir dann doch zuviel an Erpressung. Und daß er meine Eltern als Drohmittel benutzte, das war einfach zu dick aufgetragen. "Dann weihe man ein", sagte ich, und er verschwand in seinem Zimmer.

In dem Buch von Joscha hatte mir das Kapitel über die Eifersucht ganz besonders gut gefallen. Ich fand es absolut treffend und hatte es schon vor längerer Zeit Wolfgang zum Lesen hingelegt: "Was da steht, das ist so wahr. Und wenn wir das lösen, dann hat unsere Freundschaft wieder eine richtige Chance." Er weigerte sich, darin zu lesen. Irgendwie spürte er instinktiv, daß das eine Veränderung von ihm verlangte, und das wollte er nicht.

Was im Folgenden geschah, war ein Einschnitt in meinem Leben. Daß etwas geschehen würde, das habe ich in der Nacht davor und spätestens ab dem Telefonat mit Charly gewußt. Ich fühlte eine starke Entschlußkraft in mir, mein Schicksal jetzt in die Hand zu nehmen und mich nicht länger durch falsches Mitleid ruinieren zu lassen.

Charly und Joscha kamen. Sie kamen mit einem roten Fiat vorgefahren. Als ich Joscha die Hand gab, da hatte ich das Gefühl, ihn schon seit Ewigkeiten zu kennen. Ich hatte vorher ziemlich projiziert. Schriftsteller, Studentenführer der Linken, Frauenliebhaber etc. Außerdem galt er als ziemlich radikal. Als er dann vor mir stand, da dachte ich: "Das ist ja ein ganz normaler, aber sympathischer Mann. Attraktiv dazu."

Wir gingen hoch zum Kamin und begannen zu erzählen. Ich war noch etwas nervös wegen meiner Situation mit Wolfgang. Ich machte noch einmal einen Versuch, ging zu ihm ins Zimmer und bat ihn, doch einfach zu uns zu kommen, die beiden hätten so viel Spannendes für uns zu erzählen. Aber da war nichts zu machen. Ich erzählte Charly und Joscha von meinen Schwierigkeiten und von der dringenden Entscheidung, vor der ich stand. Joscha meinte lachend: "Ja, dich täte ich auf der Stelle heiraten. Wir sind gekommen, dich aus deiner Burg zu entführen."

Wolfgang kam hoch und sagte, daß er jetzt zu meinen Eltern fahren würde, daß er die Delia mitnehmen würde, ich könne mich noch ganz schnell entscheiden und mitkommen. Irgendwie spürte jeder, daß es jetzt um alles ging. Ich fühlte, wie eine richtige Energiewelle meinen Körper durchfuhr, die mir die Entscheidung leichter machte. Im Inneren waren die Würfel eigentlich längst gefallen, es brauchte jetzt noch den äußeren Anstoß, der alles ins Rollen brachte. "Das Erschüttern kommt. Huhu! Haha! Lachende Worte. Und er läßt nicht Opferlöffel noch Kelch fallen." Diese Worte aus dem I-Ging waren noch voll in meinem Gedächtnis. Ich wußte, daß es jetzt soweit war, daß wir uns trennen würden. Daß er eine so miese Methode gewählt hatte, mich mit meinen Eltern zu erpressen und sie als moralischen Knopfdruck gegen meinen Freiheitsdrang zu benutzen, das machte mir auf jeden Fall die Entscheidung leichter, nicht mit ihm zu fahren. Sollte er mich doch vor meinen Eltern als Schlampe, Hure, gewissenlos, eiskalte Mutter usw. hinstellen, dieses Machtmittel zog nicht mehr, im Gegenteil, es gab mir den Rest, um meinen bereits ausgelösten inneren Trennungsvorgang ganz zu vollziehen. Mein Instinkt, mich nicht einfach von der bürgerlichen

Moral einfangen zu lassen, war stark genug. Dafür danke ich noch heute der göttlichen Schöpfung, daß sie mich mit dieser Kraft ausgerüstet hat. So konnte ich ihn nicht mehr lieben. Er fuhr also mit Delia 600 km nach Köln. Ich nahm die Gelegenheit wahr, das Dasein von Charly und Joscha für meine innere Klärung zu nutzen. Dazu hatte ich kräftig Gelegenheit. Beide, Joscha und Charly, gaben mir genügend Stoff. Sie reagierten nicht etwa mit Mitleid und Bewunderung auf meine Geduld und Güte, auf meine Fähigkeit, immer wieder neu zu verzeihen. So reagierten die meisten meiner Freunde. Sie führten mich dazu, meinen eigenen Anteil in der Beziehung zu Wolfgang zu sehen. Ich sah auf einmal, daß es unmöglich war, so viele Kompromisse einzugehen in der Liebe, wenn ich dem Gedanken des Dorfes wirklich treu bleiben wollte. Dieser Glaube daran, daß die Dinge sich irgendwann von selbst ergeben würden, war einfach ziemlich naiv. Zu meiner Sanftmut mußte schon eine gehörige Portion von Durchsetzungswillen dazukommen, Festigkeit und Klarheit im Geist, um zu meinem Ziel zu kommen. Das sah ich auf einmal sehr klar und deutlich vor mir. Und wenn ich wollte, daß meine Beziehung zu Wolfgang noch eine Chance hatte, dann durfte ich nicht dauernd einen Schritt vor und zwei zurück gehen.

Joscha imponierte mir ziemlich. Er hatte eine sehr klare und umfassende Sprache. Außerdem verstand er es immer, irgendwie künstlerisch zu agieren. Er erzählte von den vielen Projekten, die er besucht hatte. Wie er durch alle Lande gefahren war, um Leute zu finden, die bei einem Gemeinschaftsprojekt größeren Umfangs mitmachen würden. Er suchte Männer und Frauen aus allen Bereichen, Wissenschaftler, Künstler und Handwerker, überhaupt engagierte Leute. Er wollte ein Forschungsmodell aufbauen. Er dachte dabei sehr strategisch und politisch. Und ich sah auf einmal, wie notwendig diese Dimension war, um den vielen psychischen Konflikten gewachsen zu sein, die bei der Verwirklichung aufkommen würden.

Er erzählte davon, wieviele Wohngemeinschaften er besucht hatte und daß sie fast alle an ungelösten Liebeskonflikten gescheitert seien. Zwei Männer begehren die gleiche Frau, und schon ist der ganze Sprengstoff da. Er erzählte auch vom Friedrichshof, von einem Projekt, das die freie Sexualität propagierte. Er erzählte von der schöpferischen Radikalität der Leute vom Friedrichshof und deren Leiter Otto Mühl. Er hätte sich gerne dort mehr eingebracht, aber er berichtete auch von dem ganzen Wahnsinn, den er in ihren hierarchischen Strukturen entdeckt hatte. So hatte er eigentlich keinen Ort gefunden, an dem er wirklich aus vollem Herzen hätte mitmachen können. Manche Projekte deckten Teilbereiche ab, aber keines hatte eine funktionierende Antwort auf die dringenden Fragen im Bereich von Liebe und Sexualität. Ich bewunderte Joschas Klarheit und auch seinen Mut, das zu sagen, was er wirklich dachte. Der Friedrichshof war damals das schwarze Schaf sowohl für die bürgerliche Welt als auch für die linke Bewegung und auch für die Frauenbewegung. Es war unglaublich, was für faschistoide Reaktionen es damals schon von vielen Menschen gab, die niemals dort gewesen waren. Und da Joscha es gewagt hatte, sich öffentlich positiv zum Friedrichshof zu äußern, galt er in vielen linken Gruppierungen, die ihn vorher geliebt hatten, von einem Tag auf den anderen als eine Art Verräter. Es wird ihm heute noch nachgesagt, daß er Anhänger sei von Otto Mühl, obwohl er schon zu der Zeit, als ich ihn kennengelernt habe, dezidiert ausgesprochen hat, daß die Strukturen auf dem Friedrichshof zu fatal seien, um mit dieser Gruppe kooperieren zu können. So hatte er auf seiner Rundreise zwar viel gesehen und gelernt, aber nirgends einen Platz gefunden, wo er bleiben oder mitmachen wollte. Jetzt war er auf der Suche nach Leuten, die ein neues Projekt mitbegründen würden. Wir nannten es damals – in Anlehnung an das Bauhaus und den Bauhüttenorden des Mittelalters – "die Bauhütte". Auf unseren Spaziergängen standen Charly und Joscha oft wie zwei sympathische Ganoven nebeneinander und sangen lauthals das Lied: "Wir bauen eine Bauhütte am Hang." Sie sahen ziemlich verwegen aus. Charly mit langer Mähne und Bart, er hatte das Outfit der damaligen Anarchos. Joscha mit kurzen Haaren und Schnauzer. Ich war glücklich darüber, diese beiden Männer zu kennen. Charly und ich hatten uns bereits durch alle unsere Liebesgeschichten hindurch begleitet, und wir konnten jetzt von Freundschaft oder Treue reden. Joscha war ein neuer und vielversprechender Mann für mich. Manchmal zitierte er Goethes "Faust". Er konnte seine Verhaltensformen und Minen so oft wechseln, daß ich immer wieder nicht wußte, hatte ich jetzt eigentlich Faust oder Mephisto vor mir. Er hatte eine Art von Eros und Sex-Appeal an sich, die sehr anziehend war, aber die mir bis dahin eher unbekannt war und mich deshalb auch vorsichtig machte. War er jetzt ein wirklicher Frauenliebhaber oder war er ein Macho? Er sprach klar und ohne viel Umschweife darüber, daß er die Frauen sexuell begehre, er sprach aber auch intim über seine Liebe zu den Frauen. Er machte mir immer wieder charmante Liebeserklärungen. Irgendwann, ich stand gerade vor einem Bücherregal, gab er mir einen Kuß in den Nacken, der hat mich echt erwischt. Frau kennt ja das Gefühl, wie es sich anfühlt, wenn sie unter "Strom" steht.

Er flüsterte mir irgendwelche schönen Dinge ins Ohr. Diese Art von erotischer Annäherung war mir bis dahin unbekannt und machte mich zwischendrin auch ziemlich schüchtern. Da, wo es eigentlich sinnlich schön wird für eine Frau, da entsteht meistens auch bei ihr ein großes Mißtrauen: Kann man sich dem einfach hingeben? Ist er ein Chauvi? Ein Don Juan, der nichts anderes im Kopf hat, als Frauen den Kopf zu verdrehen? Die Frauen mal kurz bumsen und damit hat sich's? Abwehr oder Rückzug sind die Verhaltensmuster, die wir da gelernt haben und die sich meistens wie ein Reflex einstellen. Auch ich hatte ja die Sexualmoral im Kopf, daß Sex pur, ohne Liebe, eher etwas Negatives ist. Das war ja auch die Warnung, die mir mein Freund und Guru aus den Alpen beigebracht hatte: daß das Gute und das Böse sich oft unter demselben Deckmäntelchen verstecken. Und das Böse bedeutete, daß Männer eine Frau einfach so begehren, ohne sie wirklich zu lieben. Wie bin ich davor gewarnt worden! Was für eine Angst hat man uns Frauen eingejagt vor fremden Männern! Von früh auf. Daß eine Frau von sich aus sexuelle Lust auf fremde Männer hat und das auch noch zeigt, das schien absolut verboten.

Joscha verstand es auf jeden Fall, meine innere Erregung und Lust zu wecken und gleichzeitig mein Schamgefühl darüber, daß ich so sexuell reagierte. Joscha einfach als Chauvi oder Frauenheld abzutun, das war aber unmöglich. Diese Ausrede konnte mein Frauenherz, das zwar auf der Suche nach Emanzipation war, aber gleichzeitig einen hohen Instinkt für Wahrheit hatte, sich nicht erlauben. Dazu redete er zu ehrlich und zu liebevoll von Frauen. Und er redete auch zu offen über sein eigenes Thema der Angst. Vor allem machte er keinen Hehl aus dem, was er liebte und was er nicht liebte. Bei anderen Männern war es oft viel schwieriger durchzublicken, was sie wirklich wollten. Nach und nach lernte ich durch ihn immer mehr sehen und verstehen, was eine fremde Frau in einem Mann auslösen kann. Ich hatte viel mit meinen Freundinnen über Sex gesprochen, aber noch nie wirklich mit einem Mann. Von Ingo wußte ich ein bißchen, aber jetzt erst begann ich den sexuellen Hintergrund zu ahnen, der unser ganzes Verhalten unbewußt prägt und worüber man normalerweise nie spricht.

Ich hatte das Gefühl, daß ich endlich jemanden getroffen hatte, der etwas wußte über die Themen von Liebe und Sexualität. Auch Charly liebte Joscha dafür. Ich wußte ziemlich schnell, daß ich mitmachen würde bei der Gründung der Bauhütte. Wir nutzten die Zeit intensiv. Wir saßen stundenlang beim Frühstück, redeten und redeten. Wir sprachen über die Dorfidee, über eine Broschüre, die Joscha geschrieben hatte, die den Gedanken eines sinnvollen Gemeinschaftsaufbaus betraf. Wir sprachen über ein sinnvolles Aufwachsen der Kinder, über Kunst, Architektur und die Forschung der Zukunft. Manchmal vergaß ich meinen ganzen Seelenschmerz, so reichhaltig und voll mit Zielen tat sich die Zukunft vor mir auf. Ich wußte: Entweder würde Wolfgang sich entscheiden mitzumachen, oder wir mußten uns trennen. Es war wie ein Sprung aus dem Rollstuhl. Es war Frühling, und wir feierten unsere Feste auf einer Wiese, zusammen mit Freunden. In mir kam ein großer Teil des lange nicht gelebten Lebens zum Vorschein. Manchmal als Schmerz, manchmal als Freude. Wir sangen, dichteten, visionierten… das Leben brach sich endlich seine freie Bahn. Und ich begann zu handeln, statt auf den großen Einbruch in mein Schicksal zu warten.

Und eines Abends wagte ich auch noch den nächsten Schritt. Joscha lag schon im Bett. Ich schlich mich zu ihm an die Matratze und fragte, ob ich mich zu ihm legen dürfe. Das war ein riesiger Schritt für mich. Er lachte, und wir taten es. Es war das erste Mal, daß ich von einem Mann so richtig genommen wurde. Anschließend tat ich es auch noch mit Charly auf dem Teppich, der mir die ganze Zeit über platonisch die Treue gehalten hatte, obwohl ich einmal die große Liebe für ihn war. Der ganze Stau, den ich in den letzten Jahren angesammelt hatte, suchte sich jetzt seine schöpferische

Bahn. Dann fuhren wir gemeinsam an den Bodensee. Die Fahrt wurde für mich schon etwas ernster und bedrückender. Der Aufbruch und Umbruch, der jetzt vor mir stand, würde riesig werden. Das wußte ich. Aber es gab kein Zurück mehr. Ich mußte es jetzt dem Wolfgang und auch meinen Eltern beibringen, daß mein Entschluß gefallen war. Ich wollte mitmachen bei der Gründung der Bauhütte. Ich wollte einen Weg finden, der freie Liebe möglich macht. Ich wollte nie mehr die Enge einer Zweierbeziehung und die Lüge, zu der sie führt, mitmachen. Ich hatte zutiefst erfahren, daß Liebe sich nicht fordern läßt, sondern daß sie dadurch nur zerstört wird. Nach zwei Tagen Bodenseeaufenthalt war es soweit. Ich verabschiedete mich, trampte Richtung Köln. Ich war entschlossen zur Trennung.

Meine Mutter empfing mich mit den Worten:

"Kind, es wird alles wieder gut werden."

"Nein. Nichts wird gut. So einfach geht das nicht. Ich habe es lange genug probiert."

Dann erzählte ich alles. Und ich stieß nicht unbedingt in allem auf das größte Verständnis. Aber nichts konnte mich mehr abhalten, meinen neuen Weg zu gehen.

8

Die beginnende Verwirklichung

Jetzt begann für mich eine schwere Zeit und eine Zeit des Aufbruchs. Die alten Sicherheiten gab es nicht mehr. Jetzt war ich auf mich gestellt mit einer einjährigen Tochter an meiner Seite. Ich stellte Wolfgang vor die Wahl, daß entweder er ausziehen müsse oder ich. Er zog aus nach Tübingen. Lilian und Albrecht unterstützten mich sehr auf meinem neuen Weg. Ich überließ Wolfgang so ziemlich alles, was wir gemeinsam besaßen. Schließlich war ich es, die sich getrennt hatte. So hatte ich weder Geld noch Auto noch sonst irgend etwas. Gott sei Dank hatte ich vorerst noch ein schönes Heim. Alleinstehende, geschiedene Frau mit Kind. Mit diesem Selbstbild mußte ich mich erst mal abfinden. Hatte ich mich schon nicht mit dem Status der Ehe abfinden können, so fand ich den Status "geschieden", der jetzt auf jedem Fragebogen ausgefüllt werden mußte, erst recht absurd. Und das mit 23 Jahren!

Ich wußte, daß ich mich jetzt hinter das Studium klemmen mußte. Schließlich hatte ich durch die Geburt ungefähr zwei Semester verpaßt. Jetzt, als alleinstehende Frau mit Kind, schien mir ein Abschluß besonders wichtig zu sein. Das machte die Sache nicht leichter. Ich büffelte theologische Formeln, bleute mir Daten ein, die mich eigentlich nicht besonders interessierten. Obwohl ich längst wußte, daß ich mit den Glaubensbekenntnissen der evangelischen Kirche nicht übereinstimmen konnte, wollte ich nicht einfach so aussteigen. Vielleicht würde ich ja trotzdem einmal innerhalb der Kirche einen sinnvollen Beruf ausüben können.

Das Haus in Herrenberg war ein echter Segen. Hier hatten wir unsere ersten Bauhüttentreffen. Zwölf Leute trafen sich bei uns im Haus, planten ihre gemeinsame Zukunft, machten gemeinsames

Forum, ein Versuch, füreinander so transparent wie möglich zu werden. Ich hatte nicht geahnt, daß man dabei an so viele Barrikaden der eigenen Angst und des Widerstandes kommen würde. Ich sah aber auch, wie notwendig es war, um sinnvolle Auseinandersetzungen führen zu können. Ich sah immer mehr, daß für den Aufbau funktionierender Gemeinschaften eine idealistische Einstellung alleine nicht genügte. Ich selbst hatte ja inzwischen Kontakt zu vielen Wohngemeinschaften, die alle nicht funktionierten. Äußerlich scheiterten sie schon an der Organisation einer gemeinsamen Küche, innerlich an nicht gelösten Liebeskonflikten. Bei aufkommenden Konflikten fielen fast alle zurück in die Strukturen, die sie bei ihren Eltern gelernt hatten. Das sah ich auch bei uns in Herrenberg. Auch bei Lilian und Albrecht war lange nicht alles so rosig, wie es zunächst nach außen hin schien. Sie hatten auch ihre typischen Ehekrachs. Er zog sich dann zurück in mürrisches Schweigen, sie versuchte auf ihn einzureden und zu beschwichtigen, was ihn nur noch schweigsamer machte. Transparenz gab es da wenig. An solchen Stellen wurden die Türen vor einer echten Kommunikation schnell geschlossen.

Lilian und Albrecht unterstützten mich weiterhin, obwohl ihnen sicherlich manches, was wir taten und dachten, wenn wir uns zu den "Bauhüttenthemen" trafen, zu radikal und etwas suspekt war. Lilian bewunderte mich für meinen Mut, und manchmal hatte ich das Gefühl, sie hole dadurch, daß sie mich so stark unterstützte, etwas von ihrem nichtgelebten Leben nach. Jedenfalls konnte jetzt das Haus in Herrenberg zu dem echten Gemeinschaftstreffpunkt werden, wie ich es mir immer gewünscht hatte. Einmal lud ich eine ganze Musikergruppe aus Bolivien ein, die in der Mensa in Tü-bingen ein Konzert gegeben hatte.Es war für mich eine glückliche Zeit. Das erste Mal in meinem Leben ging ich mit einem Indianer ins Bett. Auch Delia und Hannes waren glücklich, wenn so ein Trubel im Haus war. Sie quietschten vor Vergnügen und trommelten mit, wenn die Indianer ihre Musikproben machten. Nur wenn ich wegging, dann gab es meistens ein ziemliches Geschrei. Auch wenn Joscha zu Besuch kam, heulte und schrie Delia oft auffallend viel. Sie wurde manchmal steif wie ein Brett vor Wut. Wahrscheinlich hatte sie verschwommen in ihrer Kinderseele das Gefühl, daß der ihr ihren Papa weggenommen hatte. Klein wie sie

war, bekam sie auf der emotionalen Ebene doch alles mit, was so geschah. Die Aufgabe, für sie jetzt eine gute Mutter zu sein bei allem, was ich emotional zu verarbeiten hatte, war nicht leicht zu lösen.
Wieviele alleinstehende Mütter gibt es überall in den Städten und das oft ohne den freundschaftlichen Hintergrund, wie ich ihn hatte?! Ich lernte in dieser Zeit viele davon kennen, auch ihren Haß und ihre Verbitterung den Männern gegenüber. Daß eine Mutter allein ihrem Kind gegenüber niemals die Bezugsperson sein konnte, wie es die Kinder eigentlich bräuchten, das sah ich nur allzu schnell. Kinder brauchen natürlicherweise einen anderen menschlichen Rahmen, sie brauchen Gemeinschaft und mehrere Bezugspersonen, um einigermaßen sinnvoll aufwachsen zu können. Ich wußte, daß ich selbst Verantwortung dafür trug, daß neue soziale Strukturen entstehen, wenn ich schon den alten bürgerlichen Rahmen der Ehe und Familie über Bord schmeißen wollte.

9

Das Leben als Single und alleinstehende Mutter in der Stadt

Ich war frei und hatte ein ungeheures Nachholbedürfnis. Wie hatte ich damals heiß und innig ersehnt, daß ich endlich 18 Jahre alt werde und von jetzt an tun und lassen könnte, was ich möchte. Und dann war ich aus dem Elternhaus raus und war gleich in die nächste Bindung geschlittert. Jetzt wollte ich endlich mal in die Disco gehen können, wann und wie ich das wollte, ohne mir ständig von irgend jemandem Vorhaltungen machen zu lassen.

Ich wollte Männer kennenlernen, wollte den Sex entdecken, ohne mich gleich gebunden zu fühlen. Gleichzeitig hatte ich eine hohe Verantwortung der Delia gegenüber. Leider rückte der Zeitpunkt heran, an dem ich unser wunderschönes Haus in Herrenberg verlassen mußte. Der Besitzer des Hauses kam aus Kamerun zurück. Lilian hatte eine neue Anstellung bei Schwäbisch Hall, dort hatten sie sich ein kleines Haus gebaut. Das bedeutete auch Trennung zwischen Delia und Hannes. Das war besonders schmerzhaft für mich und wahrscheinlich auch für die beiden. Der geborgene Rahmen, den die Kinder durch unsere Situation in Herrenberg hatten, war hiermit auch nicht mehr vorhanden.

Ich zog nach Tübingen, in eine schmuddelige Wohngemeinschaft, denn viel Geld hatte ich nicht. Dort lebte ich mit Delia in einem etwa 12 qm großen Zimmer. Manchmal fiel mir der Himmel auf den Kopf. Für Delia fand ich nach heißem Bemühen einen Platz in einer Kindertagesstätte. Täglich zog ich früh morgens mit meinem kleinen Bollerwagen zwei Kilometer durch die Stadt und brachte sie dorthin. Abends um 5 Uhr holte ich sie wieder ab.

Dazwischen lernte ich auf mein Examen. Luther. Zwingli. Calvin. Die Bauernkriege. Die Katharer und ihre Vernichtung. Die Vernichtung der Urchristen. Paulus und der Verrat von Tyros. Hexenverfolgung. Kreuzzüge. Eva und die Erbsünde. Viel von Nächstenliebe war da nicht zu entdecken.

Ich durchschaute immer mehr den patriarchalen Wahnsinn der herrschenden Religion und konnte es manchmal nicht fassen. Das Alte Testament war für mich so schauerlich, daß ich mich weigerte, mir diese Dinge einzuprägen. Wozu sollte ich diese Greueltaten auch noch auswendig lernen? Manchmal kam mir das alte Testament vor wie ein einziger sadis-tischer Sexualporno. Aber das durfte man ja nicht laut sagen. Also lernte ich das Nötigste und suchte einen Ausgleich in der Philosophie. Heidegger. Kierkegaard. Nietzsche. Kant. Hegel. Aber auch da stieß ich im Grunde nur auf Männerwirtschaft.

Ich war durch meine Erziehung und durch meine Schulzeit relativ schüchtern, aber auch selbstbewußt aufgewachsen. Daß Frauen minderwertige Wesen sein sollten, auf diese Idee wäre ich von selbst nicht gekommen. In meiner Studienzeit gingen mir nach und nach die Augen auf, wie sehr Religion, Geschichtsschreibung, Psychologie und Politik von Männern gemacht waren. Da sprach ein Freud vom Penisneid der Frau, aber nie davon, daß das gesamte patriarchale Denken möglicherweise seine Wurzel in der kulturgeschichtlichen Ohnmacht des Mannes gegenüber der urmatriarchalen Weiblichkeit hatte. Hegel mit seiner verschachtelten Sprache und die ganzen Männer, die sich stundenlang darüber austauschten, ob der Begriff der reinen Vernunft a priori und a posteriori von Kant in der Dialektik von Hegel und der Phänomenologie des Geistes aufgehoben sei oder aber die Synthese selbst ein Ding an sich ohne weitere Wesenhaftigkeit sei... Manchmal war es ein reiner Wettbewerb, ein Fremdwörter-Rekordrennen. Besonders wenn schöne Frauen im Raum waren, dann steigerte sich der Hahnenkampf. Einmal fragte ich ganz elementar, ob es denn möglich sei, die reine Vernunft a priori frei von Erfahrung zu begreifen, denn sie sei doch selbst schon eine Erfahrung. Da war der Professor gleich so begeistert, daß er mich zu sich nach Hause einlud. Er hielt mich für eine fortgeschrittene Philosophiestudentin, dabei hatte ich Kant zu der Zeit noch gar nicht gelesen. Wie auch immer, Antworten auf meine brennenden Fragen fand ich nicht. Im Gegenteil, je mehr ich studierte, desto verwirrter wurde ich.

Ich suchte Anschluß an die Frauenbewegung. Aber auf die weibliche Geschichte mit Männerfeindlichkeit und Sexualfeindlichkeit und "Schwanz-ab-Theorien" zu reagieren, das war von Anfang an nicht mein Weg. Dazu liebte ich Männer zu sehr. Ich las auch viele Frauenbücher, aber ich fand auch hier keine befriedigenden Antworten. Etwas Hoffnung fand ich bei Susanne Brøgger und Erica Jong. Aber auch sie boten ja keine Antworten im Sinne von neuen sozialen Strukturen, in denen sich leben läßt. Natürlich gefiel mir auch Anja Meulenbelt in ihrem Aufbruchsgeist, aber jetzt die Lösung nur noch unter Frauen zu suchen, dieser Weg erschien mir ohne Verlockung. Sie machten mir nur Mut, meiner sexuellen Abenteuerlust mit mehr Selbstbewußtsein zu folgen. Das tat ich dann auch.

Die sexuellen Abenteuer

Gemeinsam mit meiner Freundin Barbara ging ich oft auf Abenteuertour. Wir flirteten mit den Professoren. Ich hielt ein Referat über die freie Liebe im Urchristentum, denn ich war ganz begeistert, daß ich solche Elemente schon in dieser frühen Zeit wiederfinden konnte. Ich war überzeugt davon, daß Jesus die Maria Magdalena auch sinnlich geliebt haben muß und auch andere Frauen. Ich freute mich natürlich riesig darüber, daß es solche Elemente bereits in ganz frühen urchristlichen Schriften gab. Die hatte man natürlich nicht in den Kanon der Bibel aufgenommen. Manchmal gelang es uns, ganze Seminare thematisch umzufunktionieren, so daß es nicht ganz so langweilig war. Es gab durchaus Professoren, bei denen wir auf Resonanz stießen. Ich hatte sogar einen Job bekommen als hilfswissenschaftliche Assistentin bei einem bekannten Philosophieprofessor. Ich lernte dadurch etwas mehr hinter die Kulissen zu schauen, auf die sogenannte philosophische Hintertreppe, und gleichzeitig verdiente ich dadurch sogar etwas Geld.

Neben allem Studium und Mutterdasein war ich auf dem sexuellen Abenteuertrip. Ich wollte Männer sexuell kennenlernen, ohne daß mich falsche Moral, Anstand oder Minderwertigkeitsgefühle davon trennten. Ich war zunächst in keiner Weise auf der Suche nach einer neuen Beziehung. Ich wußte auch, daß ich nie wieder eine Beziehung eingehen würde auf die Art, wie ich es mit Wolfgang erlebt hatte.

Wenn Delia abends schlief und jemand im Haus war, zogen meine Freundin und ich oft von Kneipe zu Kneipe und flirteten mit den Männern. Nicht selten kamen dabei One-night-Treffen heraus. Ich liebte es eine Zeitlang besonders, wenn die Anfangsbegegnung vollkommen anonym war.

Einmal fragte ich einen jungen Musiker auf einer Party, ohne daß wir uns irgendwie kannten:

"Hast du schon etwas vor heute Nacht?"

Das waren die besonders gelungenen Mutproben.

Er war vollkommen verblüfft: "Das habe ich ja noch nie erlebt."

Wir verließen sofort das Lokal, und der ganze Hinweg zu meinem Zimmer war voll erotischer Vorfreude aneinander. Wir verbrachten eine geile Nacht. Man kann sagen, die Post ging ab. Er kam noch zweimal. Dann sagte er, daß er nicht mehr wiederkommen könne. Denn er hatte eine Freundin, und er wußte nicht, wie er unsere Sextrips vereinbaren sollte mit der Beziehung zu einer Freundin.

"Erzähle es ihr doch", schlug ich ihm vor.

Aber da stieß ich wieder einmal auf den berühmten Satz: "Die versteht das sowieso nicht." Ob innerhalb einer Beziehung oder außerhalb von ihr, mit dem Thema der Heimlichkeit, der Verlustangst oder Eifersucht war ich sofort wieder konfrontiert.

Auch mit meiner Freundin zusammen erlebte ich heiße Sachen. Einmal verführten wir gemeinsam einen Vertreter. Wir machten ein richtiges Fest daraus. Ein anderes Mal, als Delia bei Wolfgang war, lernten wir auf einer Tramp-Tour einen Hotelschulenbesitzer kennen. Er lud uns zu sich ein. Ich war noch nie in einer so pompösen Villa gewesen. Zunächst war ich schüchtern, dann drehte sich das ganze um in Übermut, meine Freundin und ich spielten ihm eine Theaterszene vor über seine Situation in der Ehe und im Beruf. Wir glänzten vor Improvisationskunst und Lust. Er hatte so etwas noch nie erlebt und war bereit, ungeheuer viel für uns zu tun. Er stellte uns seine Hütte zur Verfügung, er lud uns ein auf seine Segelyacht, er bot uns eine kostenlose Ausbildung an. "Ihr habt mein ganzes Leben auf den Kopf gestellt." Ich begann zu verstehen, welche Macht wir Frauen haben, wenn wir unseren Charme bewußt und sinnvoll einsetzen. Und ich hatte manchmal das Gefühl, als ob mein Leben erst jetzt begonnen hatte.

Aber nicht alles verlief so glorreich. Wehe, es kam meiner Freundin und mir einmal ein Mann in die Quere, bei dem Liebe im Spiel war. Da konnte sie eifersüchtig werden wie eine Furie. Da kannte sie dann nichts mehr. Da gab es jedes Mal einen Rundumschlag. Außerdem erlebte ich auch immer wieder Empörung bei den Männern. Wenn eine Frau auf einmal so direkt wurde, das paßte nicht in ihr Programm. Ausgerechnet einer, den ich besonders begehrte – er hieß Hämon und war Schauspieler – reagierte mit großer Abwehr auf meinen, vielleicht etwas mißlungenen Versuch einer Annäherung. Außerdem sprach sich unsere sexuelle Freizügigkeit in so einer Kleinstadt wie Tübingen ziemlich schnell herum, und so hatte ich des öfteren einen besoffenen Kumpel von meiner Tür abzuweisen. Einmal trieb ich es mit einem Physikstudenten direkt vor den Mauern des Tübinger Schlosses. Das war natürlich aufregend und ein besonderes Abenteuer. Aber er wollte dann mehr als ich wollte, wollte unbedingt die Nacht in der Wohnung mit mir verbringen. Er wurde fast gewalttätig. Und so trat ich oft von einem Fettnäpfchen ins andere.

Aber gerade durch solche Situationen spürte ich auch, daß kein Mann mir wirklich etwas anhaben kann, wenn ich es nicht will. Ich lernte meine weiche weibliche Macht immer intimer kennen und mit ihr verantwortungsbewußt umzugehen. Solche und ähnliche Erfahrungen häuften sich, und sie führten mich zu dem sexuellen Wissen, das ich mir im Laufe der Jahre angeeignet habe. Ein Mann ist in der Situation des Begehrens sehr stark davon abhängig, was die Frau tut und wie sie sich verhält. Sie kann die Situation beruhigen, statt der Angst nachzugeben, sie kann Solidarität herstellen, statt mit Kampf und Abwehr zu reagieren. Ich habe das immer wieder, auch in schwierigen Situationen beim Trampen erfahren. Vorausgesetzt ist natürlich ein sexuelles Wissen. Deshalb bräuchten wir ja alle eine handfeste sexuelle Ausbildung, statt lauter Horrorstories von dem bösen starken Mann, vor dem man nur fliehen kann und vor dem man sich grundsätzlich schützen muß.

Diese Strukturen haben fast alle Frauen seelisch tief verinnerlicht. Das ist Frauen zur zweiten Natur geworden. Unter diesem Aspekt betrachten sie fast jeden Mann, der Stärke signalisiert. Und gerade das hält sie in der Opferstruktur fest. Wenn ich solche Dinge schreibe, dann wird mir immer wieder vorgeworfen, daß ich den Frauen die ganze Schuld gebe. Oder man sagt mir sogar nach, daß ich den Männern Mut mache, Frauen zu vergewaltigen. Das ist natürlich Blödsinn.

Ich weiß, daß viele Frauen real mißhandelt werden und daß sie ohne fremde Hilfe von außen keinen Ausweg finden. Gerade deshalb aber möchte ich den Frauen Mut machen, aus ihrer Angst und Opferrolle auszusteigen, da wo sie es ohne fremde Hilfe können. Und eine Hilfe kann bereits darin bestehen, daß sie diese Information erhalten. Dann können wir auch viel direkter anderen Frauen, die in realer Not sind, helfen. Ich spreche nicht für die Vergewaltigung, sondern ich spreche für die Bewußtwerdung der weichen Kraft der Frau, die es möglich macht, Gewalt, noch bevor es zu ihrem Ausbruch kommt, zu verhindern. Und das, ohne in den Kampf einzusteigen gegen den Mann.

Frauen haben, bewußt oder unbewußt, eine große psychische Macht über den Mann. Frauen, die sich ihrer sexuellen Macht und der positiven geschichtlichen Bedeutung der Sexualität wieder bewußt werden, können dem Mann die Hand reichen, oft Gewalt verhindern und selbst souveräner und angstloser durch die Welt gehen.

Daß dieses Selbstbewußtsein in uns wieder gestärkt wird, dafür unter anderem sollten wir in Frauenhäusern einen Raum gestalten.

10

Die endgültige Entscheidung

In Tübingen hielt ich die Studienzeit noch tapfer durch. Ich machte mir durch Theaterarbeit, Frauenmusikbands und verschiedene Abenteuertrips das Leben halbwegs interessant. Zu mir in die Wohnung war noch eine Freundin eingezogen, die mit viel Einsatz mithalf, daß Delia einigermaßen heimatlich aufwuchs. Ich wußte aber, daß ich sofort nach dem Studium neue Lösungen finden mußte. Ich sehnte mich nach viel mehr geistigem Austausch mit Menschen, nach Kontinuität in den aufkeimenden Liebesbeziehungen und vor allem nach sinnvollen Möglichkeiten einer konstruktiven Zusammenarbeit mit meinen Freunden.

Joscha, Charly und Maria, eine Frau, die Joscha auf einer Tagung kennengelernt hatte, besuchten mich regelmäßig. Sie hatten inzwischen einen Hof gefunden in der Nähe von Jagsthausen: Leuterstal. Dort sollte das Projekt Bauhütte aufgebaut werden. Ich fuhr an den Wochenenden und immer, wenn ich Zeit hatte, gemeinsam mit Delia dorthin. Es war ein kleiner Bauernhof, an dem wir viel ausbauen mußten, um unser Wohnprojekt dort zu starten. Leuterstal entwickelte sich zu einer echten Werkstatt in allen Bereichen. Zunächst ging es ja ganz einfach darum, eine tatsächlich funktionierende Gemeinschaft aufzubauen.

Ich hatte noch viel zu klären, bevor ich dort wirklich frei einziehen konnte. Mein Studium, meine Geschichte mit Wolfgang, und nicht zuletzt mußte ich mir natürlich darüber klar werden, was ich überhaupt erreichen wollte in meinem Leben. So pendelte ich zunächst eine ganze Zeitlang zwischen Leuterstal und meinem freien Single-Leben in Tübingen hin und her. Ich flog einmal durch das Examen. Das wäre mir früher nie passiert, denn ich kam immer und überall mit Leichtigkeit durch. Da, wo es an Wissen mangelte, glättete ich es mehr oder weniger bewußt durch meinen Charme. Das war jetzt sehr anders geworden. Ich vertrat an der Uni und überall meine Thesen, sagte oft laut, was ich dachte. Das hatte ich im Prinzip schon immer gemacht, aber jetzt tat ich es mit einem politischen Hintergrund. Und das eckte viel schneller an. Ich erfuhr von einem studentischen Beisitzer, daß sie mir eine Fünf noch nachträglich reingedrückt hatten. Der Kommentar eines Professors dazu: "Was will die als alleinstehende Frau mit Kind denn auf der Kanzel? Die gehört doch hinter den Herd."

Das konnte ich so nicht auf mir sitzen lassen. Heute, mit meinem neuen politischen Bewußtsein und dem Wissen, welche wichtige soziale und religiöse Funktion der Herd symbolisch in einer Gemeinschaft hat, würde ich eine solche Aussage natürlich ganz anders zu nehmen wissen. Erstaunlicherweise meldeten sich bei mir einige Studenten von selbst, die sich mit mir solidarisierten. Sie schrieben ein Flugblatt über die Ungerechtigkeit im Bewertungssystem und schilderten meinen Fall ausführlich. Das machte mir Mut. Ich beschloß, das Examen zu wiederholen, ohne weiterzulernen. Während Delia für sechs Wochen bei ihrem Vater war, trampte ich nach Griechenland. Ich wollte Klarheit gewinnen über meine Zukunft. Sollte ich ein Vikariat machen oder nicht? Sollte ich für das Sorgerecht meiner Tochter kämpfen oder nicht?

Auf dieser Reise wurde mir vieles klar. Durch einige Begegnungen mit Männern wurde mir noch einmal überdeutlich, wie sich patriarchale Strukturen der Beherrschung aufbauen vor dem Hintergrund der Impotenz. Unser neuer Freund, der Hotelschulenbesitzer, hatte meine Freundin und mich eingeladen. Auf einer gemeinsamen Segeltour erlebte ich, wie sich unser Freund, der gerne wollte und nicht konnte und das weder vor sich noch vor uns zugab, in ein echtes Monster verwandelte. Er versuchte, meine Freundin und mich zu kommandieren nach Strich und Faden. Wie ein Oberoffizier. Ich verließ das Schiff, während meine Freundin sich entschloß, noch bis zur Türkei mitzufahren, und setzte mit der Fähre über nach Rhodos. Dort fühlte ich mich getragen von einer göttlichen Energie. Die Entscheidungen flogen mir nur so zu. Ich wußte, was auch immer ich tun würde in der Zukunft, ich würde mich beteiligen am Aufbau funktionierender Lebensgemeinschaften, die ein Beitrag sind zur Lösung des Liebesthemas. Es mußte eine Lösung geben für die Beendigung des Geschlechterkampfes. Neben allen sexuellen Abenteuern meines Single-Daseins wollte ich eintreten in verbindliche Beziehungen zu den Männern und zu den Frauen. Sex ohne geistige Verbindung mit den Männern wurde auf die Dauer auch schal. Ich wußte, daß ich etwas ändern mußte in meinem Liebesbild. Ich konnte nicht mehr darauf warten, daß jemand kommt, der mich richtig liebt und versteht. Und ich konnte auch nicht erwarten, daß die bürgerliche Welt einfach jubilierend "Ja" sagen würde zu den neuen Ideen, die ich vertrat. Dazu war das alte Liebessystem viel zu verfestigt.

Aber niemand mehr konnte vor den heiligen Altar meiner Liebe treten. Niemand mehr konnte darüber entscheiden, ob ich irgendwo dazugehören würde oder nicht. Ich selbst konnte entscheiden, wann, wo und wofür ich liebte.

Ich wollte der Gesellschaft den Tribut noch zahlen und das theologische Examen machen. Aber auf die Kanzel steigen und Ehen schließen? Und das mit meinem politischen Hintergrund? Nein! Es war kein besonders heroischer Entschluß. Ich wußte einfach, daß ich das nicht tun wollte und konnte.

Ich lief durch Rhodos und war glücklich über meine Aufbruchskraft. Eine Frau schenkte mir wie zur Bestätigung eine rote Blume. Mein Beruf sollte freischaffende Theologin werden oder eine Forscherin für den Aufbau eines lebbaren Liebesmodells. Und natürlich würde ich mich für das Sorgerecht für meine Tochter einsetzen und für ein sinnvolles Kinderaufwachsen. Zentnerweise fiel die Last von meinen Schultern, nachdem ich mich wieder einmal durch das Gestrüpp von allen möglichen Kompromissen zu klaren Entscheidungen durchgearbeitet hatte.

Ich fuhr zurück, machte das Examen so ziemlich frei von Angst. Da, wo ich letztes Mal die Fünf bekommen hatte, bekam ich dieses Mal eine Zwei. Allerdings bei einem anderen Professor. Ich glaube, ihm hat meine Antwort auf die Frage, was Jesus von Beruf war, am besten gefallen. Ich habe ganz spontan gesagt: "Gott sei Dank. Wenigstens der war kein Theologe, der war einfach Zimmermann."

Nach diesem Satz war der ganze Prüfungsbann gebrochen und wir führten ein spannendes Gespräch über Sinn und Unsinn der Theologie. Anschließend packte ich mein geringes Hab und Gut ein, zog noch ein paar Abende durch die Tübinger Kneipen, feierte ein paar Liebesnächte, verabschiedete mich von meinen Freunden und zog gemeinsam mit Delia nach Leuterstal in den ausgebauten Schweinestall. Am schwersten fiel mir der Abschied von meiner Freundin Barbara, mit der ich die ganze Zeit nach der Trennung von Wolfgang intimste Auseinandersetzungen geführt habe. Sie wollte ihre Laufbahn als Vikarin antreten.

11

Zwei Frauen lieben denselben Mann

Ich liebte Joscha. Das war irgendwie klar vom ersten Tag an, an dem ich ihn gesehen hatte. Das wiederum war nichts besonderes, denn er war ein auffallend attraktiver Mann mit umfassendem Wissen und er trat in seinem Auftreten auch oft besonders hervor. Auf ihn reagierten fast alle Menschen entweder mit Abwehr oder mit Liebe. Fast alle Frauen begehrten ihn nach einiger Zeit sexuell. Da er am meisten Erfahrung besaß, was den Aufbau funktionierender Gruppen betrifft, nahm er auch von Anfang an eine leitende Rolle in der Gruppe an. Es war seine Initiative gewesen, die Bauhütte aufzubauen, deshalb setzte er sich auch am engagiertesten dafür ein. Das brachte ihm von einigen Kritikern dann später auch die boshaften Titel eines Guru, Sexguru, Pascha usw. ein. Für einen Mann ist es bei der gängigen Sexualmoral noch schwieriger, die freie Liebe zu vertreten als für eine Frau, denn er wird sofort als Tyrann, Unterdrücker und Frauenverächter mißäugt. Das ist unter den gegebenen gesellschaftlichen Bedingungen auch kein Wunder. Für uns Frauen aber war es ein Glück, einen solchen Mann an unserer Seite zu haben, denn er unterstützte uns auf ungewöhnliche Art in unserem Frausein und machte uns Mut, zu unserer Weiblichkeit zu stehen.

Mein Glück war es, daß ich gerade die Fallen einer Zweierbeziehung so tief ausgekostet hatte, daß ich gar nicht auf den Gedanken kam, eine neue zu probieren. Nach meiner Erfahrung mit Wolfgang wußte ich, daß es weniger an persönlichem Versagen lag als vor allem an der Struktur der Zweierbeziehung überhaupt, daß unsere Beziehung gescheitert war. Ich liebte jetzt Joscha zwar am meisten und daraus machte ich keinen Hehl. Gleichzeitig war ich ganz und gar im neuen Aufbruch. Ich entdeckte meine sexuelle

Liebe zu den Männern überhaupt und was es bedeutete, dem ohne Scham und Heimlichkeit folgen zu dürfen.

Das erste Mal in meinem Leben erfuhr ich etwas über die tieferen Onaniephantasien eines Mannes, denn Joscha konnte sie intimst erzählen und wußte, daß ich darauf nicht gleich mit Eifersucht reagierte. Das erste Mal in meinem Leben konnte ich mit einem Mann Liebesspaziergänge machen, z.B. durch einen Supermarkt, und dabei gleichzeitig von ihm erfahren, was ein besonders runder Hintern in ihm auslöste, wenn er direkt an ihm vorüber streifte und ein verheißungsvoller Blick ihn traf, während eine gepflegte Hand ins Regal griff, um die Dose Ravioli hervorzuziehen. Immer mehr begriff ich über die tiefe Angst der Geschlechter voreinander und über den daraus resultierenden Geschlechterkampf. Und gleichzeitig war klar, wie sich jede attraktive Frau in der bestehenden Gesellschaft notgedrungen vor den erotischen Annäherungen fremder Männer schützt. Natürlich begann ich, inspiriert über alle möglichen Lösungsansätze nachzudenken. **Denn ich sah immer klarer, wie sehr das bürgerliche Leben mit all seinen Konsumangeboten, Berufen und Ersatzmöglichkeiten ein Schutz vor dem Eros war.** Es war spannend und belebend, in diesem Sinn mit einem Mann unterwegs zu sein. Joscha gewann meine Liebe und mein Vertrauen immer mehr, weil ich gemeinsam mit ihm so unverstellt und klar in dieses ganze Szenarium der Liebe hineingucken konnte.

Für Maria, die etwas später als ich neu dazugekommen war, sah die Sache ganz anders aus. Sie hatte Joscha etwas später als ich kennengelernt und sich absolut in ihn verliebt. Er sich auch in sie. Sie hatte sich noch nie mit dem Gedanken der freien Liebe beschäftigt. Sie war jung, schön und eine Vollblutfrau. Sie verließ ihren Beruf und ihr Milieu, weil sie diesem Mann folgen wollte. Dabei leitete sie vor allem der eine Gedanke durch alle emotionellen Höhen und Tiefen, daß sie diesen Mann für sich gewinnen wollte. Daß er von freier Liebe sprach, störte sie dabei wenig, im Gegenteil, das törnte ihre weibliche Verführungskunst nur noch mehr an. Ich bewunderte ihren erotischen Charme, den ich in meiner prüden evangelischen Art niemals gelernt hatte so zu offenbaren, wie sie es beherrschte. Daß dieser Mann im Zentrum für so viele Frauen stand, das reizte sie um so mehr. Jedenfalls war sie getragen von dem hohen Bild der Partnerschaft zwischen **einem** Mann und **eine**r Frau. Die beiden gaben für viele eine ganze Zeit lang ein Bild vom hohen Paar der Liebe ab. Und im schöpferischen Reichtum von Liebesflirt und Spiel konnten sie manche Umgebung verzaubern. Manchmal sah sie aus wie eine indische Liebesgöttin.

Ich wurde zunächst für sie zur intimsten Freundin und auch zur Orientierung. Sie konnte es einfach nicht wahrhaben und auch nicht akzeptieren, daß dieser Mann, den sie doch so liebte, auch noch andere Frauen begehrte. Und sie konnte rasend eifersüchtig werden. Sie sah das auch als ihr gutes Recht an. Wie sehr leben die meisten spannenden Liebesbeziehungen von diesem Feuer der Eifersucht! Immer wieder kam sie zu mir und schüttete mir ihr Herz aus. Und ich erzählte ihr von meiner Erfahrung mit Wolfgang, und daß ich der Liebe nur eine Chance geben konnte, wenn sie frei war. Joscha verhielt sich aus meiner Sicht vorbildhaft, was den Aufbruch in einen neuen Geist der Liebe betraf.

Er stand zu seiner Liebe zu dieser Frau, er folgte aber keinen falschen Kompromissen oder Erpressungen, wenn er zu anderen gehen wollte. Ich sah oft, wie anders meine Liebe zu Wolfgang hätte verlaufen können, wenn ich mich damals entsprechend hätte verhalten können. Ich versuchte es immer wieder, Maria zu erklären, wenn sie in ihrem Liebeskummer zu mir kam und mir ihr Herz ausschüttete. Und sie spürte, daß sie diesen Mann auf die alte Art nicht halten konnte.

Maria erlebte einige Zeit ein großes Liebesglück mit Joscha, aber sie hatte es auch entsprechend schwer. Und die Antwort darauf, warum das so ist, ist für diejenige Person, die in einer solchen Situation steckt, fast wie eine Bestrafung. Sie fühlt sich nicht ernstgenommen in ihrem Leid, und doch ist diese Antwort bestechend einfach: weil sie einem falschen Liebesbild folgt, dem Bild der Ausschließlichkeit in der Liebe und damit der permanenten Forderung an den Partner. Im herkömmlichen System wäre das wahrscheinlich eine typische leidenschaftliche Beziehung geworden, die ein bis zwei Jahre funktioniert und dann auch entsprechend leidenschaftlich auseinanderkracht. Nur durch den Geist der Gemeinschaft sind die beiden bis heute intim miteinander verbunden, und

Maria wurde im Laufe der Jahre selbst zu einer wichtigen Trägerin des Gedankens der Gemeinschaft.

In einer Nacht, in der Maria mir verzweifelt von ihrem erneuten Liebeskummer erzählte, versuchte ich ihr noch einmal zu erklären, daß sie mehr loslassen müsse, sie könne den Joscha unmöglich versuchen an sich zu binden, denn das zerstöre nur seine Liebe zu ihr. Ich berichtete ihr von meinen Erlebnissen mit Wolfgang und wie ich ihn auf Grund seiner Eifersucht und seinem Beharren auf seiner Eifersucht nach und nach immer weniger lieben konnte, obwohl ich es gerne gewollt hätte. In diesem Zusammenhang erzählte ich ihr auch, was für eine neue Entdeckung meine Liebe zu Joscha war. Ich verschwieg ihr nicht, daß ich ihren Geliebten im Grunde genauso intim liebte wie sie und wahrscheinlich noch viele andere Frauen und daß wir jetzt einen Weg unter uns Frauen finden müssen, der uns auch in diesem Punkt solidarisch sein läßt. Ich erzählte ihr, wie sehr ich deshalb bei diesem Projekt bin, weil ich hier nach neuen Lösungen in der Liebe suche. Das brachte vorübergehend einen Riß in unsere intime Freundschaft. Ab jetzt distanzierte sie sich mehr und mehr von mir und begann, mich zu bekämpfen. Meine Offenbarung, daß ich Joscha im Grunde meines Herzens genauso intim liebte und begehrte wie sie, war das Alarmzeichen. Ich war für sie latent zu einer Gefahr geworden. Denn sie spürte auch, wie sehr Joscha mich immer ins Vertrauen zog, wenn es um politische oder strategische Fragen ging. Für sie war das alles nur ein rotes Tuch. Noch hatte sie den erotischen Vorteil, aber sie spürte, wie sie diesen immer mehr verlor. Und genau an diesem Punkt scheitern bisher alle Frauenfreundschaften, und man hält das für normal. Da ich gar nicht auf die Idee kam, mit Joscha eine Zweierbeziehung haben zu wollen, hatte unsere Liebe eine außergewöhnliche Chance zu wachsen. Das sah ich erst viel später so deutlich. Er suchte mich immer mehr auf. Wir konnten uns verständigen über die Themen, die uns verbanden. Vor allem konnte er mir mitteilen, was ihn bewegte, wenn er auf eine fremde Frau stieß, die die typischen sexuellen Signale ausstrahlte. Ich hatte dadurch die Möglichkeit, einen Mann in seinem tiefen Seelenleben immer mehr sehen und verstehen zu können. Ich unterstützte andere Frauen darin, den Weg zu ihm zu finden, und ich machte keinen Hehl daraus, daß ich ihn liebte.

Als ich mit Joscha immer intimer zusammenkam, da lernte ich zwar auch wieder neu die Seiten der Eifersucht kennen, die ich schon längst für überwunden hielt. Ich konnte nachträglich manchmal die Rolle, in der Maria sich befunden hatte, viel intimer sehen und verstehen, aber ich habe mich nie auf die Seite der Eifersucht gestellt. Es wurde mir klar, daß Verlustangst oder Eifersucht immer dann eintreten, wenn man sich selbst in seiner Liebe unsicher geworden ist oder wenn für einen selbst neue Entwicklungsschritte schon lange anstehen, die man innerlich noch nicht bereit ist zu gehen. So war für mich die Eifersucht, wenn sie auftrat, immer ein Stachel für meine eigene Entwicklung. Für Maria begann ein Weg der self fullfilling prophecy. Sie begann sich immer mehr zu verstricken in ihrem eigenen Netzwerk von Leiden, Lüge und Intrigen, die sie gegen andere Frauen unternahm. Sie wollte nicht begreifen, daß ein Mann auch noch andere Frauen liebt und lieben will, sie beharrte auf ihrem Recht, und damit begann ihre Sackgasse des Leidens. Notgedrungen mußte sich Joscha mehr und mehr von ihr distanzieren und warten, bis sie zur Besinnung kam. Wir hätten uns viele Umwege ersparen können. Aber wir brauchten einige Zeit, um durch das Gestrüpp der vielen Emotionen und Projektionen uns wirklich sehen zu können. Durch die Gemeinschaft hatten wir die Chance, trotzdem beieinander zu bleiben und unser Thema im Laufe der Jahre zu lösen.

Maria gehört heute für mich zu den Frauen, mit denen ich mich verständigen kann und mit der ich eine immer tiefere Zusammenarbeit anstrebe. Wir sind Mütter von zwei prächtigen Töchtern, und ihr Vater ist derselbe Mann. Wir mochten uns in Wirklichkeit auf einer tieferen Ebene immer. Unsere Sympathie zueinander konnte aber erst Einlösung finden, als jede von uns ihre Aufgabe gefunden hatte, durch die wir auch zusammenarbeiten und kooperieren konnten. Wirkliche Frauenfreundschaft konnte für mich letztlich immer erst da beginnen, wo ich eine Aufgabe sah, an der wir gemeinsam arbeiteten. Solange der Mann das einzige bleibt, was Frauenherzen wirklich bewegt, kann keine wirkliche Frauenfreundschaft beginnen.

12

Ein Gemeinschaftsprojekt mit freier Liebe und mein Stand heute

Ich hatte mit meinem Eintritt in die Bauhütte, ohne es damals zu ahnen, meinen Lebensberuf gefunden. Mit 16 Jahren habe ich noch gedacht: "Etwa drei Jahre nach dem Abitur haben wir unser Dorf." Jetzt bin ich 41 Jahre alt, und wir sind endlich so weit, daß wir in Portugal einen eigenen Platz haben, an dem ein Modell für alle Fragen einer gewaltfreien Kultur in seiner eigentlichen Größenordnung entstehen kann; wir sind endlich so weit, daß wir das menschliche Know-how entwickelt haben, um es einleiten zu können. Jetzt ist eine menschliche Basis und Solidarität vorhanden, die ein Gelingen möglich macht. Die konkrete Utopie ist so konkret geworden, daß sie in erreichbare Nähe gerückt ist. Damals habe ich noch nicht im umfassenden Sinn gewußt, wie sehr das Liebesthema das Knotenthema unserer Gesellschaft ist und wie sehr im Zentrum aller ökologischen, politischen und medizinischen Fragen das ungelöste Liebesthema steht. Ich habe auch nicht gewußt, wie resigniert die meisten Menschen im Liebesbereich bereits sind, und daß sie daher kaum ernsthaft nach neuen Lösungen suchen. Es gibt kaum ein Thema, das nach der gesamten Zeit der sexuellen Aufklärung immer noch so verweigert wird wie das bewußte Nachdenken im Liebesbereich.

1981 zog ich in die Gruppe von Leuterstal ein. Ich war inzwischen 27 Jahre alt. Zunächst war ich Köchin, dann Küchenchefin, gleichzeitig arbeitete ich weiter im Bereich von Kunst und Theater und setzte mich ein für die Entstehung eines sinnvollen

Kinderprojektes. Ich begann auch mit dem Schreiben meines ersten Buches "Sprung aus dem Rollstuhl", das allerdings nie bis zur Veröffentlichung kam. Unser wichtigster Fokus lag im Aufbau einer funktionierenden Gemeinschaft. "Wahrheit in der Liebe" war unser Motto, egal ob man jetzt Schreinermeister war, Theologin oder Physiker. Alle beteiligten sich an diesem Aufbruch. Wir schenkten diesem Thema jeden Tag eine hohe Aufmerksamkeit.

Am Wochenende veranstalteten wir Seminare, an denen man uns und unsere Vorhaben kennenlernen konnte. Sicher gingen wir manchmal für einen Außenstehenden etwas ruppig miteinander um, sicher sprengten wir manchmal die Grenzen der Höflichkeit. Aber wir befanden uns ja schließlich in einem Experiment und wollten das bürgerliche Korsett ablegen. Es war von Anfang an unsere Absicht, ein Forschungsprojekt aufzubauen, das eine Antwort geben sollte zu den brennenden ökologischen und psychologischen Fragen unserer Zeit auf der Grundlage einer soliden, humanen Gemeinschaftsbasis. Alle Beteiligten waren sich einig darin, daß wir diese Antworten nur finden würden unter Einbeziehung der intimsten inneren Fragen und der Bereitschaft zu einer Veränderung. So ziemlich alle Kommunen und Pioniervorhaben der 70er Jahre waren gescheitert an den unbewältigten Themen von Sexualität, Liebe, Autorität, Macht und Konkurrenz, das sahen wir deutlich. Unser Rohstoff war der ganze Sud unverdauter und unbewußter Emotionen, der ganze Sprengstoff aller Kommunen und Gemeinschaften. Wir konnten diesen Rohstoff so mutig angehen, weil wir eine Perspektive hatten, die weit über die persönlichen Fragen und Befindlichkeiten hinausging. Vor allem beim Thema Sex. Warum ist die viel beliebter als ich? Warum geht der jede Nacht mit der und nicht mit mir? Konkurrenz unter Männern. Konkurrenz unter Frauen. Imponiergehabe. Eitelkeit. Eifersucht. Angst vor Entlarvung und Entwicklung von Masken. Menschliches, Allzumenschliches war unser Arbeitsmaterial, von dem wir wußten, daß wir es lösen mußten, um zu einem funktionierenden Gemeinschaftsmodell zu kommen.

Es gab Situationen, da konnte keiner mehr keinen leiden. Aber wir blieben dran, und das blieben wir nur, weil wir wußten wofür und warum. Wäre es uns nicht gelungen, immer wieder geistige Ausblicke auf den Sinn und das Ziel unseres Tuns für alle zu schaffen, so wären wir sicherlich ziemlich bald im Psychosud ertrunken. Nachträglich betrachtet finde ich unsere Aufbruchskraft immer noch bewundernswert, denn es gab keinerlei gesellschaftliche Anerkennung für unser Tun. Wir entwickelten viele Methoden von Kunst und Theater, Materialaktion und Musik, um uns selbst zu einem schöpferischen Forschungsgegenstand zu machen und die Situation jedes einzelnen zu lichten. Das gelang nicht immer, aber oft. Und wenn es gelang, dann war das Auffallende, daß sich Angst, Mißtrauen und Neid in Sympathie, Glück und Teilnahme verwandelten. Liebe wurde immer da frei, wo man einen anderen wirklich sehen konnte. Es war immer wieder bewegend, hinter jedem persönlichen Thema einer einzelnen Person das allgemein menschliche entdecken zu können. Es gab keine Privatprobleme mehr. Wer das plötzlich begriff und von innen her verstand, der bekam viel Mut und Aufbruchskraft, die eigenen Themen tatsächlich zu benennen. Die persönlichen Themen, mit denen man sich so herumschleppte, die man dauernd mühsam versuchte vor anderen zu verstecken, das waren die Themen von allen anderen auch. Wir litten nicht etwa an einem Mangel an Energie, sondern an einem Überschuß von Energie. Die Energie konnte aber noch nicht ausgelebt werden, und verlangte nach neuen Lösungsmöglichkeiten und Richtungen. Daß das tatsächlich so war, das lernten wir nicht nur theoretisch, sondern wir erfuhren es tagtäglich in der eigenen Lebenspraxis, am eigenen Leib, hautnah. Und wer beitrug zur Lösung seines eigenen Problems, der trug immer bei zur Lösung des Ganzen. In dieser Zeit prägten wir den Satz: "Du kannst nur Patient sein oder Revolutionär." Denn wir machten gemeinsam die Entdeckung, daß das ganze Leiden an der eigenen Eifersucht oder Angst sich immer auflöste, wenn es gelang, die Dinge schöpferisch auf die Bühne des Lebens zu bringen. Und natürlich lernten wir nach und nach, daß es nicht darum ging, dem anderen die Wahrheiten vor die Füße zu werfen. Wir lernten die Verantwortung, die darin lag, anderen einen Spiegel zu geben und "die Meinung zu sagen" und dabei den Geist der Teilnahme und der gegenseitigen Unterstützung zu entwickeln.

Neben den persönlichen Themen und dem Hauptthema, dem Aufbau einer funktionierenden Gemeinschaft, beschäftigten wir uns mit Forschungsthemen wie Ökologie, Architektur, Technologie, Heilung und Pädagogik. Wir hätten gerne viel mehr Fachkräfte bei uns versammelt. Aber viele Forscher/innen gingen leider ziemlich schnell wieder, wenn sie merkten, daß es auch darum ging, die eigene Person zum Forschungsprojekt zu machen.

Es war immer wieder verblüffend: Je schillernder eine Person sich im wissenschaftlichen Bereich zu verhalten wußte, desto neandertalhafter benahm sie sich meistens in Sachen Liebe. Besonders Männer verwandelten sich oft, sobald ihr belehrender Bluff gelichtet wurde, in erpresserische Monster oder kreischende Riesenbabys. Es war nicht leicht, Lösungen zu finden und die Übersicht zu behalten. Nur wer die innere Notwendigkeit einer solchen Arbeit sehen konnte, blieb tatsächlich am Ball.

Nach vier Jahren Vorarbeit waren wir soweit. Wir mieteten einen größeren Gutshof im Schwarzwald, an dem 40 Männer und Frauen mit ihren Kindern zusammen leben und arbeiten sollten.

Es begann ein dreijähriges soziales Experiment. Für viele von uns war das, trotz aller Schwierigkeiten, die schaffensreichste und glücklichste Zeit. Denn wir erlebten konstruktiv den Schutz der Gemeinschaft. Wir erlebten den schöpferischen Potenz-Zuwachs von allen Beteiligten und die Möglichkeit, eigene Grenzen zu überschreiten. Wir erlebten elementar, wie sehr die Einbettung in eine Gemeinschaft nötig ist, um zu neuen Antworten im persönlichen Liebesbereich zu kommen. Wenn das eigene Interesse der Gemeinschaft und ihren Themen galt und nicht mehr einer einzelnen Person, dann lösten sich viele Eifersuchtskonflikte wie von selbst, dafür wurde aber Raum frei für besonders intime und schöpferische Begegnungen zwischen einzelnen Männern und Frauen. An den Wochenenden bekamen wir viele Gäste, denn unser Experiment sprach sich langsam herum.

Ich selbst arbeitete inzwischen als Theaterregisseurin und entwarf die verschiedensten Theaterstücke, die die Möglichkeit boten, die eigenen Themen vor dem geschichtlichen Hintergrund zu sehen und zu bearbeiten. Ich entwickelte ein Theater zu Nietzsches Genealogie der Moral, ein Theater zu der Geschichte der römischen Kaiser, ein Stück zum Faschismus und viele mehr. Es war ein

Erlebnis, die verschiedenen Charaktermasken zu gestalten, ihre innere Gefühlswelt nachzuerleben, ohne sich damit zu identifizieren, sie so weit zu übertreiben und ins Absurde zu führen, daß man sich gerade dadurch von der inneren Beteiligung befreien konnte. Unser Thema war immer wieder die Gewalt und die Befreiung aus den Strukturen der Gewalt. Denn immerhin verstanden wir unser Experiment als ein Aufbruchsexperiment zu den Grundlagen einer gewaltfreien Kultur.

Das Experiment ist trotz aller Schwierigkeiten gelungen. Innere und äußere Widerstände gab es genügend, und viele, die jetzt mit neuen Gemeinschaftsexperimenten beginnen, können von unserer Vorarbeit profitieren. Wir entdeckten nach und nach, wie tief die Verhaltensmuster der alten Welt, der Geist der Eifersucht, Rache, Konkurrenz und Macht, tatsächlich in jedem einzelnen von uns geschichtlich vorhanden sind. Wir mußten erkennen, wie leicht wir bereit waren, in alte Verhaltensmuster zurückzufallen, besonders dann, wenn es um intime Liebe ging. Wir sahen aber auch, daß diese Verhaltensmuster nicht zur Natur des Menschen dazugehörten. Der Rückfall geschah immer dann, wenn der innere Glaube an eine wirkliche Perspektive verlorenging.

Die äußeren Widerstände waren ein Beispiel für die Methoden, mit denen die bestehende Gesellschaft gegen Projekte vorgeht, welche ihre Grundlagen in Frage stellt. Plötzlich befanden wir uns eingereiht in den Reigen von Psychosekten, Sexsekten, Tarnorganisationen etc. Wir wurden als Anhängerkommune von Otto Mühl bezeichnet. Man projizierte so ziemlich alles in uns hinein, was sich die perverse Phantasie eines gestauten Bürgerhirns auszudenken vermag. Natürlich ein gefundenes Fressen für das Sommerloch der Presse. "Sexorgie mit 100 Paaren", "Sex für den Guru" "Dieter Duhm predigt Gewalt an Kindern", "Verführung von Minderjährigen". Eigentlich gab es nichts, was man uns nicht anlastete. Wer den Weg noch zu uns finden wollte, der mußte schon eine Menge Mut versammeln, denn das hörte sich in den verschiedensten Variationen so an, als ginge er mitten in die Höhle des Löwen, würde dort von wilden Raubtieren vergewaltigt, einer Gehirnwäsche unterzogen und schließlich gefangengenommen. Unsere wirklichen Themen waren natürlich genau das Gegenteil, wir arbeiteten ja in vollem Ernst an den Grundlagen für eine gewaltfreie Gesellschaft, aber wem wollte man das schon erklären, zumal wir in der Öffentlichkeit immer wieder Redeverbot bekamen.

Wir hatten Fachleute bei uns, die neue Modelle entwickelten für Recycling und Bodensanierung. Sie sahen sich konfrontiert mit der öffentlichen Meinung, daß ihre ökologischen Projekte ja nur eine Tarnung seien, da sie ja aus einer Sexsekte kämen.

Es begann die Zeit der Diaspora und des neuen Aufbruchs. Es war klar, daß wir, um zum Erfolg zu kommen, kein isoliertes, von der Gesellschaft verpöntes Kommuneprojekt bleiben konnten. So wie wir herausgefordert waren, die inneren Konditionen für eine wirkliche Veränderung herauszufinden, so mußten wir auch nach einem Weg suchen, eine politische Glaubwürdigkeit zu finden, die uns selbst und anderen eine Kraftbasis sein würde für unser angefangenes Werk. Wir sahen, daß wir unsere persönlichen Berufe weiterentwickeln und vertiefen mußten. Die Notwendigkeit einer politischen Netzwerkgründung wurde immer wichtiger. Was wir geschaffen hatten, war eine solide Grundlage menschlicher Solidarität. Freie Liebe in ihrem vollen Umfang würde sich aber erst verwirklichen lassen, wenn sich ein feldbildender Prozeß einer neuen Gesamtinformation durchsetzen würde.

Für mich begann eine lange Vorbereitungsphase eines viel größeren Projektes außerhalb Deutschlands, in dem auch die Forschungsprojekte für eine neue Architektur, Kunst, Ökologie, Technologie und Heilung kontinuierlich eingeleitet werden können. Denn wer sich in Deutschland einmal den Ruf einer Sexsekte eingeheimst hat, dem wird es mit Sicherheit von keiner Behörde erlaubt, Windgeneratoren aufzubauen, geschweige denn, Wohnmodelle zu entwickeln, die einer ökologischen und transparenten Lebensweise entsprechen. Durch die Einrichtung eines fahrenden Wüstencamps von 1990-1994 suchte ich nach geeigneten Plätzen auf dieser Erde, wo wir ein autarkes Lebens- und Forschungsmodell aufbauen könnten. Ich habe bis 1995 gebraucht, um einen entsprechenden Ort ausfindig zu machen, an dem ein umfassendes Heilungsbiotop verwirklicht werden kann. Ich danke allen meinen Freunden und Mitarbeiter/innen für ihre langjährige Kooperation, für die Freundschaft und Solidarität trotz aller inneren und äußeren

Schwierigkeiten. Jetzt stehen wir erneut vor einer langjährigen Aufbauphase. Möge der Erfolg darin bestehen, daß unsere Kinder unser Werk fortsetzen können und mit schöner Perspektive ihrer eigenen Zukunft entgegensehen. Möge sich die Information der freien Liebe soweit durchsetzen, daß sie zellulär und selbstverständlich wird. Vielleicht haben unsere Kinder nicht mehr mit ganz so vielen Widerständen zu kämpfen wie wir damals, weil im Laufe der nächsten Jahre eine neue Information feldbildend wirkt. Meine Tochter Delia ist jetzt 19 Jahre alt, also fast so alt wie ich war, als ich mit meinem radikalen gesellschaftlichen Ausstieg begann.

13

Meine spirituelle Entwicklung

Ich kann mich gut an eines meiner Lieblingsspiele erinnern, das ich als junges Mädchen immer wieder mit meiner Schwester und anderen Kindern gespielt habe. Ich weiß nicht, wie alt ich war. Ich ging noch nicht zur Schule, wußte noch kaum etwas von Religion und konnte gerade über unseren Küchentisch schauen. Wir spielten, daß wir vom Himmel auf die Erde schauen und uns einen Ort aussuchen, wo wir hingehen wollen. Wir gingen mit einem Auftrag auf die Erde. Meine Schwester und ich spielten immer wieder, daß wir zu zweit auf unseren Pferden unterwegs sind und Räuber und Banditen kommen, die uns aber nichts tun, weil wir ihnen einfach alles schenken, was wir nicht selbst brauchen. Wir wurden dann mit ihnen allen gute Freunde.

Mein Lieblingskinderbuch war das von der Prinzessin Süssisan, die vom Räuber Brumbubu geklaut wird und sich in ihn verliebt.

Für uns war es klar, daß man vom Himmel kommt, daß man auf die Erde geht und wieder zurück in den Himmel. Lange bevor es Religionsunterricht gab. Da lernten wir dann ganz andere Dinge.

Ich kann mich auch noch gut an eine Situation erinnern, als meine Mutter am Essenstisch zu mir sagte: "Sabine darf sich jetzt eine Tomate aussuchen." Es gab drei große Tomaten und eine kleine. Ich wählte die kleine Tomate. Ich wurde sehr dafür gelobt, dabei war das in dem Augenblick selbstverständlich. Mir genügte die kleine Tomate. Sie entsprach meinem Wunsch, auch weil ich wußte, daß die anderen sich sehr über die große Tomate freuen würden. Das hatte aber nichts mit Verzicht zu tun. Es war mir selbstverständlich. Erst durch das Lob kam ich auf den Gedanken, daß die größere Tomate die bessere war. Eine latente urchristliche Seele scheint mir von Geburt auf innezuwohnen, jenseits von Erziehung. Schon als ganz kleines Mädchen verweigerte ich das Fleischessen, als ich erfuhr, woher das Fleisch kommt, obwohl ich bis dahin sehr gerne Fleisch aß. Ein Jäger brachte uns einen erschossenen Hasen. Ich war unmittelbar empört darüber, daß Menschen einfach Tiere töten, und weigerte mich auf der Stelle, da mitzumachen.

Mein Vater war Atheist. Er hatte trotzdem etwas Religiöses, zumindest hat er uns immer wieder in vielen alltäglichen Situationen das Wunder der Schöpfung vor Augen geführt. Dafür habe ich ihn immer geliebt. Aber er glaubte weder an das Leben nach dem Tod noch an Gott. Seine Liebe galt der Musik und der harmonikalen Forschung.

Meine Mutter hatte eine frommere Seele. Sie war nicht kirchlich, ich kann mich nicht erinnern, daß wir mit der Familie jemals in der Kirche waren außer zur Konfirmation der Kinder. Aber meine Mutter betete mit uns. Und sie sprach immer zu uns Kindern von einem lieben Gott, der die Schöpfung lenkt. Sehr früh machte ich mir Gedanken darüber, warum es soviel Gewalt und Krieg auf der Erde gibt, wenn es doch einen lieben Gott gab, der sich das alles ausgedacht hatte. Ich bat Gott darum, daß er die bösen Menschen auch beschützen möge, denn eine andere Lösung sah ich nicht. Im Grunde beschäftigte ich mich schon in meiner Kinderseele mit der Frage: Wie kam das Böse in die Welt?

Als Kinder spielten wir oft Situationen nach, von denen ich heute sagen würde, es waren archetypische Bilder einer urchristlichen Gemeinde. Es war ein ganz einfaches Bild von einer glücklichen Gemeinschaft, in der Liebe, Güte und Anteilnahme vorherrschten. Jesus war da nicht ein erhabener Messias, sondern da gab es einen Mann, den wir alle besonders liebten und dem wir vertrauten. Da waren auch Frauen, denen wir ähnlich vertrauten. Und auch andere Männer. Da gab es keinen so krassen Unterschied, wo es einen Messias gab, und der Rest waren die mühselig Beladenen. Und doch war da eine Person im Zentrum, die letztlich alles zusammenhielt, bei der wir lernten, die wir verehrten und der wir vertrauten. Bezeichnend für unser Spiel war immer das Bild, daß in unsere Gemeinschaft Verbrecher kommen durften und sich dort zu Hause fühlen konnten. Wir spielten oft, daß die Menschen dort die verschiedensten Sprachen sprechen und wir uns trotzdem verstehen konnten. Wir sprachen oft stundenlang in Silbenlauten miteinander und verstanden uns prächtig. Wir spielten auch oft, daß wir ganz viel Geld von den Erwachsenen einsammelten und es auf der Straße verteilten. Heute glaube ich, daß diese Bilderwelt einer karmischen Erinnerung entstammte. Angst gab es in dieser seelischen Bilderwelt nicht, auch keine Langeweile. Es war das archetypische Bild des Glückes unter Menschen.

Die Frage, ob es einen Gott gibt oder nicht, hat mich intim begleitet. Mit zehn Jahren begann ich jeden Abend ein Zwiegespräch mit Gott. Ich erzählte ihm alles. Alle meine Hoffnungen, meine Fragen nach Sinn, nach Zukunft, über Freundschaft und Liebe, besprach ich mit Gott. Und natürlich rief ich immer wieder heftig in den Kosmos nach Gott, daß er sich zeigen möge. Für mich war dabei nie die Bibel von Bedeutung, sondern das Leben selbst.

Ich kam auch in intensive atheistische Lebensphasen. Als ich zehn Jahre alt war, starb die Schwester eines Mädchens aus meiner Klasse. Sie war während eines Spieles in einen kochenden Waschkessel gefallen und verbrüht. Das war für mich die erste intime Berührung mit einem grausamen Tod. Ich war empört über soviel Ungerechtigkeit. Wie konnte ein Gott so etwas zulassen? Ich führte ein langes Intimgespräch mit meinem Gott, zu dem ich tiefes Vertrauen hatte, daß er die Dinge so tat, daß sie gut waren. Aber das konnte nicht gut sein! Ich wehrte mich schon als Kind gegen falsche Tröstungsphilosophien. Ich wollte keine vorübergehende Tröstung, ich wollte verstehen.

Ich weiß nicht mehr, was es war, aber irgendwann kam ich zur Ruhe. Irgendwann war ich versöhnt. Ich fühlte vor allem, daß ich etwas tun mußte. Ich schrieb dem Mädchen aus meiner Klasse, sie hieß Gaby, mit der ich sonst eigentlich nichts zu tun hatte, einen langen Brief. Obwohl sie sich mit ganz anderen Dingen beschäftigte und eigentlich viel weiter entwickelt war als ich, wurde ich in dieser Zeit zu ihrer Wohltäterin. Sie war mir unglaublich dankbar. Sogar ihre Mutter begegnete mir ab jetzt mit Dankbarkeit und einer gewissen Ehrfurcht. Ich fühlte, wie ich in das Familienunglück eine Spur von neuem Sinn und Glück hineingebracht hatte durch meine intensive Auseinandersetzung mit Gott.

Etwas Ähnliches erlebte ich viel später noch einmal. Eine Neue in unserer Klasse, sie hieß auch Gaby, hatte ihren ersten Freund verloren. Er war in der Ardèche ertrunken. Wieder führte ich eine intensive Auseinandersetzung mit der Frage nach Sinn, nach Gerechtigkeit, nach Gott, nach Zufall usw. Diese ganze Auseinandersetzung schrieb ich ihr in einem langen Brief. Wir wurden dadurch zu intimen Freundinnen. Sie war absolut dankbar, daß da überhaupt ein Mensch war, mit dem sie über die Fragen reden konnte.

Bis in meine Pubertät hinein betete ich täglich. Gott war für mich jemand, dem ich alles erzählen konnte. Er hatte mit dem kirchlichen Gott schon damals nicht viel zu tun. Ich erschuf mir meinen Gott des Vertrauens. Mit ihm hütete ich so manch ein Geheimnis, das ich sonst niemandem anvertraut hätte. Das betraf oft intimste Liebesfragen. Nach und nach begann ich aber immer mehr, mit meinem geliebten Gott zu hadern. Ich fragte nach seiner Existenz, bat um Zeichen, daß er sich doch mehr zeigen möge, wenn es ihn wirklich gab. Ich erlebte immer wieder Offenbarungen und ganz direkte Antworten, die mir wie ein Gottesbeweis erschienen. In solchen Zeiten fühlte ich mich sehr geborgen und beheimatet in der Welt. Ich erlebte aber auch Zeiten einer tiefen Gottverlassenheit, in denen mich die existentiellen Fragen nach dem Sinn des Lebens tief berührten.

Stundenlang sprach ich mit meinen Freundinnen über Gott, ob es ihn gab oder nicht, über Sinn und Ziel der Schöpfung und über unsere Aufgaben in der Welt. Mit etwa 17 Jahren hörte ich auf zu beten. Die Frage, ob es Gott gab oder nicht, war damit aber noch nicht beantwortet, auch nicht die Frage nach der Funktion und Aufgabe des Menschen. Ich mußte sie erst einmal unbeantwortet stehen lassen. Ich hoffte sehr darauf, daß ich in meinem Studium zu neuen Antworten kommen würde, und ich hoffte darauf, auf Menschen zu treffen, mit denen man ernsthaft über alle diese Fragen reden konnte.

Neben der Auseinandersetzung mit dem Göttlichen in der Welt gab es einige übersinnliche Erfahrungen auf meinem Weg. Als ich 13 Jahre alt war, kam die Tochter meiner Kusine aus Schweden zu Besuch. Sie hieß Iris und war in meinem Alter. Mit ihr gemeinsam spielten meine Schwester und ich "Hypnotisieren". Es war erstaunlich, wie das funktionierte. Iris war die Hypnotiseurin. Wir machten etwas ab, das sie erreichen sollte und wovon die Person, die hypnotisiert werden sollte, nichts wissen durfte. Sie machte zum Beispiel mit meiner Schwester ab, daß ich meine Jacke ausziehen sollte. Sie schaute mich eine Weile mit ihren dunklen Augen beschwörend an, bis mir ganz heiß wurde, es war wie ein Energieschub, der mich überkam, und ich zog wie in Trance meine Jacke aus. Meine Schwester sollte zum Fenster laufen und Vorhänge aufziehen. Es funktionierte jedes Mal und wir waren außer uns vor Entdeckungsfreude. Wir versuchten es dann auch in vertauschten Rollen. Das ging etwas zäher, aber es ging. Iris schien eine besondere Begabung zu haben. Und ich konnte mich besonders leicht einstellen auf ihren Willen, um die "Aufträge" zu empfangen.

Mit 15 Jahren bekam ich eine alte Schreibmaschine von meinem Vater geschenkt. Ich tippte einfach irgend etwas in die Tasten, was mir gerade in den Sinn kam, um das Schreiben zu üben. In dieser Zeit entdeckte ich das erste Mal bewußt, daß ich Dinge oft vorhersehen konnte. Ich tippte irgendwelche Ereignisse in die Tasten, die am heutigen Tag geschehen würden, und die traten mit großer Häufigkeit ein.

Ich tippte einmal die ganze Zukunft meiner Schwester in die Tasten, eine reine Spielerei, weil niemand ihre Zukunft wissen konnte. Sie wollte Mathematik und Biologie studieren. Ich schrieb etwa folgenden Wortlaut: "Bettina kommt ganz von der naturwissenschaftlichen Richtung weg. Sie wird sich in einen Tänzer verlieben. Dadurch betritt sie den Weg ihrer Mutter und wird Tanz studieren. Es wird oft schwierig, da sie viel nachholen muß. Später wird sie einen Tänzer aus dem Ausland heiraten und von ihm ein Kind bekommen..." Dann kam noch ein Hinweis, worauf sie bei der Erziehung des Kindes achten sollte. Alle diese Dinge sind eingetreten.

In der Schule sagte ich aus Spielerei allen die Noten voraus, was nicht immer ganz angenehm war. Als ich zum Beispiel einer Claudia sagte: "Dieses Mal hast du in Englisch eine Sechs", da war sie natürlich der Meinung, ich hätte etwas gegen sie. Sie war eigentlich ganz gut in Englisch, und ich wußte auch nicht, warum ich plötzlich auf die Sechs kam, aber es traf zu.

Diese Spielerei funktionierte nur, solange sie mit der nötigen Beiläufigkeit und Leichtigkeit verbunden war. Immer, wenn es plötzlich zu ernst wurde und man sich darauf fixierte, funktionierte es nicht mehr. Meine Seherlebnisse häuften sich in der Pubertät und in der Anfangszeit des Studiums. In schwierigen Zeiten lebte ich manchmal mehr in dieser traumwandlerischen Realität als in der sogenannten Wirklichkeit. Ich träumte Situationen haarscharf voraus, die dann genauso eintraten. So träumte ich z.b., daß uns die Frau unseres Religionslehrers beim Essenstisch das "Du" anbot. Als es am nächsten Tag genauso eintrat, war ich überglücklich. Als ich mit 15 verliebt war in einen Postbeamten, der zunächst gar nichts von seinem Glück wußte, da konnte ich immer sehr genau spüren, wo sein Wagen gerade geparkt war, in welcher Kneipe er sich aufhielt, wo er meinen Weg kreuzen würde oder an welcher Stelle er an mir vorbeifahren würde und hupen. Meine Mutter wunderte sich über die vielen Spaziergänge, die ich immer sehr plötzlich machen mußte.

Während meiner Studienzeit hatte ich eine äußerst telepathische Verbindung zu Almuth und zu meinem Freund in den Bergen. Ich wachte morgens auf und sagte: "Heute kommt die Almuth aus Berlin", was dann zur Verwunderung von Jan auch eintrat. Wenn ich diese Dinge erzählte, glaubten viele, daß ich übertreibe oder die Dinge zurechtrücke. So machte ich schließlich bewußte Übungen, auch weil ich selbst immer mehr verstehen wollte, wie diese Dinge funktionierten. So sagte ich z.B. einmal in Herrenberg zu Lilian und Albrecht: "Ich setze mich jetzt in mein Zimmer und düse an Karl, daß er mir jetzt um diese Uhrzeit einen Brief schreiben soll." Am nächsten Tag lag der Brief im Kasten. In manchen verliebten Phasen düste ich mit aller Kraft die betreffenden Personen an, daß sie jetzt anrufen mögen, z.B. einmal einen Arzt aus einer anthroposophischen Klinik. Ich saß in meinem Zimmer: "Bitte ruf jetzt an. Bitte ruf jetzt an. Bitte ruf jetzt an." Ich versenkte mich tief in diese Übung, stellte mir vor, wie der Verbindungskanal verläuft, wo die Person sich gerade aufhält und wie sie schließlich zum Telefonhörer greift. Der Erfolg war oft verblüffend. Nur: wenn dann das Telefon klingelte, dann war ich meistens so perplex, daß mir nichts besonderes einfiel, was ich sagen sollte, und nach einem kurzen small talk hätte ich mir die Zunge abbeißen können, daß ich diese hohe Magie nicht ins Gespräch mit hineinnehmen konnte. Meine ganze Tübinger Zeit war voll von telepathischen Ereignissen, was mein Leben nicht unbedingt leichter machte. Mir wurde das selbst manchmal unheimlich.

Als ich nach Leuterstal zog, hatte ich weniger von solchen unmittelbaren Seherfahrungen. Jetzt kam es mehr auf den alltäglichen Umgang mit Menschen an, auf Kommunikation im Alltag und die Bewältigung ganz konkreter Aufgaben. Trotzdem habe ich diese Wahrnehmungsebene auch hier nie ganz verloren.

Eine Vertiefung meiner medialen Fähigkeit erfuhr ich durch meine ersten Trance-Erfahrungen mit Sten, einem schwedischen Hypnotiseur. Er hatte die Gabe, einen ganz leicht in Trance zu versetzen, wodurch man in alle möglichen Räume der Vergangenheit geführt werden konnte. Erinnerungen aus diesem Leben und Erinnerungen, die weiter zurück liegen, laufen wie ein Kinofilm vor dem geistigen Auge ab. Ob es sich um karmische Erinnerungen handelt oder woher sonst diese Erfahrungen kommen, mag dahin gestellt bleiben. Empirisch weiß ich nur, daß man in ganz reale Bilderwelten eintaucht, daß man sich plötzlich im 17. Jahrhundert befindet, z.B. in Marseille im Hafenviertel, oder in einer urchristlichen Gemeinde, und diese Szenerien sehr elementar erfährt. Ich möchte den philosophischen Überbau, warum und woher wir diese Möglichkeit haben, jetzt nicht weiter ausführen. Allein die Tatsache, daß es möglich ist, war eine große Bereicherung auf meinem medialen Weg. Ich wurde später in Erinnerungswelten aus urmatriarchaler Quelle geführt. Irgendwo in unseren Zellen scheinen diese Informationen abrufbar vorhanden zu sein. Vielleicht steckt in ihnen mehr Objektivität als in manch einem Geschichtsbuch. Sten hat auf Grund mancher Trance-Aussagen Reisen gemacht, um die genannten Orte und Bilderwelten seiner Trance-Reisen zu besuchen und zu überprüfen. Er hat dabei verblüffende Übereinstimmungen festgestellt. Auch ich habe einen "gesehenen Ort" in Marseille besucht. Es war, als würde ich jede Ecke intim kennen.

Im Jahr 1980 erhielt Sten einen Brief von einer ihm bekannten Hellseherin aus den USA. Sie schrieb über einige von uns, was sie gesehen hatte. Zu mir schrieb sie u.a.: "Führe sie nicht in die Vergangenheit. Führe sie in die Zukunft. Sie kann sehen." Das war ein wichtiger Schlüssel in meiner Entwicklung. Das erste Mal bekam ich von außen offiziell bestätigt, was ich ja sowieso in meinem Inneren schon lange ahnte.

Ab jetzt machten wir immer wieder Trancen, die mich in die Zukunft führen sollten. Das erste Mal führte mich Sten in den Kosmos Richtung Sirius. Ich sah eine Art von Energiemaschine, die auf mich zugerast kam und einen ziemlichen Druck auf meine Augen ausübte. Das war zu Beginn so schmerzhaft, daß ich geneigt war, die Trance abzubrechen. Doch dann wandelte sich die Energie, es war, als hätte ich den Druck, der zunächst von außen kam, verinnerlicht. Meine Augen begannen zu pulsieren, es bildete sich eine Art gespannter Öffnung im Bereich des dritten Auges. In diesem Bereich wurde es ganz hell. Ich fühlte mich durch diesen Kanal verbunden wie mit einer Art universeller Nabelschnur, durch die Informationen kommen. Seit dieser ersten "Sehtrance" beginnt immer das gleiche Pulsieren in meinem Augenbereich, sobald ich in Trance gehe, und es öffnet sich immer der gleiche Kanal im Bereich des dritten Auges. Das ist für mich das Signal, daß ich Verbindung habe. Am Anfang war für mich der Wechsel der Energien noch schwierig zu handhaben. So mußte ich mich ca. zwei Jahre lang nach jeder Trance übergeben, da mein Kreislauf Schwierigkeiten hatte, den Energiewechsel mitzuvollziehen. Inzwischen ist es für mich zu einer Selbstverständlichkeit geworden. Ich begebe mich in diesen Zustand von Trance, das heißt, ich mache mich innerlich leer und empfangsbereit für Informationen. Ich erfahre diesen Raum wie einen kosmischen Resonanzraum von Frage und Antwort. Wichtig dabei ist, daß ich selbst im Zustand des Vertrauens und der Öffnung bin. Das Signal, daß dieser Zustand erreicht ist, ist für mich immer das Licht, das im Bereich des dritten Auges zu pulsieren beginnt.

Immer wieder werde ich gefragt:

"Mit wem verbindest du dich denn da? Welcher Geist spricht denn durch dich?"

Je länger ich diese Arbeit mache, desto einfacher wird meine Antwort:

"Ich verbinde mich mit dem Biocomputer, mit der kosmischen Informationsquelle und mit meinem universellen Selbst."

Es sind keine fremden Geister, die durch mich sprechen, und ich befinde mich immer bei vollem Bewußtsein. Nicht daß ich nicht an fremde Geister glauben würde, der Himmel ist voll von personalen Wesen, so wie die Erde auch. Aber ich liebe keine Fremdbestimmung.

Auf einer höheren Ebene gibt es die Verbundenheit mit allem Sein, es gibt die Erfahrung von einem höheren Selbst, das mit dem universellen Wissen, das aus der Liebe kommt, verbunden ist. In der Verbundenheit mit diesem Wissen entsteht Sinn, Kraft und Schöpfung. In der Verbundenheit mit diesem Wissen entsteht Verantwortlichkeit und Heimat in einem höheren Sinn. Es ist für mich die nüchterne religiöse Urerfahrung, die unabhängig von bestimmten Religionen so elementar erfahrbar ist wie das Atmen selbst. Und diese Quelle ist für jeden auf anderer Ebene zugänglich, wenn er sie sucht. Sie öffnet sich durch Wahrnehmung und durch die einfache Bereitschaft. Liebe und Licht sind die beiden elementarsten Zeichen, die mir die Verbundenheit mit der gewünschten Quelle signalisieren. Ein Wissen, das verbunden ist mit Liebe, ist ein anderes als ein Wissen, das ohne Liebe ist. Auf die Dauer ist ein Leben ohne Liebe unmöglich, denn in der Liebe selbst steckt die höchste Überlebenskraft und die stärkste Sinnerzeugung. Und das sind die beiden Elementarkräfte, die ich auf meinem spirituellen Weg suche. Jemanden von der Sinnlosigkeit dieses Daseins zu überzeugen, ist sicher nicht schwer, denn das Leben an sich ist zweifellos sinnlos. Es ist auch sinnlos, darüber Debatten zu führen. **Solange ich aber am Leben hänge, liebe ich den Zustand, in dem ich Sinn erfahre. Sinn ist nicht einfach da. Er will erschaffen werden, immer wieder neu.** Dieses Schöpferdasein anzunehmen und zu akzeptieren, das ist für mich eine der höchsten zeitgemäßen Aufgaben des Menschen. Es geht nicht mehr darum, ein höheres Wesen zu suchen, das uns in allem sagt, wo es lang geht, aber es geht darum, die Verbindung mit der universellen Wissensquelle und Informationsquelle wieder herzustellen und aus dieser Verbundenheit heraus die eigenen Schöpfungstaten zu vollziehen. In diesen Momenten, in der Verbundenheit mit den universellen Wachstumskräften, entsteht Sinn wie von selbst. Noch scheuen wir zurück vor der Annahme, selbst verantwortlich für unsere Schöpfung und unseren Sinn zu sein. Diese Verantwortlichkeit anzunehmen, darin liegt für mich der spirituelle Entwicklungsweg des Menschen. Hier liegt auch der große innere Widerstand bei den meisten Menschen. Es wird uns nur gelingen, wenn wir lernen und begreifen, was die universelle Quelle der Liebe ist und wie wir dauerhaft eine Verbindung erschaffen können. Denn die Liebe selbst ist das Perpetuum mobile, die Energiemaschine, die unseren Biocomputer dauerhaft mit Energie versorgt. Wo sie uns verloren geht, da geht uns so ziemlich alles verloren. Mag sein, daß dann vorübergehend eine andere Quelle gewaltig frei wird. Die Quelle des Hasses vermag Berge zu versetzen. Aber sie führt letztlich zur Vernichtung und ist ein kurzer, leidenschaftlicher Brenner, der Energie vernichtet und schließlich zur Vernichtung des Lebens führt. Um den Dauerbrenner der Liebe zu erschließen, müssen wir allerdings das geistige Wagnis beginnen, nüchtern hinzuschauen, was Liebe ist und was Liebe nicht ist. Und hier beginnt eine lange Schule der Selbsterkenntnis.

In meinen ersten Trance-Erfahrungen, die mit der Lichtenergie verbunden waren, erlebte ich starke Heimaterlebnisse. Es war etwas Urbekanntes, es war, als wollte ich zurück in die Heimat des Lichtes. Wahrscheinlich war es eine Erfahrung, wie sie die frühen Gnostiker kannten. Ich erhielt aber mit ziemlicher Vehemenz den inneren Befehl, nicht dieser Sehnsucht zurück ins Licht zu folgen, sondern daß es meine Aufgabe ist, diese Lichtenergie hier auf der Erde innerhalb der Materie zu verwirklichen. Das Bild vom Paradies auf Erden berührte mich mit einer noch elementareren Sehnsucht und Aufgabe. "Es war, als hätt' der Himmel die Erde still geküßt, daß sie im Blütenschimmer von ihm nun träumen müßt'…"
Später lernte ich noch ganz andere elementare spirituelle Wahrnehmungen kennen. Ich nenne es die weibliche Spiritualität, die aus der Verbundenheit mit der Erde und der Materie kommt. Ich erlebte Trancen, in denen es nicht, wie gewohnt, hell und licht wurde, sondern im Gegenteil, alles wurde tief finster. Das war zunächst so fremd, daß ich mich innerlich wehrte, in diese Erfahrung hineinzugehen. Als ich schließlich doch vertraut wurde mit der Situation, war es, als sei ich verbunden mit einer kosmischen Nabelschnur, die mich mitten ins Zentrum der Erde führte. Nach und nach begannen aus der Finsternis heraus einzelne Dinge von innen her zu leuchten.

Ich sah das Eigenleuchten von Bäumen, Pflanzen und Tieren, wie ich sie zuvor nicht gekannt hatte. Ich erlebte Levitationsenergie und Schwerkraft als Eigentätigkeit der Erde, und ich erfuhr die Erde selbst als eigenständigen Organismus. Auf diesem Weg wurde ich auch zurückgeführt in elementare Urerinnerungen früher Urkulturen. Ich erinnerte die schlafenden Priesterinnen in Malta, und wie sie in ihren Träumen ihre Botschaften empfingen. Ich wurde überflutet mit Träumen und Informationen, die den Steinkreis in Evora, im Herzen Portugals, betreffen. Meine Trancen und Traumerlebnisse, die ich auf meiner spirituellen Suche erfuhr, würden ein eigenes Buch füllen.

Zuletzt möchte ich noch einen wichtigen Begleiter nennen, der mich vorübergehend in Zustände versetzte, als hätte ich transzendentale Drogen genommen. Es war die Klangforschung und Telepathieforschung, die ich mit Walen und Delphinen erlebte. Die dauernde Anspannung des Gehörs auf die hohen Töne der Delphine versetzte mich für einige Tage in einen vollkommen anderen Raum der transzendentalen Wahrnehmung. Lehrmeister für die transzendentale Bewußtseinserfahrung scheint es in der Schöpfung genügend zu geben, die Frage bleibt, wie weit wir zur Veränderung bereit sind und die Verantwortung für unser Tun übernehmen. Der Weg der Transformation scheint jedenfalls begonnen zu haben, und es warten noch manche Stationen der Erkenntnis auf mich.

Teil II

Eifersucht gehört nicht zur Liebe

Im zweiten Teil des Buches fasse ich die Konsequenzen zusammen, die sich im Liebesbereich aus meiner persönlichen Biografie ergeben haben und die ich für verallgemeinerbar halte.

Das langsame Erwachen, daß mein Schicksal in der Liebe kein Einzelschicksal ist, sondern daß es Millionen von jungen Frauen und Männern ähnlich ergeht, hat mich nach und nach dazu geführt, Verantwortung in der Liebe anzunehmen und neue Wege zu suchen. Es hat mich zu der Einsicht geführt, daß Liebe ein politisches Thema ist.

Eine gesellschaftliche Humanisierung und Heilung wird sich erst verwirklichen lassen, wenn wir die Notwendigkeit eingesehen haben, daß wir im Liebesbereich neue Modelle kreieren können und müssen. Hier sind wir in unserem Forschungsgeist herausgefordert. Hier sind wir alten Glaubenssätzen gefolgt wie die Lemminge, ohne sie zu hinterfragen. Für einen modernen Menschen liegt es jetzt an, neue Axiome im Bereich der Liebe zu entwickeln, wenn er an seine Freiheit glauben will. Die Axiome sollten sich orientieren an unserer biologischen und universellen Wirklichkeit.

Dieses Abenteuer ist mindestens so spannend wie das Abenteuer einer Gipfelbesteigung ohne Sauerstoffmaske und viele andere Grenzüberschreitungen, und es ist genauso machbar wie vieles andere auch, wenn wir ehrlich werden zu uns selbst.

1

Ein neuer Liebesgedanke

"Eifersucht ist die zelebrierte und zur Gesundheit erklärte Krankheit, die zum Tode führt. Sie muß überwunden werden, sonst gibt es kein dauerhaftes Lieben und Überleben. An dieser Wahrheit kann sich niemand vorbeidrücken, sie ist die Grundlage für ein dauerhaftes, gewaltfreies Zusammenleben..."
(Aus meinem Buch: Der Hunger hinter dem Schweigen)

Eifersucht gehört nicht zur Liebe. Denn im Zustand der Eifersucht wird man fordernd und böse. Sie ist alles andere als ein liebender Zustand. Wenn man sich darauf wenigstens einigen könnte: Wenn ich im Zustand der Eifersucht bin, dann bin ich nicht im Zustand der Liebe. Wenn das mal klar ist, dann kann man auch über einen möglichen Zustand der Heilung nachdenken. Aber in der Regel hält der Eifersüchtige seine Krankheit für seine Gesundheit und für sein gutes Recht. Und das wird ihm von überall her bestätigt.

Ob Menschen die Intelligenz und die Bereitschaft entwickeln, neue Antworten auf die drängenden Fragen in der Liebe zu entwickeln, davon hängt so vieles ab. Dieses Thema ist aber nicht allein auf einer persönlichen Ebene lösbar. Es ist zentral und entscheidend eine politische Frage, ob es gelingt, neue gesellschaftliche Lösungsmodelle zu entwickeln, in denen Liebe lebbar wird, ohne die bekannten Begleiterscheinungen von Verlustangst, Eifersucht und Haß. Ich möchte in diesem Zusammenhang auf das Buch von Dieter Duhm hinweisen: "Der unerlöste Eros". In diesem Buch sind die kulturgeschichtlichen und die persönlichen Zusammenhänge der Eifersucht so treffend dargestellt, daß man sich kaum noch entziehen kann: *"Eifersucht ist zwar eine persönliche Erfahrung, aber sie ist auch mehr als das. Fast könnte man sagen: Sie ist ein tief eingefleischter Gedanke. Sie gehört zu einem alten mythologischen Bild der Liebe ebenso wie die Ehe und der Begriff der ehelichen Treue."* Deshalb nutzen auch kaum persönliche Therapien, um aus der Sackgasse auszusteigen. Der Stachel der Eifersucht nagt, solange Liebende dem alten Liebesmythos folgen, und er wird innerhalb dieses Mythos erst zum Schweigen kommen, sobald sie auch aufgehört haben, sich erotisch zu lieben. Es braucht grundsätzlich ein neues Bild der Liebe und neue Formen des Zusammenlebens, um kulturgeschichtlich die Mythologie der Eifersucht durch eine andere und zeitgemäßere Mythologie der Seele zu ersetzen. Hier müssen wir Menschen unseren Erfindungsgeist einsetzen. Und hier liegt eine geschichtliche Aufgabe, wenn wir etwas zur Beseitigung des allgemeinen Elends beitragen wollen.

Sexueller Kontakt zu anderen Frauen oder Männern ist keine Einengung in der Beziehung, sondern eine Bereicherung, wenn wir ihn erlauben. Sexueller Kontakt zu einer oder einem Dritten ist kein Grund, sich zu verlassen, sondern das Gegenteil, wenn wir es erlauben. Mit Sicherheit werden sich Liebespartner allmählich langweilig, wenn sie nur aufeinander angewiesen sind. Und mit Sicherheit stirbt eine freie Energie in ihnen ab, wenn sie das ganze Potential, das sie in sich tragen, ständig nur aufeinander beziehen müssen. Wie soll ein einziger Mensch die ganze universelle Liebessehnsucht, die ein anderer hat, erfüllen können? Jeder weiß um die immanente Logik, die in dieser falschen Hoffnung angelegt ist, die zwingend zur Raserei führt, zu Leidenschaft, Wut und Enttäuschung. Und doch handeln fast alle danach. Nur weil wir seit der Mythologie von Zeus und der eifersüchtigen Hera nichts anderes gelernt haben?

Und warum setzt die Eifersucht ausgerechnet dann ein, wenn es um Sexualität geht mit ihrer ganzen Vehemenz? Wer zwingt uns zu diesen zellulären Reaktionen? Ist das auch nur so, weil die alten Griechen uns gelehrt haben, daß eine Frau einem Mann zu gehören hat?

Wirkliche Treue macht sich an anderen Dingen fest als an der Sexualität. Und es gab bereits Kulturen, z.B. die minoische auf Kreta, in denen man viel mehr darüber wußte. Hier muß irgendwann die erkennende Liebe einsetzen, wenn man der Liebe eine Chance geben will. Hier bedarf es einer kulturgeschichtlichen Revolution im Liebesbild. Natürlicherweise wünschen sich Liebende, daß die Sexualität in ihrer Liebesbeziehung lebendig bleibt, und sie sollten auch alles dafür tun, daß es möglich wird. Nur ist in der Regel die Methode, einen Menschen sexuell ganz und ausschließlich nur für sich haben zu wollen, am ungeeignetsten dafür. Eifersucht tötet auf die Dauer den Eros, das sollten wir doch langsam wahrnehmen und begreifen. **Wir reden von Nächstenliebe, und wenn mein Freund sexuell liebend zu einer anderen geht, dann reden wir von Betrug. Warum folgen wir als freie Erdenbürger immer noch diesem blödsinnigen kleinen Katechismus in der Liebe?**

Wir glauben in der Regel viel zu schnell an unsere Eifersucht. Wenn ich dann genauer hinschaue, dann stelle ich fest, daß eigentlich eine ganz andere Ursache im Zentrum des Unbehagens steht. Zum Beispiel, daß ich seit langem der weiblichen Struktur gefolgt bin, meine eigenen Interessen zurückzustellen und die Macht an den anderen abzugeben. Wenn "Er" sich dann anderen zuwendet, dann ist ja klar, daß Verlustangst und Eifersucht sich melden wie ein bedingter Reflex. Oder, wenn ich seit langem geschwiegen und nicht mehr ausgesprochen habe, was schon lange zwischen uns gärt, dann bricht beim ersten Anlaß, wenn er sich einer anderen zuwendet, alles das heraus, was solange zurückgehalten wurde. Oder wenn ich außer "Ihm" keine anderen Freunde mehr habe und alles an ihn abgegeben habe, dann ist ja klar, daß ich durchdrehe, wenn er zu einer anderen geht. Ob man in die Lage kommt, eine ersehnte Freundschaft und Partnerschaft aufzubauen, das hängt sehr stark davon ab, wieweit man bereit ist, in die eigene Entwicklung zu investieren. Es hängt davon ab, wie stabil ich sonst noch im Leben verankert bin und wieviele Interessen ich überhaupt im Leben habe.

Wir toben vor Eifersucht, solange wir dem Glauben folgen, daß wir ein Recht darauf haben, einen anderen Menschen in Besitz zu nehmen. Wir finden Freundschaft, Sex und Liebe, wenn wir unabhängig von anderen bereit sind, uns selbst zu entwickeln und zu einem schöpferischen inneren Wachstum zu bringen. Frauen wollen das oft nicht glauben. Sie sagen dann zu mir: "Ja. Du hast gut reden.

Du hast ja den Joscha als Mann an deiner Seite." Sie wollen nicht sehen, was ich an Energie und Ausdauer investiere in meine eigene Entwicklung, um an der Seite eines solchen Mannes überhaupt bestehen zu können und das zu finden, was ich suche. Wir müssen die Kräfte des Vertrauens schon in uns selbst aufbauen, bevor wir einen anderen Menschen wirklich lieben können. Es kommt nicht so sehr auf die Frage an, wieviele Fehler wir machen, es kommt mehr auf die Beantwortung der Frage an, ob wir bereit sind, unsere Eifersucht als Kulturkrankheit anzuerkennen, die echter Heilung bedarf. Dann erst kann der Weg der Heilung und der Liebe wirklich beginnen. Diese Wahrheit ist so einfach, und genau diese Wahrheit wird immer wieder mit Vehemenz verachtet, wenn es um die Zweierliebe geht. Menschen wollen es nicht glauben, und sie versuchen es immer und immer wieder auf dem alten Weg, bevor sie bereit sind, ihren Wahnsinn einzusehen. Das Zeitalter der Partnerschaft und Geschlechterliebe wird aber erst beginnen können, wenn Menschen bereit sind, diesen Wahnsinn zu verlassen. Viele von ihnen gehen lieber aus sogenannter Liebe in den Tod, weil sie als Liebe bezeichnen, was keine Liebe ist. Schon so lang.

Ob ich einem Menschen treu bin oder nicht, das entscheidet sich nicht an der Sexualität, sondern an der Wahrhaftigkeit in der Beziehung.

Mal ehrlich. Der Kuß von einem fremden Mann, der einem gefällt, ein kurzer Abstecher in das Bett eines Lovers, hat das nicht etwas Verlockendes? Würde man nicht ab und zu gerne solch einem Abenteuer folgen, wenn man nicht soviel damit aufs Spiel setzen würde?

Wenn man schon mit 18 seinen ersten Freund gefunden hat, den man sehr liebt und mit dem man eigentlich gerne zusammenbleiben möchte, soll das jetzt heißen, daß man auf ewig nur mit diesem einen geht…? Sind jetzt alle anderen Erfahrungen schon gelaufen, jetzt schon out, bevor es überhaupt angefangen hat? Oder soll man es ab und zu heimlich tun? Und wenn sich bei ihm was regt, wenn er die Blonde von nebenan in der Disco auffordert, ist das ein Beweis seiner Untreue? Folgen wir immer noch den Regeln des kleinen Katechismus: "Du sollst nicht begehren deines Nächsten Weib"???

Soll ich, als seine Geliebte, jetzt ewig Wache schieben, damit sowas möglichst nicht vorkommt? Oder soll ich dem Schicksal einfach mal seinen Lauf lassen? Mit einem anderen Menschen ins Bett zu gehen, tut der Liebe zwischen zwei Menschen keinen Abbruch, wenn man es gelernt hat, sich darüber zu verständigen. Leicht wird es, wenn sich ein neuer Liebesgedanke herumspricht, wenn sich herumgesprochen hat, daß es auch anders gehen kann. Wenn das selbstverständlich geworden ist, so wie es heute selbstverständlich ist, daß Eifersucht zur Liebe gehört, dann geht es plötzlich ganz leicht. Es ist eine Frage der inneren Ausrichtung auf ein neues Konzept der Liebe, welches weit wahrhaftiger, realistischer und leichter ist als das alte.

2

Dreizehn Wahrheiten zum Thema Treue und Partnerschaft

"Bist du mir auch treu?" Diese Kernfrage stellen sich Millionen von Liebespaaren täglich immer wieder neu. Mit dieser Grundfrage im Herzen werden die Brüste der anderen abgeschätzt, wird jede und jeder, der den Raum betritt, sofort taxiert. Unausgesprochen natürlich. Und vor diesem Maßstab wird oft die beste Freundin plötzlich zur Gefahr und damit zur Feindin.

"Wir lieben denselben Mann." Eigentlich sollte das eine Selbstverständlichkeit sein, denn es ist doch im Grunde normal, daß ich liebenswerte Menschen liebe, deshalb ist auch klar, daß sie auch von anderen geliebt werden. Aber genau das, was so selbstverständlich erscheint, ist die große Gefahrenquelle für die große Liebe. Darin sind sich alle einig. Und da man Gefahren meistens meidet, meidet man mögliche gute Freunde und Freundinnen und mögliche heiße Themen.

In anderen Bereichen ist Grenzgängerei in. Im Bereich der Liebe ist Grenzgängerei out. Nach wie vor. Man schottet sich ab und isoliert sich in dem Nest zu zweit. Daß dann von einer anderen Seite eine neue große Gefahr droht, nämlich die gähnende, alles zerfressende Langeweile, das hat man leider nicht früh genug bedacht. Und so befindet man sich als Liebende, ehe man sich versieht, in der elenden Falle. Noch bevor man die Chance hatte, sich überhaupt kennenzulernen, muß man sich gegen lauter drohende Gefahren schützen, und das große Manöver der ewigen Tarnung voreinander hat bereits begonnen.

Es ist egal, ob ein Paar heterosexuell ist oder homosexuell, wo Liebe im Spiel ist, wo zwei beginnen, sich als ein Paar zu sehen und zu verstehen, da beginnt dieser Eiertanz der Gefühle in der Liebe. Es ist ein ewiges Pokerspiel um die Frage, wer die besseren Karten hat. Bei einer statistischen Umfrage hat sich herausgestellt, daß die Frage nach der Treue die Frage Nr. 1 ist, die die Jugendlichen heute bewegt. Und in den Kirchen wird nach wie vor das Ja-Wort auf ewige Treue von den jungen heiratenden Paaren erwartet. Amtspflicht. Eine kleine bürgerliche Schwindelei, die ja schließlich jeder stillschweigend duldet. Daß es Schwindelei ist, das weiß inzwischen jeder. Wieviel Leiden, wieviel Angst, Haß, Mord und Totschlag auf das Konto dieser Schwindelei gehen, das gesteht sich niemand mehr ein. Weil Heirat doch so schön ist. Oder den Eltern zuliebe. Oder weil es hilft, zusammenzuhalten. Oder, oder, oder…

In keiner Institution wird das alte System der Liebe in Frage gestellt, das doch nachweisbar immer wieder neu ins gleiche Desaster führt. So wird ursprüngliches Glück und Vertrauen weiterhin systematisch in Angst und Mißtrauen verwandelt; in den leidenschaftlichen Fällen sogar in Mord und Totschlag. Und stillschweigend einigt man sich immer noch auf "Liebe", auch da, wo sie sich längst in ihr Gegenteil verwandelt hat.

Die Schlagzeilen leben von den Szenen einer Ehe und dem Spiel mit dem Verbotenen, aber wehe, jemand möchte ernsthaft etwas an diesem bestehenden System ändern. Liebe ist schließlich Privatsache. Er brachte sie um, "aus Liebe". Er sperrte sie ein, "aus Liebe". "Wenn er fremd geht, bringe ich ihn um." Solche Aussagen gehören immer noch zum guten Ton eines modernen Menschen. Niemand zweifelt daran, daß das normal ist. Das ist das Glaubenssystem, dem sich jeder fügt. Ein unausgesprochenes Gesetz, auch da, wo es zu Mord und Totschlag führt. In diesem vorgegebenen System der Zweierliebe bei der Wahrheit zu bleiben, ward nur Unsterblichen gegeben. Und dennoch scheinen Zweierliebe und Ehe nicht nur von konservativen Menschen bevorzugt zu werden, sondern im Gegenteil, auch bei der Jugend feiern sie ihr großes come back. High-Tech im Krieg, Neandertal in der Liebe.

Kein Wunder, denn alle Versuche, aus dem alten System auszubrechen, sind ja wohl im wesentlichen gescheitert.

Was hat ein erwachsener Mensch heute der Jugend zu bieten, außer auf das alte System unserer Eltern zurückzugreifen? Oder soll er vom Single-Dasein anfangen zu schwärmen? Oder vom Glück einer alleinstehenden Mutter? Wir müssen es leider zugeben, die bisherigen Befreiungsversuche sind bis jetzt auf halbem Wege steckengeblieben.

Presse und Medien berichten, wenn überhaupt, nur von gescheiterten Experimenten. Etwas anderes kam einer breiten Öffentlichkeit nie zu Ohren. Nie hat man von einem Kulturexperiment gehört, das im Ansatz geklappt hätte. Die Jugend steht vor dem Trümmerhaufen einer Gesellschaft, die immer noch die Treue predigt, obwohl inzwischen der größte Teil aller Ehen scheitert. Die Jugend hat keine Vorbilder, geschweige denn eine Idee, wie man es anders machen könnte. Denn überall wird ihr vorgeführt, wie hilflos die Erwachsenen vor ihren gescheiterten Beziehungen stehen. Kinder müssen täglich mit ansehen, wie Liebe umschlägt in Haß, Anklage und Racheaktionen. Viele sehen ihre Eltern gemeinsam nur noch vor dem Richter. Und fast alle Kinoschinken leben von dem leidenschaftlichen Chaos in der Liebe.

Wer ist der Initiator dieser immer gleichen Szenerie, in der Erwachsene wie Marionetten hängen und sich verheizen lassen? Warum fliegen die Motten immer wieder ins Licht und verbrennen darin? Warum rennen Menschen seit Jahrtausenden immer wieder neu ins gleiche Elend der Liebe? Beides ist gleichermaßen schleierhaft. Entweder sind wir vergleichbar mit der Gattung der Lemminge und hängen ausweglos am Faden eines rätselhaften Schicksals, oder wir benutzen einmal unsere angeblich vorhandene Intelligenz zur Entwicklung eines Grundgedankens in der Liebe, der auch funktioniert und an das gewünschte Ziel führt.

Grundparadigmen der freien Liebe

Man möge die folgenden Grundparadigmen eines Geistes, der aus der freien Liebe kommt, einmal lesen, ohne gleich zu urteilen, ohne gleich zu sagen, das geht ja sowieso nicht, und ohne sich gleich zu fragen, kann ich das oder kann ich das nicht. Man möge die Sätze einmal prüfen, ob sie nicht ganz einfach wahr sind.

1. Du kannst nur treu sein, wenn du auch andere lieben darfst. Denn Liebe öffnet die Herzen, sie macht schön. Und da, wo du schön bist, da wirst du automatisch geliebt und du liebst zurück. Der

Zustand der Liebe zu einem Menschen bringt mich in ein Glück, in dem ich am liebsten die Welt umarmen möchte. Wenn mir das verboten wird, dann ist meine Liebe gleich kastriert.

2. Liebe fordert nicht. Sie bläht sich nicht auf. Sie nimmt teil an der Welt. Sie findet überall da von selbst Dauer, wo zwei teilnehmen an der Welt und sich darin gegenseitig entdecken. Gemeinsame Liebe und Treue entscheidet sich an der gemeinsamen Anteilnahme an etwas Drittem.

3. Ich wiederhole es hier in aller Direktheit noch einmal, denn es kann nicht oft genug gesagt werden: Eifersucht gehört nicht zur Liebe. Denn im Zustand der Eifersucht wird man fordernd und böse. Wenn ich im Zustand der Eifersucht bin, dann bin ich nicht im Zustand der Liebe. Wenn das einmal klar ist, dann kann man auch gemeinsam über eine mögliche Heilung nachdenken. Aber in der Regel hält der Eifersüchtige seine Krankheit für seine Gesundheit und für sein gutes Recht. Und das ist die Geisteskrankheit, die seine Liebe zerstören wird, so sicher wie das Amen in der Kirche.

4. Liebe deinen Nächsten wie dich selbst. Dieser Satz ist zwar durch unsere christliche Vergangenheit sehr moralisch belegt und falsch interpretiert worden, aber ich halte ihn für absolut wahr. Die Betonung liegt auf: wie dich selbst. Du kannst einen anderen nur in dem Maße lieben, wie du dich selbst liebst. Wer eine große Aufmerksamkeit auf seine eigene Entwicklung legt, der kann sie auch auf die Entwicklung eines anderen legen. Wer sich selbst gegenüber wahrhaftig ist, der kann es auch bei anderen sein. Diese Grundregeln sind so einfach, und doch handelt kaum jemand danach.

5. Verlustangst gehört nicht zur Liebe. Die Verlustangst beginnt immer da, wo man sich selbst nicht liebt. Natürlich habe ich Angst, verlassen zu werden, wenn es lauter dunkle Stellen gibt, die ich an mir nicht lieben kann. Wie sollte sie dann ein anderer lieben? Den Maßstab, den ich mir selbst gegenüber wähle, den unterstelle ich ja automatisch auch anderen. Wenn ich selbst dauernd Versteck spiele, dann vermute ich dasselbe auch bei anderen. Wenn ich andere dauernd mißtrauisch beäuge, dann vermute ich es auch von anderen mir gegenüber. Verlustangst ist meistens die Folge von dem, was ich selber tue und denke.

6. Liebe basiert auf der Grundlage, innerlich tatsächlich frei für die Wahrnehmung eines anderen zu sein. Meistens verwechseln wir den Zustand der Liebe mit der Forderung, von anderen geliebt zu werden. Wenn ich zu einer tiefen Selbstliebe und Akzeptanz gefunden habe, dann kann ich einen anderen wirklich erkennen und lieben. Dann bin ich frei für ihn, weil ich nicht dauernd besetzt bin von mir selbst. Diese Selbstliebe hat nichts zu tun mit Eitelkeit, sie ist das Gegenteil davon. Sie ist ein positiver Daseinszustand und ermöglicht die ruhige und liebende Wahrnehmungsfähigkeit für andere.

7. Freie Liebe und Partnerschaft schließen sich nicht aus, sie bedingen einander. Freie Liebe bedeutet ja nicht, daß man von einem zum nächsten wechselt. Solange Liebe nicht den Weg zu wirklicher Freundschaft findet, rennen die einzelnen bedürftig von einem zum nächsten. Was du beim einen nicht kriegst, das suchst du beim anderen. Du wirst es aber nie finden, wenn du immer an den gleichen Stellen abhaust. Und je mehr Menschen du auf deinem Weg verläßt, desto mehr steigt die Angst, verlassen zu werden. Die kritischen Stellen werden sich, egal mit wem, solange wiederholen, bis du sie gelöst hast. Beziehungen klären und klar halten, ist eine Grundvoraussetzung für die freie Liebe, denn sonst ist sie nur ein guter Nährboden für Angst, Haß und Neid. Natürlich wünscht man sich Intimität, Partnerschaft, Treue in der Liebe. "Bis an mein Lebensende…" Dieser Satz soll ja endlich wahr werden können, und zwar nicht durch Moral und strenge Gesetze, sondern weil es spannend bleibt miteinander, sinnlich und geistig.

8. Du selbst kannst entscheiden, ob du treu bist oder nicht, unabhängig von dem, was der andere tut. Es ist eine Entdeckung, zu sehen, daß man selbst es ist, der entscheidet, ob man verlassen wird oder nicht. Statt in den ewigen Erpressungsschrei der Liebe mit einzustimmen: "Verlaß mich nicht", trifft man die Entscheidung: Ich verlasse nicht mehr. Ich lasse niemanden mehr im Ungewissen. Ich spiele das falsche Spiel nicht mehr mit. Auf mich soll man sich verlassen können. Aber nicht durch Verzicht, sondern durch Wahrheit in der Liebe. Ob man verlassen wird oder verläßt, beides ist gleichermaßen schmerzhaft. Für mich war die Entscheidung, selbst zu gehen, noch viel schwieriger, als die Tatsache, verlassen zu werden. Denn ich mußte mich jetzt mit der Tatsache zurecht finden, daß ich selbst die Täterin war, und fühlte mich somit für das ganze Leid des anderen verantwortlich. Ich mußte erst unendlich viele

Gründe vor meinem inneren Richter ansammeln, bevor ich das vor mir verantworten konnte.

9. Es entsteht ein falsches Spiel der Liebe, wenn man sich auf die Verlustangst beruft. Es gibt Menschen, die aus lauter Angst, verlassen zu werden, immer schon gehen, bevor die wirkliche Auseinandersetzung überhaupt begonnen hat. Ihr Selbstwertgefühl ist so labil, daß sie vor den Augen der Welt einfach nicht zulassen können, als eine verlassene Person angesehen zu werden. Der Bessere ist immer der, der geht, denn er hat es nicht nötig, vor den Augen der anderen um Liebe zu buhlen. Vor diesem Hintergrund werden oft unbewußt die Liebespartner ausgewählt, um eine innere Rechnung zu begleichen. Ein ganz subtiles Spiel beginnt. Noch bevor man überhaupt unterscheiden kann, mit wem man es eigentlich zu tun hat, ist man längst im gegenseitigen Projektionsspiel verfangen. Bis man in diesem ganzen Gestrüpp der Projektion und Emotion plötzlich zu der großen Erkenntnis kommt: Ich selbst kann entscheiden. Ich selbst kann zu der Entscheidung kommen: Da, wo ich liebe, da verlasse ich nicht mehr. Das heißt auch, ich lasse mich zu keinen scheinheiligen Kompromissen zwingen. Je eher ich damit anfange, desto größer ist die Chance unserer Liebe auf Dauer.

10. Treue entsteht durch Wahrheit in der Liebe und durch gemeinsame Interessen. Wenn ich dieser inneren Regel treu bleibe, dann finden sich meine natürlichen Liebespartner ganz von selbst. Sie finden sich durch unsere gemeinsame Fähigkeit zur Wahrheit in der Liebe, durch unser gemeinsames Interesse und dadurch, daß wir eben spannend bleiben füreinander, da unser eigenes Leben spannend ist. Da wir Welt und Menschen in unsere Beziehung einströmen lassen, haben wir auch dauernd etwas Interessantes, das uns verbindet. Ein interessanter Mensch findet immer interessante Liebespartner. Warum rasten wir denn so wahnsinnig aus, wenn unser Liebespartner uns scheinbar betrügt? Wenn wir uns nicht betrügen lassen, wenn wir keine falschen Spiele mit uns spielen lassen, dann wird er auch keine Chance haben, dieses Spiel lange mit uns zu betreiben. Wenn dieses Spiel keine Chance mehr hat und wir ihn aber immer noch lieben, dann hat unsere Liebe sicher auch eine Chance, auf einer neuen Grundlage zu gedeihen. Das klingt nicht nur so einfach, das ist auch so einfach, wenn unsere Gesellschaft uns nicht tausend Wenn's und Aber's anbieten würde, an die wir eben allzu gerne glauben.

11. Liebe ist keine Privatangelegenheit. Liebe ist universell. Je mehr Welt in eine Beziehung einströmen kann, desto mehr Chance hat sie auf Dauer. Deshalb braucht die Liebe, um sich ausbreiten zu können, ein ganz anderes soziales Umfeld, als unsere bestehende Gesellschaft es bietet. Die Liebe zweier Partner braucht die Gemeinschaft, in die sie hineinwachsen kann. Die beste Voraussetzung für die Liebe zu einem Menschen ist das Gefühl, beheimatet zu sein in der Welt. Denn wer sich schützen muß vor der Welt, für den wird der Partner zur Schutz- und Trutzburg. Sich dieses Gefühl der Heimat in der Welt wieder anzueignen, das ist eine spirituelle Aufgabe und ein Thema menschlicher Gemeinschaft.

12. Die richtige Beziehung lebt vom richtigen Abstand. Alles lebt in Beziehung miteinander und lebt von der richtigen Nähe und Distanz. Beziehungen scheitern oft daran, daß sich die Liebenden aus lauter Begeisterung viel zu schnell viel zu nahe kommen. Sie scheitern daran, daß sie plötzlich alles, was sie tun, aufeinander beziehen. Nach einiger Zeit wird es ganz elementar so, als hätte man keine Luft zum Atmen mehr. Die Kunst des Alleinseins zu kennen und zu pflegen als wichtige Kraftquelle, die Kunst der Intimität an die richtige Stelle zu rücken, die Kunst, sich über intime Partnerschaften hinaus ein menschliches Freundschaftsnetz mit sinnvollen Aufgaben aufzubauen, das alles gehört zur Erlernung der Kunst der Liebe. Letztlich ist das Beziehungs- und Liebesnetzwerk der Menschen genauso universell und präzise, wie es das kosmische Beziehungssystem der Sterne ist. Ob es funktioniert oder nicht, hängt vom Aufbau der richtigen Distanz und Nähe zueinander ab, in der man sich wirklich sehen und lieben kann.

13. Da ich die Spielerei mit Zahlen liebe, hänge ich jetzt noch einen 13. und ganz wichtigen Punkt an. Das 13. Zeichen ist im I-Ging "Die Gemeinschaft mit Menschen". Ob die Liebe wachsen kann oder nicht, hängt zentral von der Frage ab, ob es gelingen wird, funktionierende Gemeinschaften aufzubauen, oder nicht. Die Gemeinschaft ist die organische und natürliche Zelle in einer Gesellschaft. Wenn die gesund ist, dann wird auch das Gesellschaftssystem gesund sein. Wenn sie krank ist, dann wird auch das Gesellschaftssystem krank bleiben, denn es fehlt ein wichtiges Glied. Die Familie, als ein intimer Baustein der Gesellschaft, braucht eine natürliche Einbettung in einen größeren Organismus. Eine funktionierende Partnerschaft braucht die natürliche Einbettung in eine

Gemeinschaft. Wo das gelingt, da werden Keimzellen für neue Modelle in der Liebe angelegt, in denen Liebe wachsen kann. Es ist unsere Aufgabe, Vertrauen zu schaffen, wenn der Satz, den Gorbatschow formuliert hat, wirklich ernst gemeint ist: *"Die Angst muß von der Erde verschwinden."* Ein wesentlicher Beitrag wird darin liegen, daß wir Gemeinschaften aufbauen, in denen man sich mit vollem Herzen beheimaten kann. Und ein wesentlicher Entwicklungsbeschleuniger wird darin liegen, daß diese Aufgabe von den öffentlichen Trägern einer Gesellschaft gesehen und unterstützt wird.

Teil III

Am Anfang war das Weib

Damit Frauen wieder eine Sicht für ihre gesellschaftliche und soziale Funktion bekommen, brauchen sie ein neues Verhältnis zur Geschichte. Die Geschichtsschreibung wurde im wesentlichen von Männern gemacht. Auch das, was als objektive Wirklichkeit gilt, wurde im wesentlichen von der männlichen Weltsicht geprägt. Erst in neuester Zeit melden sich Frauen zu Wort, die uns ein vollkommen neues historisches Bild eröffnen und die uns die positiven Quellen, mit denen wir verbunden sind, wieder ins Gesichtsfeld rücken.

Für die Schaffung einer positiven Zukunft brauchen wir die Verbindung zu unseren positiven Wurzeln. Diesem Leitgedanken folgt dieser dritte Teil des Buches, wohl wissend, daß es fast unmöglich ist, eine objektive Vergangenheit zu skizzieren ohne subjektive Schau und Erfahrung. Aber auch die sogenannte objektive männliche Geschichtsschreibung ist viel weniger objektiv, als sie vorgibt zu sein.

Aus der künstlerischen Freude heraus lasse ich zum Schluß eine weibliche Göttin sprechen. Vielleicht sind wir in dieser gottlosen Zeit mehr herausgefordert denn je, seelische Archetypen zum Sprechen zu bringen, die einer gewünschten Realität entsprechen. Vielleicht war der Beginn jeder Epoche begleitet von der Erschaffung von Göttern, die zu dieser Zeit im kollektiven Unbewußten gewünscht waren. Vielleicht ist der Beginn jeder neuen Epoche begleitet von der Erschaffung neuer Ikonen, die dem jeweiligen Zeitgeist entsprechen. In diesem Sinn können wir vielleicht unserem zeitgemäßen Atheismus eine neue Richtung geben. Es ist wie das geistige Hinauswerfen einer Vision, an der sich unser Wachstum orientieren möchte. Ich habe schon als kleines Kind nur einem gewünschten Gott Macht und Anerkennung gegeben. Es war eine instinktive Quelle, die mir immer neu die Kraft gegeben hat, über mich hinauszuwachsen. Sie war mir Orientierung für mein inneres Wachstum.

1

Die matriarchalen Quellen der menschlichen Kultur

Die Bibel wurde von Männern geschrieben. Eva ist danach aus einer Rippe Adams entstanden. Etwa so ähnlich, wie die griechische Göttin Athene aus dem Kopf des Zeus geboren wurde. Die männliche Welt setzte ohne Umschweife den Mann an den Anfang aller Dinge. In einem Weihnachtslied über Christi Geburt heißt es heute noch "Er kam aus seines Vaters Schoß…" Vielleicht lächelt man über alle diese Einfältigkeiten, aber sie haben unsere Religion und unsere inneren Bilder geprägt. Wir haben alle zu einem männlichen Gott gebetet, nicht zu einer weiblichen Göttin.

Und auch wenn wir früh aufgehört haben zu beten oder gar nicht gebetet haben, sind wir von der patriarchalen Weltsicht und Religion geprägt.

Über die neueren Deutungen der Archäologie, der frühesten Höhlenmalereien und der ersten Mythologien gewinnen wir langsam, aber sicher ein neues Bild der menschlichen Frühgeschichte, wie es zum Beispiel von Riane Eisler in ihrem Buch "Kelch und Schwert" dargestellt wird. Danach war das kulturelle und gemeinschaftliche Leben der Menschen jahrhunderttausendelang von Frauen bestimmt und gelenkt. Die Wende zur Männergesellschaft ist noch verhältnismäßig jung und vollzog sich in den letzten fünf Jahrtausenden vor Christus. Die letzte matriarchale Hochkultur, die auf Kreta, brach etwa 1400 v.Chr. zusammen. Mit ihr war im großen und ganzen die matriarchale Epoche der Menschheitsgeschichte endgültig beendet.

Es kommt uns heute nicht darauf an, die alten matriarchalen Kulturen wieder herzustellen, sondern darauf, uns auf die matriarchalen Qualitäten zu besinnen, die auch heute noch zum weiblichen Geschlecht gehören und die wir in neuer Form wiederfinden müssen, um der menschlichen Entwicklung eine neue Richtung geben zu können. Wir erstreben weder ein Patriarchat noch ein Matriarchat, sondern eine Gesellschaft, die auf weicher Kraft beruht und deshalb die weiblichen Qualitäten des Lebens in alle Bereiche hineinträgt, auch in die Bereiche von Naturwissenschaft, Technik und Politik. Gerade hier liegen die Probleme unserer Zeit, die wir nicht mehr mit den männlichen Methoden lösen können.

Ich gehe einmal davon aus, daß der Gott des Alten Testamentes von patriarchal denkenden Männern gemacht wurde. Ich gehe auch davon aus, daß so eine Geschichte wie die vom Sündenfall nur von Männern erfunden werden konnte, die noch tief in ihrem Kampf gegen das Weibliche steckten. Solche Männergesellschaften entwickelten die göttliche Ikone der Gewalt und Unterdrückung. Der Gott Jehova (Jachwe) mußte seine Überlegenheit über seinen Gegenspieler Baal dadurch beweisen, daß er vierhundert Baal-Priester abschlachten ließ. Und die Assyrer-Könige rühmten ihre Gottesnähe dadurch, daß sie in ihre Gedenktafeln die Zahl ihrer Opfer einkerben ließen. Die Macht der männlichen Götter war die Macht zu töten und zu strafen.

Was war oder was wäre demgegenüber die Macht weiblicher Gottheiten? Wie sieht eine göttliche Ikone mit weiblichen Qualitäten aus? Welche uralten archetypischen Kräfte haben das religiöse Denken und das irdische Leben der Menschen vor der patriarchalen Revolution bestimmt? Gibt es Hinweise auf eine ganz anders geartete religiöse Welt?

Ich fasse im Folgenden einige geschichtliche Fragmente zusammen, die das Bild einer positiven Muttergottheit aufzeichnen, welche offenbar allen Frühkulturen mehr oder weniger zugrundelag. Es könnte auf der Erde so etwas wie eine matriarchale Universalreligion gegeben haben. Mir geht es nicht um geschichtliche Vollständigkeit und auch nicht um die Frage nach der reinen Objektivität. Es mischen sich im Nachhinein immer objektive Funde mit subjektiven Deutungen. Ich möchte nur ein Bild beleben, das sich als Archetyp der Seele in vielen Kulturen durchgehalten hat und auch in uns Heutigen latent weiterwirkt. Es ist ein weibliches Bild, das in allen Jahrtausenden gesucht und verehrt wurde und das auch in den patriarchalen Religionen nicht zu verdrängen war. Trotz unglaublicher Bemühungen, das weiblich Heilige und das weiblich Sexuelle mit allen Methoden von Geschichtsfälschung und Grausamkeit aus der Geschichte zu verdrängen, findet die große Heilige und die große Hure bis heute überall Verehrung. Eurynome – "weites Wandern" – war der Name der großen Göttin im vorhellenistischen Raum. Ihr sumerischer Name war Iahu, woraus später Jehova entstand. Sie war die Göttin des Himmels und der Erde. Sie war die Gebärerin des Lebens, auch des männlichen, und sie selbst hat das männliche Prinzip erschaffen. Sie war die Schöpfungsquelle, aus der alles hervorging und in die alles zurückging. Das Prinzip der ewigen Wiedergeburt stammt aus der weiblichen Urquelle.

Die weiblichen Religionen waren im wesentlichen Mondreligionen und waren unmittelbar verbunden mit der Erde und allem materiellen Leben (Mater - Materie). In der weiblichen Religion fächerte sich, ähnlich wie später in der christlichen Religion, die umfassende Gottheit auf in die heilige Trinität. Da war die junge Göttin, die für den Frühling und den aufgehenden Mond stand. Da war die Göttin der Fülle, der sexuellen Reife und der Fruchtbarkeit. Sie stand für den Sommer und den Vollmond. Und da war die ältere, weise Göttin; sie war die Göttin für den Winter, für das Prinzip der Wandlung und der stetigen Wiedergeburt; sie wurde im abnehmenden Mond gesehen.

Weibliche Urqualitäten waren die Liebe, die Güte, die Heilung. Sie standen in direkter Verbindung mit der Natur, mit dem Werden und Vergehen und mit den inneren Wachstumsgesetzen. Durch den weiblichen Zyklus und seine offensichtliche Verbindung mit dem Zyklus des Mondes hatten die Frauen eine natürliche Vollmacht und wurden verehrt in ihrer ganz direkten körperlichen Verbundenheit mit den Vorgängen der Schöpfung.

Ich schreibe diese Dinge nicht auf, um in alte Machtkämpfe einzusteigen über die naturgegebene oder gottgegebene Vorrangstellung von Mann oder Frau; ich halte das alles für vollkommen antiquiertes Denken. Schuf Gott Eva aus der Rippe Adams oder umgekehrt? Ich will auch keinen Beweis antreten für die Größe und "Herrlichkeit" matriarchaler Urkulturen, wir wissen ja geschichtlich noch viel zu wenig darüber. Mir geht es vielmehr um die Besinnung auf weibliche Urqualitäten und die Wiederfindung eines positiven weiblichen Selbstbewußtseins. Wir erinnern uns an die genannten Urqualitäten, indem wir sie in uns selbst wiederfinden.

Ich gehe einmal davon aus, daß es die Matriarchate tatsächlich gab und daß in ihnen die unverstellten weiblichen Qualitäten am besten repräsentiert waren. Eine späte Blüte matriarchaler Kultur, die sich mit Männern zusammen frei und partnerschaftlich entwickeln konnte, finden wir in der minoischen Kultur auf Kreta. Was da beschrieben wird, klingt fast zu schön, um wahr zu sein. Vielleicht ist es ja auch von Liebhaberinnen des Matriarchats ein bißchen glorifiziert worden. Man weiß ja inzwischen, wie sehr die Geschichtsschreibung generell abhängig war und ist von der im Moment geltenden Weltanschauung der betreffenden Geschichtsforscher/innen. Aber es ist für unser geschichtliches Selbstbewußtsein entscheidend, positive Vorbilder in der Geschichte zu finden oder wenigstens glaubhaft rekonstruieren zu können. Während um 2200 v.Chr. in den meisten Nachbarkulturen die Große Göttin, die Magna Mater, bereits durch Vaterfiguren und Kriegsfiguren entthront war, gelangte auf Kreta die matriarchal-partnerschaftliche Kultur zur vollen Blüte. Alle Funde deuten auf das Bild einer friedlichen, lebensfrohen und wohlhabenden Gesellschaft hin, die von Frauen geleitet wurde. In dem Buch "Die Chronik der Frauen" lesen wir:

"Die Göttin Kretas ist eine Göttin des Lebens. Ihre Religion begleitet das Leben, sie ist heiter, voller Erotik und natürlicher Vertrautheit. Frauen wie Männer genießen sexuelle Entfaltungsfreiheit. Eine Festlegung auf bestimmte Beziehungsformen gibt es nicht. Kleidung, Schmuck und Haartrachten der Kreterinnen und Kreter betonen ihre erotische Ausstrahlung und ihre Lebensfreude."

Durch die Aufnahme solcher Informationen entsteht in mir wieder die Lust an der Geschichtsforschung und an einem neuen geschichtlichen Bewußtsein, das wir Frauen so dringend brauchen. Wir sehen unsere Aufgaben dann in einem neuen Licht und in einem ganz anderen Licht, als wenn wir fortfahren, unsere Bildung über Kant, Marx, Alexander den Großen oder die Hexenverbrennungen der katholischen Kirche zu beziehen. Wir brauchen diese neue Geschichtsschau auch, um aus dem privaten Verhältnis zu uns selbst auszutreten. Wenn eine Frau sich schuldig fühlt, klein und als Opfer, so ist das weniger eine Privatsache als das Resultat einer langen Geschichte. Sie entspricht einem geschichtlichen Selbstbild, das jahrtausendelang von ihr abverlangt wurde und dem sie dann auch entsprochen hat. Daß Frauen in der bisherigen Geschichtsschreibung und Religion fast durchgängig so degradiert oder negiert wurden, daß sich im Laufe einiger Jahrtausende alle Göttinnen in Götter verwandelt haben oder von ihnen verdrängt wurden, das allein weist schon darauf hin, daß Frauen eine Macht hatten, derer der Mann sich bemächtigen wollte. Und die Frauen selbst haben einiges dazu getan, um den Mann stark zu machen. Wir werden dazu bald Inannas Worte hören. Vorher aber müssen wir die heutige Situation der Frau noch etwas deutlicher beleuchten.

2

Zur geschichtlichen Situation der Frau heute

Ich möchte darauf hinweisen, daß der alte Geschlechterkampf noch in keiner Weise beendet ist. Die drei Jahrhunderte der Hexenverfolgung liegen noch ganz dicht hinter uns. Theologen und Mönche hatten den "Hexenhammer" geschrieben und verbreitet: Ein Buch, welches zur physischen Ermordung jeder attraktiven Frau aufrief. Es wurde in Europa das meistgelesene Buch nach der Bibel. Frauen, die in offensichtlicher Verbindung zur Natur standen, die sich den Unterwerfungsregeln der Ehe widersetzten, die eine sinnliche Geistigkeit verkörperten und Eros ausstrahlten, wurden zu Millionen auf bestialische Weise gemordet.

Ich muß das sagen, um verständlich zu machen, in welchem Maße die weibliche Kraft zum Schweigen gebracht wurde, und in welchem Maße wir selbst diese Geschichte unbewußt noch in uns tragen. Der Geschlechterkampf ist noch lange nicht beendet. Die Verfolgung und Verdrehung bzw. Verleugnung der authentischen Geschlechtlichkeit spielt sich heute viel subtiler ab, in den Ehen, in den Begegnungsformen, in der Modeindustrie, in den Medien, in Wirtschaft und Politik. Welche Informationen brauchen wir, damit dieser Alptraum ein Ende hat?

Wir brauchen die Informationen der weichen Macht, Informationen über ein neues Verhältnis der Geschlechter und Informationen über die ursprüngliche gesellschaftliche Bedeutung der Frau.

Die Frauen matriarchaler Kulturen haben viel weniger privat gelebt als heute. Sowohl in der Liebe, als auch im gesellschaftlichen Leben. Die Gründerinnen der neuen Frauenbewegung sind Frauen, die langsam, aber sicher aus ihrer Privatheit aussteigen.

Eine Frau, die Männer eigentlich liebt, hat es nicht leicht, dafür eine angemessene Form zu finden. Einerseits kann sie nicht mehr einfach mitmachen in den alten Strukturen, andererseits muß sie befürchten, durch ihre eigene Emanzipation die Männer zu verängstigen und zu verscheuchen. Es gibt in der Tat auf männlicher Seite bis jetzt erst sehr wenige Partner, welche auf die aufsteigende weibliche Kraft nicht mit Impotenz, sondern mit Freude und Unterstützung reagieren. Viele Frauen ziehen es deshalb vor, im "Ernstfall" doch wieder in die alte, bekannte, kleine Rolle zu schlüpfen. Sie tun dies auch deshalb, weil sie ihre weiblichen Qualitäten auch im männlich orientierten Berufsleben kaum entfalten können.

Hätten sie im Berufsleben eine neue, große Perspektive vor Augen, so brauchten sie sich auch im Liebesbereich nicht so sehr zu verkleinern. Die beiden Dinge – Beruf und Liebe – hängen eng miteinander zusammen. Deshalb ist es für Vertreterinnen des neuen Frauenbewußtseins wichtig, welche Berufstätigkeit und welche gesellschaftliche Position oder welche Rolle in einer Gemeinschaft sie für ihr Leben wählen. Es ist klar, daß das neue Frauenbewußtsein ganz neue Berufszweige entwickeln wird. Davon wird später die Rede sein. Was den Beruf betrifft, herrscht heute auf weiblicher Seite ein merkwürdiges Bild von Emanzipation. Im Berufsleben locken bisher Geld, Karriere, Unabhängigkeit etc. Das sind die üblichen Merkmale, die bis heute mit dem Gedanken der Emanzipation verbunden sind. Es sind aber gleichzeitig die Ziele, die uns von den inneren Möglichkeiten der Liebe und der weichen Kraft so weit entfernt haben. Auch die Unabhängigkeit, die von der modernen Frau unter dem Namen der "Emanzipation" angestrebt wird, hat wenig zu tun mit der inneren emotionellen Verbundenheit und Hingabe, die für uns eben zur Liebe gehören.

Wenn ich mich im Kreise meiner Freundinnen umschaue – sie sind heute zwischen 30 und 50 – dann haben fast alle immer noch den Hang, sich entweder ganz vom Liebesthema abzuwenden und eine berufliche Karriere zu starten oder sich ganz in eine Liebesgeschichte hineinfallen zu lassen. Dann vergessen sie alles und orientieren sich nur noch am Mann. Für kurze Zeit werden sie dadurch sogar stark und blühen auf, aber ihre einzige Orientierung ist eben der Mann, und das ist zu wenig auf Dauer. Für die kurze Zeit der blühenden Liebe sind diese Frauen schön, glücklich und erotisch attraktiv; sie sind die Weiblicheren, weil sie ein Stück weit die weiche Kraft der Frau verwirklichen können. Die Geschlechtsgenossinnen dagegen, die sich an einer beruflichen Karriere orientieren, orientieren sich auch am Mann, aber eher an seiner harten Seite. Sie ahmen ihn nach. Sie verleugnen ihre weibliche Natur, sie vermännlichen sich. Das zeigt sich auch in der Kleidung, die sie tragen. Es gibt darunter etliche Karrierefrauen, die es geschafft haben, aber ich kann mir keine davon zum Vorbild nehmen.

Die zur Zeit "herrschende" Frauenbewegung macht wenig Mut zur eigentlichen Weiblichkeit, weil sie diese viel zu schnell und zu oberflächlich verbindet mit den drei KKK-Begriffen: Kinder, Küche, Kirche. Die latente Männerfeindlichkeit und Sexualfeindlichkeit, die da im Namen der Emanzipation propagiert wird, entspricht der männlichen Kultur von Herrschaft und Unterdrückung, und ist eine schlechte Kopie der bestehenden Strukturen. Es ist eine geballte Reaktion. Aus der langen Unterdrückung ist neuer Haß entstanden. Daraus entstehen neue Strukturen von Haß und Gewalt. Ich fühle mich in meinem Naturell, das ich eigentlich als typisch weiblich ansehe, in den gegenwärtigen Frauenbewegungen keineswegs erkannt oder gar vertreten. Ich weiß auch, daß ich mit meinem Fühlen und Denken längst nicht mehr allein stehe. Es gibt bis jetzt in Deutschland und außerhalb kaum eine Bewegung, die den Frauen in ihren weiblichen Qualitäten Mut macht.

Das Drama der Frauen, die den Weg der Liebe gehen wollen und dabei die alten Bahnen von Zweisamkeit, Ehe, Familie etc. wählen: Ab vierzig merken sie, daß sie im Leben keine Perspektive mehr haben. Die Plattform, auf der sie ihr Leben eingerichtet hatten, war zu klein. Die Funktionen innerhalb dieser kleinen Plattform sind erfüllt. Die intimen Liebesbeziehungen und Herzensbeziehungen, die man einmal hatte, sind entzaubert. Jetzt stellt sich die Frage nach dem Sinn des Ganzen – und diese Frage läßt sich nicht mehr leicht beantworten, denn es gibt weder Aussichten auf wirkliche geistige, noch auf wirklich sexuelle Erfüllung. Die gesellschaftliche Aufgabe, die jetzt altersgemäß anstünde, kann infolge der gesellschaftlichen Strukturen nicht angenommen werden. Es wären wichtige Aufgaben, als reife Frau Liebesarbeit, Jugendarbeit, Heilungsarbeit in allen Bereichen zu verrichten und den Männern aller Altersstufen eine Quelle und Hilfe zu sein. Frauen ab vierzig würden die wichtigsten Positionen in allen menschlichen Bereichen einnehmen und die Gesellschaft von innen her steuern, aber durchaus auch von außen her politisch lenken. Ab vierzig befindet sich eine Frau auf dem Höhepunkt ihrer natürlichen matriarchalen, geistigen und sinnlichen Kräfte.

Dieter Duhm hat dies in seinem Buch "Der unerlöste Eros" so überzeugend beschrieben, daß man sich dieser Wahrheit nicht entziehen kann. Dort lesen wir:

"Frauen, welche die Mitte des Lebens erreicht haben, stehen in der Blüte ihrer Weiblichkeit. Sie sind rund, voll und begehrenswert. Sie haben ein Leben der Liebe vor sich, das sich bis in ihr hohes Alter fortzieht. Und sie schenken denen von ihrer Erfahrung, die es brauchen können, den jüngeren Frauen, den jungen Männern, den Suchenden und Fragenden auf dem Weg der Liebe. – So sähe es aus, wenn unsere Welt in Ordnung wäre. Keine Frau über vierzig käme auf den Gedanken, sich künstlich jung zu machen, denn sie besitzt ihre Attraktivität gerade durch ihr natürliches Alter. Keiner fiele es ein, sich wegen ihrer sexuellen Wünsche zu schämen, denn sie liebt und bejaht den Sex und braucht sich über mangelnde Kontakte keine Sorgen zu machen. Keine würde sich Sorgen machen wegen ihrer gesellschaftlichen Aufgabe, denn die hat sie durch ihren reifen Sinn für Liebe und Verantwortung in Hülle und Fülle. Keine würde sich ängstigen vor dem Älterwerden, denn die geistige und sexuelle Erfüllung im Alter orientiert sich an anderen Dingen als an den Idealmaßen der Figur."

Hier steht Vision gegen Wirklichkeit. Aber wer einen Sinn hat für die innere Wahrheit der Dinge, erkennt, um wieviel wahrer die Vision ist als die Wirklichkeit. Das heißt: um wieviel näher sie unseren eigentlichen Quellen, Kräften und Sehnsüchten steht. Frauen, die dies gesehen haben – Frauen wie Erica Jong oder Susanne Brøgger oder Lisa Fitz oder Lynn Andrews – haben trotzdem keinen Ausweg gesehen, weil sie keine Möglichkeit sahen, die bestehenden Strukturen zu verlassen und tatsächlich mit dem Aufbau einer neuen Welt zu beginnen. Lynn Andrews schreibt in ihrem Buch "Die Jaguarfrau" einige bewegende Sätze über die Beraubung der Frau: *"Ich sah viel von meinem Leben. Ich war als Frau geboren, war deshalb beiseite geschoben worden, den Randgebie-*

ten des Lebens zugewiesen, in denen noch so viele meiner Schwestern weitersitzen. War das nichts als ein Zufall der Geschichte? Ich versuchte durch das Trugbild gesellschaftlicher Schranken zu blicken, das die Augen der Frauen in der ganzen Welt trübt. Wir nehmen noch nicht einmal Notiz voneinander. Es ist, als hätten wir uns jahrhundertelang wie mutierte Chromosomen, isoliert von den Erbmassen des ursprünglichen Heiligen bewegt, und unsere weibliche Urnatur sei uns und der Gesamtmasse der Welt entwendet worden, als hätte es sie nie gegeben."

Leider bleibt auch sie bei der Beschreibung stehen. Sie zeigt keinen Ausweg, keine Richtung und kein Ziel an. Das einzige Resultat, das ich in ihrem spannend geschriebenen Roman finden konnte, war die Solidarisierung der Frauen gegen den Mann und damit ein vertieftes Mißtrauen zwischen Männern und Frauen und ein verfeinerter psychologischer Krieg. Wer ist hier Opfer? Wer ist Täter? Und wer durchbricht den Kreislauf? Und durch welchen Anstoß treten Frauen aus ihrem tief verinnerlichten Glauben, Opfer zu sein, endgültig aus? **Die Solidarität, von der wir sprechen und die wir gemeinsam aufbauen wollen, gründet auf einer tieferen Ebene und bedarf keiner Abgrenzung gegen den Mann.** Sie braucht ein neues Geschichtsverständnis und Selbstbewußtsein der Frauen, den behutsamen Aufbau neuer Berufsbilder und die Einleitung einer weichen Revolution der sinnlichen Liebe.

3

Worte einer Göttin

Als freischaffende Theologin gebe ich jetzt einer von mir erfundenen weiblichen Gottheit das Wort. Angeregt von einem Roman von Thomas Mielke, lasse ich Inanna sprechen. So ähnlich würde eine von uns geliebte weibliche Göttin reden, wenn sie nach jahrtausendelanger Verdammnis ihr Wort wieder erheben würde:

> *Was Dir mein Herz noch sagen wird,*
> *sollen die Sänger in ihre Lieder weben.*
> *Was dir mein Leib noch sagen wird,*
> *soll wie ein Vogel von Mund zu Ohr fliegen.*

Ich bin das ewig Weibliche. Ich kam als die Große Mutter auf die Erde. Aus mir wurden alle Kulturen geboren.
Als Gaia wurde ich bei den Griechen verehrt, als Nut bei den Ägyptern. Ich bin das Prinzip der Wiedergeburt. Aus mir ging alles hervor. Und zu mir kehrte alles zurück. Ich bin Erfinderin der ersten sozialen Strukturen. Ich bewirkte, daß der Mensch sich zu Gemeinschaften zusammenschloß. Und daß er die Lust am Lernen entwickelte.
Ich brachte die Mathematik hervor. Mathematik bedeutet ursprünglich Mutterweisheit. Zahlen und Buchstaben waren Erfindungen der Großen Göttin.
In Ägypten war ich die Begründerin der Architektur, die große Göttin Seshat, genannt Herrin des Maßes und der Erbauer. Man findet mich als Göttin für die Heilung, für die Architektur und für die Technologie. Ich bin Hüterin der Intuition und des mythologischen Wissens.
Ich bewirkte die ersten Städtegründungen, z.B. in Çatal Hüyük im Süden der heutigen Türkei. Das war eine Stadt, in der es weder Rivalitäten noch Häuptlingswesen gab, aber viele Priesterinnen.

Çatal Hüyük wurde vor etwa zehntausend Jahren nach einem durchdachten Plan für eine gewaltfreie Gesellschaft gegründet.
Alle Männer verehrten mich als Söhne. Auf diese Zeiten geht die Legende vom Goldenen Zeitalter zurück, von denen heute noch mythologische Erzählungen in den meisten Kulturen berichten.
Es gab weder Kampf noch Krieg. Wir ernährten uns von Früchten und von Pflanzen. Es gab keine Hierarchie im heutigen Sinn. Hierarchie bedeutet ursprünglich einfach: 'Heiliger Anfang'.

Ich gebar Inanna, Ischtar, Isis, Artemis, Freya und viele andere.
Ihr werdet sie in allen Kulturen wiederfinden.
Ich wollte mehr sein als Mutter. Meine universelle sexuelle Natur verlangte danach, daß aus den Söhnen mehr wurde als der Sohn. Ich verlangte nach dem Mann. Das Prinzip der männlichen Zeugung und Schöpfung sollte hineingeboren werden in die materielle Welt. Die letzte hohe Kultur, in der dieses Prinzip seine Früchte trug, war in Kreta. Es war die schönste Verwirklichung der partnerschaftlichen Liebe verbunden mit freier Sexualität, die es bis heute gegeben hat. Es war die erste verwirklichte Andeutung unseres großen Traumes.
Parallel entwickelte sich kulturgeschichtlich ein großer Kampf. Der Geschlechterkampf hatte begonnen. Wie im Himmel, so auf Erden. Er entwickelte seine Eigendynamik und brachte die meisten weiblichen Kulturen zu Fall. Weder die Götter noch die Menschen kannten seine Eigendynamik, und niemand ahnte, welche Ausmaße er annehmen würde, wieviele Kulturen und zeitgeschichtlichen Räume er einnehmen würde.
Es begann damit, daß die ersten männlichen Götter geboren wurden. Die Kraft der männlichen Entdeckung und Eroberung bahnte sich ihren Weg. Das historische Zeitalter begann. Der Gedanke der objektiven Forschung und Erkenntnis nahm immer mehr Raum ein. Als Inanna, Artemis, Ischtar, Isis verlangte ich nach dem männlichen Geist. Und ich verlangte nach der heiligen Hochzeit. Mein Leib bereitete sich vor, auf neue Art genommen, entdeckt und erobert zu werden. Als uralte, weise Göttin Athene unterwarf ich mich freiwillig dem Gott Zeus, der mich angeblich aus seinem Kopf gebar. Freiwillig ließ ich mich entmachten, weil mein Verlangen nach dem neuen Mannesarchetyp so unendlich groß war.

Als Inanna und Isis, als Ischtar und Aphrodite verkörperte ich ursprünglich das Prinzip der Güte, der Schönheit und der Liebe, das sich nach und nach in das Gegenteil verwandelte. Der Archetyp des Bruders entstand an meiner Seite, wie Osiris, Utu, Apollon u.a. Auch der Archetyp des großen Vaters entstand und gewann an seelischer und sexueller Bedeutung und Macht.
Der Mann als der Zeugende war mein großes Verlangen geworden. Ich entwickelte alle Künste der Verführung, um sein Begehren zu wecken. Ich machte mich freiwillig klein, weil ich Lust hatte auf Unterwerfung. In meinem jugendlichen Leichtsinn verlangte ich unendlich viel.
Als Tempelhure verführte ich den jungen und schönen Gilgamesch. Ich feierte die heilige Hochzeit mit Tamuz in Sumer. Aber in meiner jugendlichen Torheit verachtete ich ihn, als ich sah, daß er nicht der starke Mann war, den ich in ihm erhofft hatte. Ich ging zu den Tiermenschen und verführte Enkidu und weckte in ihm das unstillbare sexuelle Verlangen nach der Frau.
Ursprünglich, als weibliches Prinzip, hatte ich diese starken Männer geboren, aber ich ahnte nicht, welchen eigenen Gang der Bemächtigung und Eroberung sie einschlagen würden. Die weiblichen Mutterarchetypen, die ja gleichzeitig noch existierten, beargwöhnten mich, als sie sahen, welche Künste der Verführung, der Schönheit und Raffinesse ich entwickelte, um die Männer zu gewinnen.
Als ich merkte, daß der Mann mich immer noch floh in meiner fraulichen sexuellen Natur, als er merkte, daß er mich weder besitzen konnte, noch mir einfach entfliehen, da entstand der Geist der Rache, in ihm und in mir.
Ganze Kulturen gingen auf und zerbrachen unter größten Grausamkeiten an dieser nie zu Ende geführten Geburt, der Geburt der sexuellen Liebe zwischen Mann und Frau.
Der Mann floh die Frau weiterhin. Er wollte mich ganz für sich. Er wollte mich beherrschen. Wenn ihm das nicht gelang, verleugnete er mich und ging zu vielen anderen Frauen, um sie mit seinem mächtigen Phallus kurz zu besitzen. Die Heimat aber suchte er beim Mann.
Er floh zum Mann. Er vergaß, daß auch ich das Prinzip der Dauer und Beständigkeit verkörpere. Er vergaß, daß auch ich, wenn ich meinen natürlichen sexuellen Dienst an vielen tue, den Willen habe,

sexuelle Dauer zu erzeugen, gerade dadurch.
Der Mann floh zum Mann. Nachdem er das Prinzip der sexuellen Eroberung durch mich erfahren hatte, floh er die Große Mutter in mir. Er ahnte nicht, daß ich gerade als Große Mutter die sexuelle freie Liebe und Dauer gebären wollte. Und auch ich trat ein in den Raum des großen Vergessens.
Ich rächte mich für seine große Verachtung.
Von Tamuz wollte ich alles. In seinem Schrecken floh er mich noch in der Hochzeitsnacht. Ich lockte den Mann und ließ ihn an mir zerbrechen. Andere flüchteten sich in den trügerischen Hafen der Ehe und verleugneten ihre wahre sexuelle Natur. Meine eigentliche wahre Natur erschien als die bloße Versuchung, die Verderbnis der Menschheit. Die männliche Religion entstand als Verdrehung. Ich wurde erschaffen aus Adams Rippe. Sexualität wurde das Prinzip des Bösen und der Erbsünde. Es folgte der Kampf der Religionen gegen mich, siehe in der Thora, den fünf Büchern Mose oder bei Paulus. Ein Teil der Bibel wurde zur Kampfschrift gegen die Frau. Eine der schlimmsten späteren Folgen war der Hexenhammer.
Ursprünglich wollte ich, daß der Mann durch mich die Welt entdeckt. Aber ich wollte auch, daß er immer wieder zu mir zurückkehrt.
Da ich heute wieder da bin und austrete aus dem großen Schweigen, spreche ich durch alle Frauen, die ihr Herz noch für mein eigentliches Sein geöffnet haben.
Ich bin SEX pur. Ich lebe weniger in der Phantasie als in der zellulären Unmittelbarkeit. Ich weiß, daß alles andere Verschleierungen und Tarnungen sind, die aus der Geschichte kommen. Und ich lasse es nicht mehr zu, daß ich damit identifiziert werde. Mein Leib ist es, der nach dieser Erlösung ruft, daß der Mann mich erkennt in meiner wahren Natur.
Ich bin ausgetreten aus meiner großen Ungeduld, aber auch aus der großen Verschwiegenheit. Ich bin ausgetreten aus meiner großen Unschuld, denn ich weiß, daß ich beteiligt bin an dem ewigen Massaker auf dieser Erde.
Ich bin ausgetreten aus meinem ewigen Warten. Ich trete ein in eine neue Unbedingtheit und Verantwortung.
Ich erlaube die Verachtung und die Beliebigkeit des Mannes nicht mehr, aber ich zeige ihm auch den Weg, wie er zu mir finden kann.
Ich trete aus meiner großen weiblichen Verachtung dem Mann

gegenüber endgültig aus.
Ich trete wieder ein in das Wissen, daß ich für ihn Mutter, Heilige, Hure und Geliebte bin. Und ich wähle diese Rollen, ohne ihn dabei an irgendeine Person binden zu wollen.
Ich kenne mein Jahrtausende währendes ungeduldiges Verlangen nach sexueller Freiheit und Treue. Ich weiß, wo und wie ich treu sein kann. Treue läßt sich nicht fordern. Ich kann aber entscheiden, treu zu sein.
Ich, im umfassenden universellen Sinn, entscheide, wer meine Partner, meine Geliebten sind.
Ich bin die Hetäre der Liebe. In diesem Sinn bin ich jedem treu, wenn ich bei ihm bin. Ich bin mir auch nicht zu heilig, dem Mann zu zeigen, was mein Begehr ist. Im Gegenteil, ihm den sexuellen Weg zu bahnen, wodurch er sich an mir wiederfinden kann in seinem eigentlichen Verlangen, das ist mein großes und göttliches Versprechen. Ich habe die Liebe wiedergefunden zum Mann. Der sexuelle Weg, den ich meine, führt immer hin zur sinnlichen Liebe. Ich verfolge den Weg des sexuellen Vertrauens und der Solidarität. Das ist unabhängig von Partnerschaft.
Die sexuelle Gewalt und Verachtung, die heute viele Menschen in die Sackgasse führt, gehört nicht zum eigentlichen Wesen der Sexualität. Sie ist nur eine Folge der Jahrtausende währenden Unterdrückung und Verwechslung. Sie ist eine Folge des Verbotes, das die Liebe getrennt hat von der Sexualität. Und sie ist die Folge davon, daß Mann und Frau sich bisher nie wirklich sehen und erkennen konnten.

Meine Partner finde ich durch die Verwirklichung meines Wesens und meines Schicksals, indem ich dem folge, was ich eigentlich liebe. Treu werde ich da, wo ich einen Menschen gesehen habe. Als ich mich für diesen Weg der Treue entschieden habe, da habe ich noch nicht geahnt, daß dieser Mann, den ich liebe, mein möglicher Partner ist. Treu kann ich letztlich nur da sein, wo ich diese Treue im anderen auch wiederfinde. Und ebenso werden andere mich wählen, wenn sie diese Erlaubnis in mir wiederfinden. Wirkliche Treue wird nur da Dauer haben, wo die gemeinsame Verbundenheit entsteht mit den Themen dieser Welt. Ich bin mir wieder bewußt, was ein Mann an mir hat, wenn er mich hat. Ich helfe ihm, daß er nicht mehr erschrickt vor meiner Tatsache, ein Weib zu sein. Ich begleite ihn dabei, dieses Erschrecken zu überwinden. Und ich bin für viele zu haben, die mich lieben und brauchen. Für den einen bin ich da als Geliebte und Partnerin, für den anderen bin ich Mutter, andere finden in mir das, was sie suchen, wenn ich meinen Dienst als Tempelhure vollziehe. Es gibt so viele Facetten der Begegnung. Entscheidend ist nur, daß die Facetten der Verstellung und Bekämpfung überwunden werden. Dann bin ich Heimat für den Mann, und er kann seine Erfüllung bei mir finden.

Als universelle Hetäre wird man mich auch immer wieder mal in den Bordellen und anderen überraschenden Nischen der Gesellschaft wiederfinden. Ich bin auch dort zu erkennen als die, die ich bin. Denn ich folge überall meinem Weg der sinnlichen Liebe. Aber ich bin kostbar. Ich bin keine Hure, keine Domina und kein Callgirl, die es zuläßt, daß diese Welt so bleibt, wie sie ist. Gemeinsam mit Männern, die mit mir das gleiche wollen, bereiten wir eine neue Kulturgründung vor. Ich habe auch im Götterhimmel inzwischen meine neuen Freunde und Mitkämpfer gefunden. Der Mann, der meine Offenbarung empfängt und erfährt, daß er darf, der wird süchtig nach mir werden und mich in vielen Frauen suchen. Er wird mich auch finden, wenn er nicht mehr versucht, mich privat zu besitzen. Wenn er versteht, was ich meine, dann werden wir glückliche Nächte feiern, und ich werde mich für ihn in vielen Frauen inkarnieren. Gemeinsam gebären wir dann das Prinzip einer universellen Treue und sind Geburtshelfer eines sexuellen Friedens, der neu ist auf dieser Erde. Das ist die Heimat, die wir vorbereiten seit Jahrtausenden und die jetzt endlich Wirklichkeit werden soll. Für Götter und Menschen gleichermaßen.

4

Wer mich gefunden hat, steht am Anfang zu allen Dingen

Einfach, weil diese Worte so schön sind, lasse ich jetzt den Jesuitenpater Teilhard de Chardin sprechen, der um die tiefe und sinnliche Quelle des Weiblichen gewußt hat, auch wenn er selbst im Zölibat lebte:

"**Hymne an das ewig Weibliche**"

Im Lebendigen habe ich angefangen, mich kundzutun.

Der Mensch aber ist der erste, der mich wiedererkannt hat an der Verwirrung, in die ihn meine Gegenwart stürzt.

Wenn der Mann ein Weib liebt, bildet er sich zuerst ein, seine Liebe wendet sich bloß an ein Einzelnes, das ihm gleich ist, das er in seinen Machtbereich einbezieht und sich frei zugesellt.

Wohl bemerkt er dabei, indem er mein Antlitz zum Schimmern bringt, ein gewisses Strahlen, das sein Herz in Rührung versetzt und alle Dinge erleuchtet. Aber er schreibt diese Einstrahlung meines Wesens seiner subjektiven Verfaßtheit seines bezauberten Geistes zu oder dem einfachen Widerschein meiner Schönheit auf den tausend Splitterflächen der Natur.

Bald jedoch wundert er sich über die Gewaltsamkeit, die sich in ihm entfesselt, wenn ich herannahe, und er stellt fest, daß er mit mir nicht auskommen kann, ohne unvermeidlich als Diener eines allgemeinen Schöpfungswerkes in Beschlag genommen zu sein.

Er meinte, neben sich eine Gefährtin zu finden, und nun merkt er, daß er in mir die große verborgene Kraft angerührt hat, die geheim-

nisvolle Latenz – die unter dieser Gestalt auf ihn zutrat, um ihn mitfortzuziehen.

Wer mich gefunden hat, steht am Eingang zu allen Dingen.

Mein Wissen – ich muß es beklagen – kennt das Gute und das Böse. Dem Menschen stieg die Einweihung zu Gehirn.

Als er begriff, daß ich die Welt für ihn bin, meinte er, mich in seine Arme einkreisen zu können.

Mit mir zusammen wollte er sich in eine geschlossene Welt einsperren, in der wir zwei einander genügen könnten. In eben diesem Augenblick habe ich mich unter seinen Händen zersetzt.

Und es konnte der Anschein entstehen, ich wäre die Verderbnis der Menschheit – die reine Versuchung.

Teil IV

Die Entwicklung der weiblichen Kraft für eine neue Kulturbildung

Dieses Kapitel setzt sich im wesentlichen aus überarbeiteten Vorträgen zusammen, die ich im Laufe der letzten zwei Jahre gehalten habe. Sie bilden die theoretische Grundlage für den Start einer solidarischen Frauenbewegung, wie ich sie seit langem erhoffe und ersehne.

Meine Auseinandersetzung mit dem Thema der Frauensolidarität führe ich vor allem unter dem Aspekt einer neuen Solidarität zu den Männern. Bücher wie z.B. das von Riane Eisler haben mir Mut gemacht, diese Gedanken jetzt an eine größere Öffentlichkeit zu bringen. Sie orientieren sich an der Vision einer Zukunft, wie sie mir real möglich erscheint. Man darf sie also nicht zu sehr an der realen Situation messen. Manch eine Leserin oder ein Leser mag die

Gedanken für ideologisch oder unrealistisch halten. Ich selbst halte den Mut zur Entwicklung konkreter Visionen für eine wesentliche Grundlage, auf der eine Bewegung überhaupt erst beginnen kann.

Viele Gedanken basieren auch auf der Grundlage einer langjährigen Gemeinschaftserfahrung und sind für mich schon lange nicht mehr so utopisch, wie sie jemandem erscheinen mögen, der diese Erfahrung nicht hat. Dennoch ist die Gemeinschaftserfahrung keineswegs eine Voraussetzung, um die Grundgedanken dieses Buches zu verstehen.

1

Frauensolidarität

Ich rede immer wieder von uns Frauen und "wir". Dabei schließe ich die Verwirklichung eines Traumes schon ein. Das ist die neue Solidarität unter Frauen. Natürlich kann man nicht alles über einen Kamm scheren, natürlich gibt es so viele Unterschiede, wie es Frauen gibt. Die eine liebt den Sex mehr, die andere weniger. Die eine ist mit 80 noch eine junge und schüchterne Inkarnation, die andere verkörpert bereits mit 20 ein voll ausgereiftes, sinnliches Wissen. Die eine liebt Askese, die andere ist eine Nymphomanin. Und doch gibt es eine Tatsache, die uns verbindet: die Tatsache, daß wir Frauen sind, daß wir aus der Geschichte des Patriarchates kommen und daß es um eine neue gesellschaftliche weibliche Selbstfindung geht. Hier brauchen wir eine tiefere Solidarität, als es sie je gab. Eine Frauenbewegung, die in sich bewegende und verändernde Macht entwickeln möchte, braucht eine Grundlage der Solidarität, die auch in Krisensituationen standhält. **Sie wird ihre Macht nicht entwickeln anhand eines gemeinsamen Feindbildes, so wie es bisher alle männlichen Revolutionen getan haben, sondern durch die Entwicklung einer gemeinsamen positiven Perspektive.**

Eine solche Bewegung muß auch auf intime Fragen eine Antwort haben, z.B. auf die Frage: Was ist zu tun, wenn wir denselben Mann lieben? Die Antwort auf diese scheinbar harmlose Frage ist sehr entscheidend für den Beginn einer wirklich solidarischen Frauenbewegung. Daß es hier bis jetzt keine solide Antwort gibt, gehört zu den Punkten, woran die Entwicklung einer breiten Frauenbewegung bis heute gescheitert ist. Lieber ein gemeinsames Feindbild als einen gemeinsamen Freund! Eine Frauenbewegung, die sich nicht mehr gegen den Mann richtet, die keine Scheinsolidarität aufbaut durch die Züchtung eines gemeinsamen Feindbildes, muß sich der

Frage stellen: Wie geht das, wenn man denselben Mann liebt? Frauen müssen sich dann die Ruhe, die Aufmerksamkeit und die Wahrhaftigkeit gönnen, neue Strukturen untereinander zu entwickeln. Dazu müssen sie die Bereitschaft haben, erst einmal zu sehen und anzuerkennen, was im Liebesbereich bisher immer geschehen ist. Wir werden uns den Wahnsinn, an dem wir durch unsere Liebesbilder beteiligt sind oder waren, gründlich anschauen, um die Notwendigkeit einsehen zu können, daß wir ein vollkommen neues Liebesbild kreieren müssen, wenn wir eine gesellschaftliche Veränderung und Gesundung bewirken wollen.

Das ist kein moralisches Muß, sondern eine innere Notwendigkeit, sobald wir die Tragik des bisherigen Liebesbildes in seiner ganzen Tragweite durchschaut haben. Wieviel Haß, Neid, Rachegelüste, Mord und Totschlag auf dieses ungelöste Thema zurückzuführen sind! Und wie sehr fast alle daran festhalten! Eine Lösung wird erst möglich, wenn wir ein neues Bild in der Liebe erkannt und verinnerlicht haben. Wenn wir erkannt haben, wie sehr die Männerwelt für ihre eigene Veränderung uns Frauen braucht. Wenn wir erkannt haben, daß das Schlimme nicht darin liegt, daß unsere Männer fremdgehen, sondern daß wir selbst uns dieser Freiheit haben berauben lassen, die für uns in früheren Zeiten jahrtausendelang selbstverständlich war. Wenn wir erkannt haben, in welche Isolation wir uns haben treiben lassen, im Glauben daran, daß die Frau, mit der er "fremdgeht", unsere Feindin ist. Man spricht heute selbstverständlich von Betrug, wenn man einen oder eine Dritte/n auch noch liebt und begehrt. Wir werden unsere Vision der Verwirklichung erst finden, wenn wir erkannt haben, daß der Glaube an die Zweierliebe und Ehe ein Instrument ist, mit dem man uns Frauen unterdrückt und entmachtet hat, und wenn wir uns an unsere geschichtlichen Urquellen anschließen, wo es selbstverständlich war, daß wir für viele Männer da waren und viele Männer geliebt haben. Eine Lösung wird erst dann möglich sein, wenn wir erkannt haben, daß wir Frauen neue soziale Strukturen in der Liebe entwickeln und verwirklichen müssen und können, die unserer eigentlichen weiblichen und gesellschaftlichen Funktion wieder entsprechen. Wenn wir in das Wesen von Liebe und Sexualität hineinschauen, ohne gleich emotional zu reagieren oder zu urteilen, dann können wir sehr schnell sehen, daß die alten Glaubenssätze in der Liebe von selbst in den Untergang führen, zu Mißtrauen und Neid. Sie sind dem Wesen der Liebe diagonal entgegengesetzt. Wieviele Frauen hätte ich gerne zu wirklichen Freundinnen gehabt! Gemeinsam sind wir aufgebrochen in das Liebesleben, wir haben sogar gemeinsam Männer erobert. Nur wenn dann wirklich Liebe im Spiel war, wenn es um die Erfüllung von Partnerschaftsträumen ging, dann war es in der Regel aus.

Kürzlich habe ich meine jüngste Tochter gefragt, ob sie sich auf das Frausein freut und ob sie gerne eine Frau ist. Sie antwortete: "Ja. Frauen sind irgendwie ganz anders als Männer. Sie sind wie Tagebücher füreinander, sie können sich wirklich alles erzählen. Das finde ich toll." Wenn das doch so bliebe, sobald die Männer ins Spiel kommen, anstatt daß wir uns in den isolierten Hafen einer Zweierbeziehung zurückziehen müssen!!!

Natürlich möchten wir dann auch Freundinnen gewinnen, mit denen wir nicht nur über die geheimsten, intimsten Dinge reden, sondern mit denen wir gemeinsam an einer Perspektive arbeiten.

Und wie früh scheiterte das bisher an Mißtrauen und Konkurrenz, gerade dann, wenn Frauen anfangen, einen Mann wirklich zu lieben. Wieviele Frauenfreundschaften sind schon daran gescheitert, daß sie denselben Mann geliebt haben! Und gerade da bräuchten junge Frauen so dringend Unterstützung von anderen Frauen, die erfahrener sind. Ich male mir immer wieder Frauentreffpunkte aus, in denen Frauen gemeinsam an einer Perspektive in der Liebe arbeiten und sich gegenseitig unterstützen. Was könnten wir dazu beitragen, daß die 17jährigen nicht in das gleiche Liebeselend rennen wie wir damals in dem Alter! Wie könnten wir sie begleiten in ihren ersten sexuellen Erfahrungen und Abenteuern. Das werden wir aber erst dann wirklich tun, wenn wir an einer eigenen Perspektive arbeiten.

Stattdessen schaut meistens die ältere Frau neidisch auf den knakkigen Hintern und die vollen Brüste der jungen, weil sie straffer sind als die eigenen. Und der Mann muß dann hinhalten, weil er darauf mit einer ganz natürlichen sexuellen Reaktion reagiert. Sie macht ihm die sexuelle Reaktion zum Vorwurf, weil sie neidisch ist oder Angst hat. Aber wir hätten als ältere Frauen ganz andere und tiefere

Möglichkeiten der erotischen Ausstrahlung. Was für ein Wahnsinn, sich die biologischen Reaktionen zum Vorwurf zu machen, statt sie als Signal zu nehmen für eine andere und höhere Wirklichkeit. Wir werfen einem Hengst doch auch nicht vor, daß sein Phallus sich erhebt beim Anblick einer schönen Stute.

Das Liebesthema bleibt solange aussichtslos und ohne befriedigende Antwort, solange Frauen als einzige Lebensperspektive das Liebesglück mit einem Mann in ihrem Herzen tragen. Man kann sich einen Liebhaber tatsächlich nicht teilen, wenn die einzige Berufung und Leidenschaft darin besteht, an seiner Seite zu stehen.

So sehr, wie ein Hauptdilemma im ganz persönlichen Liebesbereich liegt, so sehr kommt doch die Antwort von ganz woanders her. Die Lösung kann erst kommen, wenn wir einen ganz anderen Blick gewinnen. Es gibt keine private Lösung in der Liebe, solange wir keine Verbindung zur Welt und unserem Frausein gewinnen.

Frauen brauchen grundsätzlich ein neues Selbstbild, eine neue Art, sich mit den Themen dieser Welt zu befassen. Sie brauchen auch ein neues berufliches Profil, um dann entsprechend selbstverständlich das Liebesthema einbeziehen zu können. Ich sage dies ohne Verurteilung, aber ist es nicht ein Wahnsinn, daß viele Frauen, trotz all den erschütternden Dingen, die gerade auf der Erde passieren, die Hauptfrage haben, ob sie einen Mann kriegen oder nicht, ob sie schön genug sind oder nicht…? Laßt uns wieder erkennen, was zu tun ist. Laßt uns die Quellen der Vollmacht entwickeln, die uns befähigen zu handeln. Laßt uns die Schönheit finden, die aus der Anteilnahme und Verantwortlichkeit der Welt gegenüber kommt, statt irgendwelchen männlichen Maßstäben zu folgen, die nicht unsere eigenen sind. Wie lange sind wir dem Glaubenssatz gefolgt und folgen ihm immer noch: "Du bist erst dann eine richtige Frau, wenn du einen Mann hast." Nein. Aber du wirst Männer haben, so viele du willst, wenn du dich wieder auf dein eigentliches Frausein besinnst. Die Erde wartet darauf, daß wir uns wieder auf unsere eigentliche Aufgabe besinnen, auf den Schutz und die Fürsorge für den Planeten Erde. Von dieser geistigen Ebene aus können wir uns dann auch über Männer verständigen. Aus diesem Engagement suchen wir uns die Freunde und Freundinnen, die uns darin unterstützen. **Wir haben Angst, solange wir unsere Aufgabe nicht kennen. Wenn wir unsere Aufgabe kennen und angenommen haben, dann müssen wir uns weniger um unsere Partner sorgen. Sie kommen von selbst.** Und es ist selbstverständlich, daß ich mir wünsche, daß mein Partner auch meine Freundin unterstützt, da wo sie ihn brauchen kann, auch sexuell.

Wenn wir uns beruflich verständigen könnten, weil wir das Liebesthema in unsere berufliche Perspektive einbeziehen, weil wir professionell an anderen Liebesmöglichkeiten arbeiten, dann sähe die Kommunikation unter Frauen gleich anders aus. Wir haben uns lange im Hintergrund gehalten. Vielen ist es dabei gelungen, ihre weiblichen Urqualitäten zu bewahren und zu schützen. Wir haben sie in der Familie oder in pflegenden Berufen entfaltet. Wir sind jetzt aufgerufen, sie noch viel weiter zu entfalten und in alle Kernbereiche der Gesellschaft hineinzutragen. Wir Frauen sollten die Tatsache, daß unsere eigentlichen Qualitäten in dieser Gesellschaft so wenig verplant und vorprogrammiert sind, nutzen. Unsere eigentlichen Berufe sind Berufe der Zukunft.

Es geht um eine weiche Revolution, nicht um einen Einstieg in bestehende Strukturen.

Unsere Chance ist es, daß wir die weiblichen Berufsbilder gleich an einer neuen sozialen und gesellschaftlichen Lebensweise orientieren. Frauen sind es, die die neuen sozialen Strukturen wesentlich vorbereiten und aufbauen müssen. Eine Frau wird ihren natürlichen Begabungen entsprechend das Thema der Liebe in ihren Beruf immer einbeziehen. Egal, in welcher Richtung sonst ihre berufliche Qualifizierung liegt, sie wird ihre natürliche Funktion, die sie auch in den alten matriarchalen Strukturen hatte, Pol für den Mann und Quelle für das gesellschaftliche Leben zu sein, annehmen und für ein soziales Leben der Kommunikation und Transparenz sorgen. Wenn Frauen sich nicht einfach an die bestehenden Strukturen anpassen, dann haben sie einen ausgeprägten Sinn und ein Feingefühl für soziale Notwendigkeiten und Gerechtigkeit. Diese Qualität können wir als Sekretärin genauso einsetzen wie als Firmenchefin. Ich denke aber, daß sich diese Berufsbilder in einer weiblichen Kultur sehr verändern werden. Unsere zukünftigen weiblichen Privilegien, die wir entwickeln und entfalten werden, egal in welchem

Beruf, sind nun einmal: unsere sexuelle Kraft und unser erotisches Wissen, unsere Intuition, unsere Ausdauer und Liebe zum Detail, unser natürlicher Instinkt und unsere Kraft der Pflege und Fürsorge für alle Kreatur. Es gibt viele andere Qualitäten, aber ich nenne gerade diese, weil sie sogar von einem Teil der Frauenbewegung als weiblich im alten Sinn und damit als minderwertig angesehen werden. Das alles sind Qualitäten, die in den Hafen der Ehe zurückgedrängt wurden. Nicht die Qualitäten selbst sind minderwertig, sondern wir haben sie in einem viel zu kleinen Rahmen eingesetzt. Und wir haben es zugelassen, daß sie dadurch immer weniger wertgeschätzt wurden.

Wenn wir unsere berufliche Perspektive unter diesem Aspekt sehen, neue Möglichkeiten für das Liebesleben insgesamt zu schaffen, dann verändert sich das Verhältnis zu den Männern, zu den Frauen und zu unserer politischen Aufgabe. Es wird nüchterner, professioneller und zugleich schöner und reichhaltiger.

Wir arbeiten an der Frauensolidarität als neuer Basis. Wir unterstützen jüngere Frauen in ihrer Entwicklung. Der ewige Konkurrenzkampf unter uns Frauen hört dadurch auf, daß keine Frau mehr einen Mann ganz für sich haben will. Der Konkurrenzkampf unter den Frauen hört dann auf, wenn sie auch die letzten Reste, einen Mann ganz für sich haben zu wollen, überwunden haben. Die heimliche Angst vor der anderen Frau bleibt solange bestehen, wie sie befürchtet, daß die andere den Geliebten ganz für sich haben möchte. Diese Angst bekommt aber nur solange Nahrung, wie die Frau diese heimliche Hoffnung in den Schlupfwinkeln ihrer Seele selber noch pflegt. Denn nur solange pflegt sie auch in ihrem Geliebten das Bild, daß er eigentlich eine Frau für sich haben möchte und daß da eine andere kommen könnte, die das besser versteht. Eine Frau, die den Wahnsinn dieser Art von Partnerbindung eingesehen hat, wird von selbst Freundschaften suchen und aufbauen, die diese Ausschließlichkeit nicht mehr erlauben. Sie wird einen Mann, den sie liebt, natürlich darin unterstützen, daß er sich öffnen kann gegenüber anderen Frauen, und sie wird ihm trotzdem auf eine neue Art treu sein. Und sie wird andere Frauen darin unterstützen, daß sie die Partnerfixierung überwinden können und teilnehmen an einem viel größeren Bild der Liebe. In einem neuen Frauenfeld werden die Frauen zusammenkommen, die entschlossen sind, untereinander eine neue weibliche Kultur aufzubauen, und sie werden sich und ihr Wissen den Männern ohne falschen Machtmißbrauch zur Verfügung stellen. Wir verständigen uns darüber, was wir an den Männern lieben und wie wir zu dem kommen, was wir brauchen. Liebe ist universell. Wenn eine Frau in diesem Sinn eine Stunde mit einem Mann verbringt, der sie sucht, dann kann sie ihm mehr geben als in zwei Jahren Ehe. Das ganze Bild der Partnerschaft wandelt sich. Eine Frau wird keinem Mann mehr hinterherlaufen. Sie wird nicht mehr den Märchentraum von privaten Liebesbeziehungen träumen. Die Frauenfreundschaft kann beginnen. Frauen merken auf einmal, welche Rolle sie für die Männerwelt haben und welche Verantwortung. Sie sind froh, daß da andere sind, damit die ganze Projektion des Mannes nicht an einer allein hängenbleibt. Man kann sich die Arbeit teilen. Plötzlich sind wir froh, daß wir nicht allein erfüllen müssen, was ein Mann einer Frau an Hoffnung und Verlangen entgegenbringt. Und wenn wir einen gefunden haben, der uns beglückt, dann verschließen wir unsere Augen nicht mehr länger vor den vielen anderen Männern, die unsere Kraftquelle auch suchen und brauchen. Wir verständigen uns darüber, was die Männer brauchen und was wir brauchen. Wir suchen die Seiten am Mann auf, die jede Frau lieben würde. Für diese Entwicklung brauchen die Frauen die Gelegenheit, tiefer in die Verständigung einzutreten. Deshalb werden wir dafür sorgen, daß Räume entstehen, wo wir uns verständigen können über unsere intimsten Angelegenheiten.

Durch diese Wandlung unseres Liebesbildes haben irgendwann auch die sogenannten starken Männer eine Chance, ihr "Revierhirschdenken" zu überwinden. Jeder Ort verträgt nur einen Platzhirsch. So denkt der alte Zuhälter und der starke Mann. Männer handeln da so, als handle es sich um ein Naturgesetz, so daß man die zoologische Torheit, die dahinter steckt, kaum noch bemerkt. Es liegt an uns Frauen, unseren intimen Wunsch zu verwirklichen, verschiedene starke Männer zusammenzubringen. Es bedarf einer weiblichen weichen Macht, um Männern die Absurdität ihres Verhaltens zurückzuspiegeln, ohne sie dafür zu verurteilen.

Frauen haben die Fähigkeit, unkorrumpierbar, klar und trotzdem ohne Verurteilung und Wut zu agieren. Das ist eine der wichtigsten Fähigkeiten, die wir professionalisieren müssen, denn dadurch erreichen wir auf eine weiche Art unser Ziel der sozialen Veränderung. Da, wo es unter Männern längst krachen würde, da verstehen es Frauen, ohne falsche Diplomatie zu versöhnen und zu verbinden. Sie müssen sich ja nicht mehr länger nur hinter ihren Gatten stellen, sondern hinter das, was sie am Mann überhaupt sehen und lieben können. Frauen, die dabei bleiben können, die verwandeln auch die härtesten Männerstrukturen durch beharrliche Kontinuität.

Wir müssen auf diesem Weg allerdings mit vielen Widerständen rechnen. Das könnten wir privat niemals durchstehen. Es handelt sich um die Herausbildung eines neuen weiblichen Archetyps und einer neuen weiblichen Bewegung. Deshalb ist es so entscheidend, ob wir ein Geschichtsbewußtsein von der Notwendigkeit einer Frauenbewegung entwickeln, die sich tatsächlich auf weibliche Qualitäten beruft.

Ich glaube nicht, daß es Berufssparten gibt, für die Frauen nicht geeignet sind. Überall werden Frauen gebraucht, damit das weibliche Element einziehen kann in Architektur, Ökologie und Heilung. Entscheidend ist, ob der Kategorienwechsel im Denken gelingt. Und egal, in welcher Sparte die Frauen arbeiten, der Hauptwechsel besteht in dem Ausstieg aus dem privaten Dasein und in dem Eintritt in die soziale Verantwortung. Rollenwechsel in der Liebe, das ist die weibliche Revolution, und darin liegt auch die positive Perspektive der Frau. Wir dürfen unsere Anker hinauswerfen und eine neue weibliche Ikone herausbilden: die neue Frau, die mit dreißig und mit siebzig gleichermaßen auf dem Höhepunkt ihrer geistigen und sinnlichen Kraft steht, die im Herzen der Gemeinschaft steht und ihre soziale Aufgabe im Bereich der Liebe kennt und akzeptiert, die deshalb zur vollen Vertrauensperson und Orientierung geworden ist für Kinder, für Jugendliche und für ihre Geliebten, die ihre Anker hinauswirft in die Welt. Und da sie den Liebeskitsch vom Märchenprinzen der Vergangenheit übergeben hat, ist sie frei für eine umfassendere Wirklichkeit, frei für realistische Partnerschaften, frei für mehr Menschen und Kreaturen, die schon so lange auf sie gewartet haben. Partner findet sie auf diesem Weg allemal.

2

Ein Blick auf die Situation der Männer

Meine Gedanken und Ziele gehen nicht in die Richtung der Vergeltung, sondern der Versöhnung. Der Geschlechterkampf soll auf beiden Seiten beendet werden. Wir wollen auch die positiven Aspekte der patriarchalen Epoche nicht unterschlagen. Es gibt zum Beispiel eine positive Frucht am Baum der Erkenntnis, die aus der langen Leidensgeschichte des Patriarchats hervorgegangen ist: es ist das objektive Denken. Es hat uns die Freiheit des Menschen, die Machbarkeit und Lenkbarkeit aller Dinge vor Augen geführt. Es hat uns auch mit dem historischen Denken vertraut gemacht. Es hat Analyse, Systematik und Ordnung hineingebracht in das Chaos der uns umgebenden Dinge. So wahr ich eine Frau bin, möchte ich von dieser Art des Denkens lernen und mit ihr in Kooperation treten. Das objektive Denken ist tatsächlich eine hohe Kunst der Erkenntnis, die wir lieben und die erst dann ihre wirklichen Früchte tragen wird, wenn sie wieder eingebettet wird in ein großes Ganzes, das von Liebe und Teilnahme getragen ist.

Es gab in der Kulturgeschichte des Mannes viele Sozialutopien und chiliastische Bewegungen, allen voran Jesus und die urchristlichen Gemeinden, Franz von Assisi oder Joachim de Fiori, Thomas Münzer, Robert Owen oder Charles Fourier, vor denen ich als Frau mit großem Respekt stehe, auch heute noch. Der hohe Geist von Nächstenliebe und Humanität hat in vielen kulturgeschichtlichen Ansätzen durch die Jahrhunderte hindurch gewirkt als Gegenkraft zum institutionalisierten Vernichtungswillen von Kirche und Staat. Was aber allen oder fast allen dieser Ansätze in den letzten 2000 Jahren gefehlt hat, war der sinnlich-weibliche Geist, der Geist der Verbundenheit mit allem Leben und allem Sein. Jesus hatte zwar die Hure Maria Magedalena als seine Lieblingsfrau an seiner Seite, aber in die männliche Geschichte ging sie nur ein als seine Jüngerin, die von ihm bekehrt wurde. Hätte Jesus, so frage ich als Frau, seine Liebesbotschaft überhaupt in dieser Freude bringen können, wenn er sie nicht auch sinnlich mit dieser Frau erfahren hätte? Lenin hatte Aleksandra Kollontaj an seiner Seite, die sich für den Geist der freien Liebe einsetzte. Aber auch zu ihrer Zeit war die Zeit noch nicht reif für eine weibliche Revolution. Was fast allen männlichen Visionen von einer besseren Welt gefehlt hat, war ein tieferes Verständnis für den Eros, für die sexuelle Natur des Menschen, für die Polarität der Geschlechter und die daraus folgende Grundspannung aller Lebensvorgänge. Die Polarität alles Seienden, auch die von Gut und Böse, wurde – wie bei den Manichäern – als feindseliger Gegensatz gesehen und nicht im Sinne einer versöhnenden Ergänzung und Integration. Das Resultat dieser linearen, unverbundenen Denkweise waren Kriege zwischen den Völkern, aber auch Kriege gegen alles Fremde, Andersartige, Bedrohliche. Auch der Krieg des Menschen gegen sich selbst, vor allem gegen seine sogenannten "animalischen", nämlich sexuellen Impulse. Es hat sich ein Machtbegriff entwickelt, der immer mit Herrschaft und Unterdrückung verbunden war. **Männermacht war immer die Macht zu strafen, zu unterdrücken und Leben zu vernichten. Frauenmacht ist die Macht, Leben zu erzeugen und zu pflegen.**

Die Situation der Männer ist bestimmt nicht leichter als unsere eigene. Die männliche Kraft ist ja so hart geworden, weil sie kein wirkliches Gegenüber finden konnte, keine wirkliche Korrektur, denn die Frauen selbst haben sich ja weitgehend mit dem patriarchalen Denken identifiziert. Wir dürfen nicht vergessen: Es waren Mütter, die ihre Söhne geboren haben, die sie in den Krieg geschickt haben oder in die Politik. Es waren Mütter, die ihren Söhnen beigebracht haben, daß sie nicht weinen dürfen, die ihnen Kriegsspielzeug gaben und sie zum stolzen und starken Vorzeigemodell einer patriarchalen Welt entwickeln wollten. Bei ihren Müttern stießen die Söhne von Anfang an auf die doppelgründige Situation, daß sie sinnlich geliebt und doch zurückgewiesen wurden. Die Frauen, die Mütter und Großmütter, haben alle sehr aktiv mitgespielt in jenem fürchterlichen Szenarium, welches wir die "patriarchale Epoche" nennen. Und sie spielen heute noch mit, wenn sie versuchen, unter dem falsch verstandenen Begriff von Frauenemanzipation die männlichen Wert- und Zielvorstellungen zu ihren eigenen zu machen.

Es ist jetzt nicht mehr die Zeit der großen Abrechnung mit dem anderen Geschlecht. Die Stunde der großen Umbesinnung ist für beide Geschlechter gekommen. Männer wie Frauen sind gleichermaßen aufgerufen, sich auf ihre eigentlichen Wurzeln und Lebensquellen zu berufen und sich von den alten Rollen zu lösen. Die alten Rollen waren ja nie ganz eindeutig. Hinter männlicher Härte verbarg sich oft Hilflosigkeit und Schüchternheit. Hinter der männlichen Herrschaft über die Frau verbarg sich oft das genaue Gegenteil: die Angst vor der Frau, die Abhängigkeit der Söhne von den Müttern, die Sehnsüchte des Mannes nach weiblicher Dominanz und Führung. Fast in jeder Liebesstunde, die ich mit meinen Kunden durchgeführt habe, berührten wir dieses große, unterschwellige Thema des Mannes: seine Unterwerfungsbereitschaft unter die Welt der Mütter und seine Sehnsucht nach voller Hingabe an die Macht und Führung der Frau. Die Männer sind Söhne geblieben, auch wenn sie sich noch so riesenhaft aufgebläht haben. Eine Frau, die diese tiefe Sohnesnatur der Männer durchschaut, läßt sich nicht mehr beirren, sie reagiert aber auch nicht mehr mit Verachtung. Wie denn hätten sie wirkliche Männer werden können, nachdem sie die Frauenwelt dermaßen verkleinert hatten, daß ihnen die wirklichen Partnerinnen fehlten? Es gab keine Partnerschaft zwischen den Geschlechtern, weil sie sich beide unter verstellten Rollen begegnet sind und weil sie sich beide auf der Ebene dieser fürchterlichen Maskierung nicht ernstnehmen, nicht sehen, nicht lieben konnten.

Die Bilanz, die wir nach allen diesen geschichtlichen Alpträumen ziehen müssen, ist für Männer wie für uns Frauen nicht gerade angenehm. Unsere Kinder und Enkel werden uns eines Tages fragen: Warum habt ihr da mitgemacht? Es ist dieselbe Frage, die einige von uns an ihre Eltern gestellt haben, nachdem wir entdeckt hatten, daß sie irgendwie an dieser jüngsten Epoche des Faschismus beteiligt gewesen sein müssen. Soll unsere Antwort wieder so lauten wie die ihrige: "Wir haben das ja alles nicht gewußt, und was hätten wir denn tun können?" Dieser Spuk muß jetzt definitiv ein Ende haben. Wir beenden ihn, indem wir anfangen, einander zu sehen und zu erkennen, bevor wir wieder damit anfangen, uns gegenseitig zu verurteilen.

Was erwarten wir Frauen von den Männern der Zukunft? Die Männer werden mit ihrer eigenen Vergangenheit genauso gründlich abrechnen müssen wie wir Frauen. Hört auf, uns eure Kraft oder Überlegenheit beweisen zu müssen. Hört auf, den Gockel zu spielen. Hört auf, eure Potenz dadurch zu sichern, daß ihr euch auf den alten, hohlen Sockel von Belehrung und Verachtung stellt. Liebende Frauen suchen weder den starken Mann noch den schwachen Mann, sondern den aufrichtigen, ehrlichen, partnerschaftlichen Mann. Die neuen Männer werden zu uns halten und tun es schon jetzt, weil sie die Notwendigkeit unserer Revolution auch für sich selbst verstehen und begrüßen. Eure Männlichkeit soll ein Dienst an der Frau sein, genau wie umgekehrt. Haltet uns nicht mehr vor, daß Geschichte, Wissenschaft und Technik von Männern gemacht wurden, sondern erkennt den Beitrag, den ihr selbst zu den zerstörerischen Aspekten dieser Entwicklung geleistet habt. Wir lieben euren Geist, wenn ihr ihn uns gegenüber nicht mehr als Belehrung und Arroganz zeigt. Tretet mit uns zusammen ein in den großen Geist der Wandlung und Versöhnung, der damit beginnt, daß wir unsere Mittäterschaft erkennen und beenden. Helft mit, daß Frauen wieder Frauen werden können in ihrer ganzen sinnlichen Kraft und Vollmacht. Hört auf, sie regieren und besitzen zu wollen. Helft mit durch eure Solidarität, euren Einsatz und eure freudige Besinnung auf eure absolute Verbundenheit mit allem, was weiblich ist. Hört auf, die Tränen der Frauen zu belächeln, sondern weint eure eigenen Tränen, die Tränen der Erkenntnis. Laßt uns diese Tatsache wieder sehen, daß es kein Leben und auch keine Männer gibt ohne Frauen, und umgekehrt. Wenn wir uns von den alten Mustern verabschieden, dann kommen wir vielleicht schüchtern und mit leeren Händen aufeinander zu, aber wir werden merken, welche Fülle wir uns zu bieten haben, wenn wir vollkommen ausgestiegen sind aus unserem Kampf. Erst dann werden das Fest der Begegnung, die Feier der Wollust und die Politik der Liebe beginnen können. Hier und da hat es ja schon angefangen...

3

Eine neue Liebe zu den Männern

Unsere neue Liebe zu den Männern kommt wie alle Geschlechterliebe aus der Lust an der Vereinigung, an der Wiedervereinigung. Frau und Mann, die beiden Hälften des Menschen, müssen ja zusammenkommen, damit ein Ganzes entstehen kann. Der Mensch besteht aus beiden Geschlechtern und kann sich selbst erst finden und erkennen, wenn die beiden sich in Liebe gefunden und erkannt haben. Nicht die Zurückweisung der Mannesliebe, sondern ihre endgültige Befreiung und Bewahrung ist unser Ziel. Ich spreche als Frau mit allen meinen weiblichen Eingeweiden und Zellen, und ich weiß, daß ich hier nicht alleine spreche. Ich habe so viele Männer kennengelernt, die ich hätte lieben können, wenn eine Verständigung möglich gewesen wäre. Eine neue Frauenbewegung wird alles dafür tun, damit es möglich wird. Die neue Frau braucht dafür den neuen Mann.

Unsere neue Liebe zu den Männern besteht in erster Linie darin, daß wir entschlossen den Weg unserer weiblichen Stärke gehen und entwickeln. Lange genug haben wir in den letzten Jahren und Jahrzehnten versucht, die Männer nachzuahmen, und uns dabei zu emanzipierten Marionetten der männlichen Kultur degradiert. Die neue Liebe zu den Männern kann erst da beginnen, wo wir diesen Wahnsinn durchschauen. Wir können den Männern nicht partnerschaftlich begegnen, indem wir sie nachahmen, sondern nur dadurch, daß wir unsere eigenen Quellen und Kräfte wiederfinden. Die Schönheit, die der Mann mit Recht an uns liebt, kann nicht mehr nur ein Spiegelbild seiner eigenen Projektionen sein. Die wirkliche Schönheit und die Magie der Liebe kommen aus unserer eigenen unverwechselbaren Identität als Frau.

Sie kommt aus der weiblichen Quelle des Lebens, aus der weiblichen Form von Kontakt und Teilnahme, aus der weiblichen Macht für die Pflege und den Schutz des Lebens. Unsere Schönheit ist archaisch wie unser ganzes Geschlecht, und die mythologische Liebe, die uns mit dem Mann und den Mann mit uns schon immer verbunden hat, darf in dieser Tiefe ans Licht kommen. Lange genug haben wir heimlich Regie geführt, haben den Aufbruchsgeist unserer Sohnmänner zu domestizieren und an uns zu binden versucht. Lange genug sind die von uns geliebten Männer nie vom Rockschoß ihrer Mütter losgekommen. Lange genug waren sie impotent, wenn es darum ging, der Frau als Partner zu begegnen. Lange genug hatten sie diese anonyme Angst vor uns, wegen der sie uns im Mittelalter fast ausrotten wollten. Lange genug haben wir uns als Opfer verhalten und geschwiegen.

Unsere neue Liebe zu den Männern besteht darin, daß wir sie nicht mehr so lassen, wie sie sind. Wir wollen ohne jede Arroganz unsere Kraft und unser weibliches Wissen dafür einsetzen, daß sie liebende, ehrliche, sensible, erwachende, intelligente Partner werden. Wir werden uns ihnen in unserer Liebe nicht mehr unterwerfen, werden auch nicht mehr ihre bodenlosen Torheiten tolerieren, sondern wir werden sie so lieben, daß sie aus ihrem selbstgebastelten Alptraum erwachen und zum Leben zurückkehren. Es kann durchaus sein, daß die Männer gerade dann, wenn sie merken, daß Frauen stark werden und schön und begehrenswert und daß sie ihr Herz öffnen für mehr als nur den einen Mann, wieder anfangen werden, die Frau zu belehren, zu verkleinern oder zu fliehen. Aus wievielen ängstlichen Männergesichtern kommen heutzutage belehrende Worte, wenn sie vor der möglichen Situation stehen, ihre Geliebte zu verlieren! Welch' honigsüße oder moralisch-ernste Beredsamkeit überfällt unsere Partner, wenn sie merken, daß wir dabei sind, den kleinen Weg zu verlassen, den sie für uns gewählt hatten! Und gerade hier liegt auch unsere Probe: Bricht frau dann zusammen, wird sie klein, wütend, rachsüchtig, oder verkörpert sie tatsächlich die geistigen Regeln einer neuen weiblichen Macht? Es kann lange dauern, bis es zu einer wirklichen Versöhnung kommt, und wir sollten unseren Entschluß zur Entfaltung weiblicher Liebespotenz nicht mehr davon abhängig machen, wie weit sie bereits akzeptiert wird vom Mann.

Man darf sich die neue Liebe zu den Männern nicht allzu friedlich, romantisch, aufopfernd und harmonisch vorstellen. Es ist nicht mehr die alte Liebe zu dem Märchenprinzen, der uns beschützend in die Arme nimmt. Auch der stärkste Mann kann dieser Projektion nicht standhalten.

Es bedarf schon manchmal echter Reibungen und Konflikte, um den eigenen Standpunkt wirklich finden und vertreten zu können. Zur Dominanz gehören Wesen, die sich dominieren lassen. Zu unserer bisherigen Liebe zum Mann gehörte eine gehörige Portion Ignoranz. Es gehörte der unbewußte Wunsch dazu, dominiert zu werden. Und es war alles andere als Liebe. Man muß auch erst mal bei sich an den Punkt gekommen sein, an dem man plötzlich einen vermeintlichen Freund als Feind wahrnimmt und sieht, daß man ihn innerlich tatsächlich immer wieder bekämpft, um den tiefen Geist der Versöhnung und Verständigung, der gefordert ist, überhaupt entwickeln zu können, um sehen zu können, was für Irrtümer wir alle begangen und sie "Liebe" genannt haben. Unsere Liebe zu den Männern folgt nicht mehr der Strategie der Beschwichtigung und Konfliktvermeidung, die unsere Mütter so aufopfernd und leidend wählten. Sie haben den Weg der Aufopferung gewählt, weil sie den Mut verloren haben, sie selbst zu sein.

Jetzt nehmen einige von uns den Mut zur Qualität der Ausdauer und Geduld auf neuer Ebene gerne wieder an. Wir entwickeln eine neue Bühne für die Entfaltung dieser Qualitäten, eine Bühne, die viel größer ist als die sogenannte Liebe zu einem einzigen Mann. Wir wollen und werden uns auf einer Bühne bewegen, die eine geschichtliche Wende einzuleiten vermag. Es waren die Mütter, vor denen die Männer geflohen sind im Aufbau und der Verwirklichung der patriarchalen Welt. Und deshalb haben auch wir Frauen versucht, vor dem Aspekt der Mutter in uns selbst zu fliehen, und erschrecken noch heute davor. Um zu einer wirklichen Liebe zu den Männern zu finden, müssen wir aber diesen tiefen Mutteraspekt, das Leben auszutragen und zu gebären, Leben zu hüten, diesen rein biologischen Mutteraspekt, an der Schwelle des Lebens und der Wiedergeburt zu stehen, wiederfinden und versöhnen. Ich meine den Mutteraspekt in uns, der unabhängig davon besteht, ob wir selbst Kinder haben wollen oder nicht. Dieser weibliche und auch sexuelle Aspekt braucht Entfaltung, um überhaupt zur Liebe fähig zu sein. Dieser weibliche Aspekt birgt in sich selbst ein neues Verhältnis zum Tod und zum Leben. Die eigentliche kreatürliche Liebe zum Leben verbindet sich mit jeder wirklichen Liebe zum Mann. Unsere Liebe zum Mann braucht von ihrem Wesen her die Verbindung zur Welt, um sich nicht in ihr Gegenteil zu verkehren. Muttersein ist ein universeller Aspekt der Frau. Wenn wir unseren wirklichen Liebesimpulsen folgen, dann merken wir, daß wir viel weniger persönlich lieben, als wir dachten. Liebe schlägt deshalb um in Haß, weil wir sie in viel zu enge Kanäle einer persönlichen Beziehung zwingen mußten. Dieser Zwang besteht aber nicht mehr, wir haben uns nur häuslich darin eingerichtet. Der Mutteraspekt ist ein universeller und immer auch ein sexueller Aspekt. Es ist eine besondere Art, die Welt zu sehen, zu lieben und wahrzunehmen, die wir und die Männer so dringend wieder brauchen. Darin besteht unsere Liebe zum Mann. Wir kommen nicht umhin, daß der Mann immer die Mutter in uns sucht und flieht. Wenn wir selbst ihn deshalb auch fliehen und bekämpfen, dann ist ja klar, daß die Welt in Unordnung gerät. Es ist ja gerade das sogenannte dunkle Prinzip der weiblichen Macht, das ausgegrenzt und bekämpft wurde und das jetzt neu integriert werden will.

Versöhnung der Geschlechter: Das ist zunächst wohl weniger eine Frage von Symbiose und Vereinigung, sondern die Schaffung einer solidarischen Plattform, auf der man sich sehen und erkennen kann. Vielleicht sollten wir erst einmal weniger von Liebe sprechen. Zunächst einmal geht es um die Schaffung einer wirklichen Solidarität, um die Loslösung aus jeder Art von Bevormundung und Opferhaltung. Welche Energie und Schönheit werden frei, wenn wir zulassen, daß wir eben anders sind. Das Fest der Begegnung zwischen Männern und Frauen kann beginnen, indem wir unsere echten Polaritäten wieder erlauben. Die Anziehung der Geschlechter lebt von dieser Polarität. Erica Jong beschreibt es treffend, wie bisher die Geschlechterliebe immer den Verlauf nahm, daß wir gerade das am anderen versuchen zu töten, was wir zu Beginn an ihm geliebt haben, weil es eben anders war. Den anderen gleichmachen zu wollen, das schien bisher ein undurchschautes Naturgesetz zu sein, das die anfängliche Liebe und Ehrfurcht vor dem anderen Geschlecht zerstört hat. Diesem scheinbaren Naturgesetz der Liebe werden wir nicht mehr einfach ohne Hinterfragung folgen. Es geht bei der Lösung dieses Themas weder um die Schaffung neuer Abhängigkeiten noch Unabhängigkeiten. Wir hängen alle viel mehr voneinander ab, als wir wahrhaben wollen. Und wir stehen viel mehr in Beziehung zueinander, als wir wahrhaben wollen. Wir haben aber auch viel mehr Freiheit, als wir wahrhaben wollen.

"Ich bin abhängig von dem, was andere tun." Frauen haben diese Wahrheit lange genug gefühlt, erlebt und durchlitten, um sie jetzt auf einer neuen Ebene bewußt durchschauen und gestalten zu können. Die neue Frau weiß das und akzeptiert das. Und sie weiß eben auch, wieviel davon abhängt, was sie tut.

Bisher besteht die Geschichtsschreibung aus einer Geschichte von Tätern und Opfern. Und oft genug sind die Opfer in ihrer ganzen Aufbäumung gegen die Täter selbst zu grausamen Tätern geworden. Diese Geschichte von Opfern und Tätern basiert überall auf der Verdrängung der sexuellen Wirklichkeit. Wir Frauen werden solange in der Opferrolle bleiben, solange wir unsere sexuelle Natur verdrängen. Und Männer werden solange in der Täterrolle bleiben, wie sie ihre sexuelle Verbundenheit und Abhängigkeit von der Frau verdrängen und verleugnen. Es ist unsere Aufgabe, daß wir mit unserer sexuellen Natur eine neue menschliche und gesellschaftliche Kraft aufbauen, damit Sinnlichkeit, Lust und Freude eine Grundlage menschlicher Kultur werden können. Wenn wir die Macht und Wirksamkeit erkennen und verantwortlich übernehmen, die unserer sexuellen Natur zugrunde liegt, dann wird sich das Rad der Geschichte ein ganzes Stück weiterdrehen. Wir haben die Geschichte des Opferdaseins gründlich genug durchlebt und durchlitten, um jetzt unseren geschichtlichen Beitrag leisten zu können, damit niemand mehr Opfer sein muß. Unser weibliches Selbstbewußtsein und die Aneignung unserer weiblichen Macht wird ein Beitrag dazu sein, daß Männer wie Frauen ihre sinnliche und sexuelle Natur wieder bejahen, als Beginn einer Erkenntnis, die aus der gegenseitigen Ergänzung kommt. Wir pflücken den Apfel erneut vom Baum der Erkenntnis, und dieses Mal lassen wir uns nicht mehr vertreiben aus dem Paradies der Erkenntnis unserer sinnlichen und sexuellen Wirklichkeit, aus der die wechselseitige Partnerschaft und Beheimatung der Geschlechter entsteht. Es gibt keine Söhne, die nicht zuerst neun Monate, bevor sie das Licht der Welt erblickten, im Leib ihrer Mütter ausgetragen wurden. Und es gibt auch keine Söhne oder Töchter, die sich in den Leib von Müttern hätten einnisten können ohne den sinnlichen Akt der Zeugung. Wir nennen das Sexualität. Weltanschauungen und Religionen, die an dieser Tatsache vorbeischauen, sind lebensverneinende Kräfte.

Niemand mehr wird uns zwingen können, an dieser Tatsache vorbeizuschauen, und wir werden auch niemanden mehr für die Tatsache bestrafen, daß sich sein Phallus auf Grund unserer weiblichen Ausstrahlung erhebt. Wir rücken die eigentliche Quelle unseres Lebens, aus der wir alle kommen, wieder ins Zentrum, das uns heilig ist. Wir schützen und pflegen diese Quelle. Diese sexuelle Quelle an und in uns hat man gehaßt und bestraft, erniedrigt und beleidigt. Das hat uns in das Opferdasein geführt. Indem wir selbst jetzt wieder diese Quelle in uns bejahen und hervorrufen, treten wir ein für die Wirklichkeit unseres gesamten biologischen und irdischen Diesseits. Wer die Sexualität zu etwas Niedrigem und Schlechtem degradiert, der degradiert damit sich selbst, seine Herkunft und biologische Wahrheit. Es ist aus weiblicher Sicht selbstverständlich, daß er damit auf Wege kommt, die zur Lebensvernichtung führen. Erst in der Heilung und Heiligung der sexuellen Quelle finden wir den Ausweg aus der Geschichte von Tätern und Opfern und den Eintritt in das Paradies der Selbstbejahung, der Verantwortung und liebenden Teilnahme am Anderen. Diese innere weibliche Logik ist so zwingend, daß wir ihr folgen müssen. Was ein Paradies wie das matriarchale Kreta für mich so verheißungsvoll macht, ist die Tatsache, daß die Menschen, die dort lebten, diese sinnliche Quelle in ihrem Leben selbst zu heiligen wußten. Das Leben selbst war ihre Religion, ihr heiligster Altar. Sie brauchten keinen Gott im Jenseits, sie brauchten auch keine Reiche zu erobern und ihnen ihre Weltanschauung aufzuzwingen. Sie brauchten keinen Erlösungsmythos, denn ihre Erlösung und ihr Heiligstes lag in ihrem Leben selbst, in der Gegenwärtigkeit des Eros, der Sinnlichkeit in all ihren Handlungen. Wenn ich als Frau an eine Befreiung glauben kann, dann muß die Befreiung im Diesseits liegen. Der Alltag selbst will seinen heiligen Glanz wiederfinden, durch die Vergegenwärtigung unseres sinnlichen Daseins und auf diesem Wege ganz sicher auch durch die Vergegenwärtigung unserer spirituellen, universellen Existenz.

Wir heilen diese Erde, indem wir unseren Leib wieder in den heiligen Dienst dieser göttlichen und irdischen Präsenz stellen. Möge unser sexueller Ursprung durchleuchten durch all unser Tun, durch die Entdeckung, Bejahung und Entfaltung des Eros. Besonders im Akt der sinnlichen Liebe feiern wir die Präsenz und Gegenwärtigkeit für die Heilung und Heiligung unserer Ursprünge. Wir feiern unsere Hochzeit mit den Männern nicht mehr dadurch, daß wir uns auf die Enge einer persönlichen Beziehung einlassen, sondern wir lassen den universellen Eros einziehen in alle unsere Tätigkeiten und füllen damit alle unsere persönlichen Beziehungen. Sex ist keine Sache mehr ausschließlich für die Nacht und die dunklen Schlafzimmer. Er ist auch keine Privatangelegenheit, denn er ist universell. Der Eros selbst soll das Tageslicht der Welt erblicken. Wir brauchen dafür keinen Weihrauch, keine Päpste, keine Kirchen. Wir tragen das Geheimnis der Entstehung allen Lebens in uns und werden es zu hüten und zu verschenken wissen. Die Männer, die das zu ehren und zu lieben verstehen, sind unsere Freunde, unsere Geliebten und unsere Partner. Die Partnerschaft der neuen Epoche wird sich nicht mehr aufeinander beziehen, sondern auf die Themen dieser Welt. In diesem Sinn möchte ich von der beginnenden partnerschaftlichen Epoche sprechen.

4

Die Liebesschule

Ein weiblicher Beruf der Zukunft

Im folgenden beschreibe ich eine Berufssparte, die aus einer neuen Frauenbewegung hervorgehen wird. Ich beschreibe diesen Beruf sehr konkret, wohl wissend, daß er erst ausgeübt werden kann, wenn es ein soziales und politisches Feld dafür gibt. Sollte es zu Wiederholungen kommen aus den vorangegangenen Kapiteln, dann liegt es daran, daß mir die Lösung dieses Themas so wichtig ist, daß ich es nur immer wieder wiederholen kann.

Angst und Impotenz

Ich habe inzwischen viele Männer erfahren. Und wenn ich mit ihnen in einen intimeren Kontakt gekommen bin, dann habe ich keinen kennengelernt, der nicht im Innersten vom gleichen Thema bewegt war. Sexualität und Angst. Angst vor Impotenz. Egal aus welcher Schicht oder Klasse er kam. Ich kann es nur immer wieder mit Staunen feststellen, wie sehr für den Mann das Potenzthema im Mittelpunkt steht. Selten oder nie hat ein Mann die Möglichkeit, darüber wahrhaftig zu sprechen, denn gefordert wird ja von ihm der starke Mann. Frauen reagieren mit Abwehr oder Beschwichtigung. Die fatale geschichtliche Entsprechung zur männlichen Impotenz liegt im Schweigen der Frau. Vielleicht ist das ihre stärkste Impotenz, daß sie sich in den wesentlichen Bereichen des Lebens ins Schweigen zurückgezogen hat.

Aus meinem heutigen Wissen heraus möchte ich einen weiblichen Beruf der Zukunft entwerfen, den wir Frauen erlernen und annehmen werden, wenn wir unsere weiche, weibliche Macht wieder verantwortlich akzeptieren.

Eros und Heilung

Es geht um Eros und Heilung. Körperlich und seelisch. Ich nenne die Einrichtung, die Frauen aufbauen werden, den "Tempel der Liebe". Man darf sich im "Tempel der Liebe" die Angst ruhig mal vor Augen führen. Wovor hat der Mann da eigentlich Angst? Und wovor schützen sich die Frauen so? Das dauerhafte Ziel der Tempeldienerin, ich nenne sie "professeuse d'amour", ist die endgültige Überwindung der männlichen und weiblichen Ängste im Bereich der Liebe. Die Geschlechter sollen sich wieder sehen und erkennen können in ihrer eigentlichen sexuellen und liebenden Verbundenheit, jenseits von Privatbeziehungen und Verstellungen. Jede Krankheit hat eine gestörte Liebesstruktur im Hintergrund. Je mehr der Mann bereit ist, seine Themen wirklich zu nennen, desto mehr besteht die Chance auf eine Heilungssituation. Die nicht blockierte Sexualität ist eine der größten Heilungsenergien, die mir bekannt ist. Deshalb ist es so entscheidend, daß wir einen Einsatz dafür bringen, daß unsere Leiber wieder frei werden und fähig zu einem angstfreien Kontakt. Männer und Frauen sollen über ihr sexuelles Energiepotential verfügen können, ohne Schuld und schlechtes Gewissen. Zu einem gesunden Geist gehört ein gesunder Leib. Wir werden aufhören, Sexualität als Leistungssport zu betreiben. In der Liebesschule muß niemand potent sein. Es geht zunächst einmal um den Vertrauensraum. Erst einmal müssen wir die Blockaden und die Ängste sehen, um sie dann verändern zu können. Wenn Leib und Geist gesund sind, dann ist Sexualität keine Frage des Könnens mehr. Man kann es von selbst.

Die Frau als professeuse d'amour

Die Frauen, die ihre weibliche sexuelle Macht über den Mann erkannt haben, verlassen den Kampf und entwickeln eine neue Solidarität zu den Männern, indem sie ihnen helfen, im Liebesbereich eine neue Orientierung zu finden und die alten Impotenzängste dadurch abzulegen. Sie treten ein in die Professionalisierung des Liebesthemas für sich und die Männer, die das Thema der Angst und Impotenz kennen und überwinden wollen.

Schöne Frauen wecken in einem Mann ein sexuelles Begehren und eine Ohnmacht, allein durch ihr Auftreten und gerade dadurch, daß sie anonym sind für den Mann. Frauen, die den Beruf der professeuse d'amour wählen, akzeptieren diese Tatsache und werden in diesem Punkt austreten aus dem Vorwurf dem Mann gegenüber. Sie werden nicht mehr in den Slogan der Frauenbewegung einstimmen: "Der Mann benutzt uns ja nur als sein Objekt", weil sie die tieferen Hintergründe der sogenannten Chauvis kennen. Sie werden ihre Macht erkennen und Verantwortung dafür übernehmen. Weiß Frau noch, daß das Wort Charitas ursprünglich von sexuellen Tempelpriesterinnen kommt, weil sie sinnlich für alle Männer da waren? Und weiß Frau noch, daß das Wort Hure ursprünglich von Hora, die Stunde kommt, weil sie dem Mann eine begrenzte Zeit gab?

Die professeuse d'amour, zu der der Mann geht, erweist dem Mann einen Dienst und steht deshalb außerhalb jeder Beziehung zu ihm. Er ist entlastet von der Frage, liebt sie mich oder liebt sie mich nicht. Es ist ein freies Dienstverhältnis. Sie liebt ihren Dienst und kann dem Mann etwas zeigen von ihrem sexuellen Wissen. Erst wenn der Mann wirklich etwas wissen will und zu ihr Vertrauen hat, lohnt es sich für ihn, in die Liebesschule zu gehen. Er muß jetzt nichts mehr heimlich tun. Und eine professeuse d'amour schaut da sehr nüchtern. Ihr geht es nicht um moralische Bewertungen. Ihr Interesse besteht darin, in jedem Kunden einen potentiellen Liebhaber zu entdecken und ihn dahin zu führen, daß er es für viele Frauen sein kann. Das wird ihr am ehesten gelingen, wenn sie sehr klar ihrer eigenen Lust und Liebe gemäß handelt. Das Befreiende daran ist, daß sie dafür nicht gleich eine Beziehung mit dem Kunden eingehen muß. Sie sieht das Thema des Mannes: "Ich begehre die Frau. Und wie komme ich dazu, es ihr so zu vermitteln, daß sich auch etwas davon einlöst, daß ich wenigstens einen Teil von dem gestalten kann, was mich eigentlich in meinen schönsten Phantasien mit ihr verbindet?"

Eine Liebeslehrerin wird sehr fein hinhorchen und die verschiedensten Spielformen wählen, um das gewünschte Ziel zu erreichen. Und sie tut das aus dem Motiv heraus, daß sie Männer wieder lieben können möchte. Sie weiß, daß ein Mann dafür die Chance bekommen muß, das weibliche Seelenleben und das weibliche sexuelle Leben kennenzulernen. **Er muß seine Liebesfähigkeit gegenüber Frauen finden und entwickeln, um ein liebenswerter Mann zu werden.**

Die Bedeutung der Phantasie

Oft ist es die Schwester, die Mutter, oder die fremde Frau, die Heilige, die Krankenschwester, die Sklavin, die nie erreichte Geliebte, die die Phantasie des Mannes so besetzt hält, daß sie ihn trennt von der Wirklichkeit und der Fähigkeit zu einer direkten Begegnung mit der Frau. Solange es nur in der Phantasie bleibt, ist es ein nichtgelebter, abgespaltener Teil seines eigentlichen Potentials.

Die Phantasien sollen nicht länger ein abgespaltener Teil unserer Seele sein. Ein Mann soll es z.B. nicht mehr verbergen müssen, daß er besonders geil wird bei der Phantasie, gequält zu werden. Oder nur zum Orgasmus kommen kann bei dem Gedanken, daß er die Frau ganz in der Gewalt hat, oder sie von innen sehen möchte und in Gedanken gerade dabei ist, sie genüßlich zu zerlegen.

Sind solche Phantasien erlaubt? Wo beginnt die Perversion und wie geht man damit um? Ist ein Mann ein schlechter Mensch, wenn er Gewaltphantasien beim Onanieren verfolgt? Wie kann er Bilder der Gewalt umsetzen in einen gewaltfreien Kontakt zur Frau? Sind sie integrierbar in sein Leben mit seiner Freundin oder mit seinen Freundinnen?

Gibt es Möglichkeiten, daß Bilder von Sadismus und Masochismus umgesetzt werden können ohne jemandem direkte Gewalt zuzufügen? Welche Entsprechung gibt es bei der Frau? Wenn eine Frau davon träumt, gefesselt zu werden, liebt sie deswegen einen Gewalttäter? Gibt es die Möglichkeit, daß sich heimliche Perversionen auflösen in sinnliche Kommunikation und vielleicht in eine Art von "kannibalischer" Zärtlichkeit? Solche Fragen bewegen den Liebesschüler. Und er braucht dafür die Offenbarung der Frau.

Es gibt einen Punkt in der Begegnung der Geschlechter, an dem sich entscheidet, ob wir freie Menschen werden, oder ob wir Mittäter bleiben in dem ewig wütenden Geschlechterkampf.

Ein wichtiges Thema für viele Männer ist der Bereich der Homosexualität. Ich, als Mann, habe in der Phantasie das Verlangen nach Sex mit Männern. Bin ich schwul? Ist das pervers? Gibt es eine natürliche Homosexualität? Bei fast allen Männern ist der natürliche Weg zur Frau versperrt, deshalb sind fast alle Männer auch latent schwul. So kommt es zuerst darauf an, den Weg zur Frau zu öffnen. Was dann an homosexuellen Wünschen noch übrig bleibt, sollte im Sinne unseres sexuellen Humanismus nicht unterdrückt, sondern bejaht werden. Weitere Themen und Bilderwelten wiederholen sich in den Liebesstunden immer wieder: "Ich täte gerne öfter abspritzen. Es gibt da oft eine Unterbrechung im Sex. Entweder halte ich meinen Saft zurück, weil ich denke, daß das zu früh ist für die Frau, oder ich möchte eine ganz andere Stellung einnehmen, was ich mich nicht traue, so daß ich nicht zum Abspritzen komme." "Ich habe immer die Phantasie, als Sklavenhalter meiner Mutter den Arsch zu versohlen."

Die Phantasie kennt keine Grenzen. Es sind viele Themen und Bilder, die entstanden sind aus der Verdrängungsgeschichte des Patriarchats, sie sind aber auch Zeugnis davon, daß bei aller politischen Macht des Mannes die latente Macht der Frau immer noch eine zentrale und ungelöste Rolle spielt. Die Liebeslehrerin hat die Aufgabe, dem Mann zu zeigen, was sie wirklich liebt, und wie ein Mann seine Phantasien ruhig einsetzen kann, wenn es im Kontakt geschieht. Sie muß die Bilderwelten und Triebgestalten, denen der Mann folgt, kennen. Sie lernt sehr genau unterscheiden, welchen Bilderwelten sie im Sinne ihrer eigenen weiblichen Sexualität folgen kann und welchen nicht. Wenn ein Trieb erfüllt wird und dabei eine Resonanz entsteht zwischen Mann und Frau, dann ist man/frau auf der Stelle der glücklichste Mensch auf der Welt.

Das Schlimme ist, daß unsere positive Triebentwicklung fast immer irgendwo unterbrochen wurde. Dadurch wurde ein großer Teil unserer Sehnsüchte in den Bereich der Heimlichkeiten zurückgedrängt und sucht sich dort seine eigenen Auswege. Dadurch, daß ein großer Teil der Phantasien nicht mehr im Kontakt gestaltet und verändert werden kann, sucht er sich seinen Ausweg in realer Perversion, in Gewalt, in Resignation und Krankheit. Das ist jetzt seit Jahrtausenden so. Versuche, die sexuelle Energie auszuleben, endeten fast immer in Gewalt und Perversion, weil sie nicht verbunden waren mit Kontakt und gegenseitiger Verständigung.

Der Liebesdienst ist ein kultureller Akt. Daß ein Mann Gewaltphantasien hat, das ist nicht seine private Perversion, sondern das ist, bei der Kulturgeschichte, aus der wir kommen, statistisch normal. Und der Mann wird erstaunt sein, wie sehr die sexuelle Bilderwelt der Frauen ihre Entsprechung dazu hat. Je mehr realer Kontakt zur Frau im Sex entsteht, desto mehr wandeln sich auch die Phantasien der Gewalt in Bilder der Liebe. Die alten Bilder sind zum großen Teil durch die falsch gelenkte sexuelle Energie entstanden. Dahinter steht ein uneingelöstes Bild der sexuellen Liebe. Es gibt kulturgeschichtlich noch keine Verwirklichung von einem Bild der Liebe zwischen Männern und Frauen, das der sexuellen Wirklichkeit entspricht. Dieses Bild ist jetzt zu schaffen. Dabei müssen uralte Kulturängste überwunden werden. Und dafür muß die Frau ihre ursprüngliche Liebe zum Mann wiederentdecken und unkorrumpierbar die Verantwortung dafür übernehmen.

Da, wo reflexartig Angst und Lähmung einsetzen, da sollen Interesse, Lust und Wahrnehmung entstehen können.

Die Funktion der Mutter für den Mann

Wir sollten jetzt anknüpfen an die Geschichte des Matriarchats, ohne ins Neandertal zurückzufallen. Mütter haben es ihren Söhnen unmöglich gemacht, sich sinnlich an ihnen zu orientieren und zu entwickeln. Die natürliche Liebeslehrerin für einen Mann ist aber eigentlich die Mutter. Das heißt nicht, daß Mütter Sex mit ihren Kindern machen, sondern, daß sie den Kindern eine positive sinnliche Orientierung geben, die ihnen Vertrauen gibt in ihre eigene sexuelle Entwicklung als erwachsen werdender Mensch. Eine Liebeslehrerin kennt die Bedeutung der Mutter für den Sohn und weiß auch, daß hier in der Regel Fehlentwicklungen lagen. Sie sucht Situationen auf mit dem Mann, wo die sinnliche Liebe zur Mutter blockiert wurde, und lenkt sie in eine neue Richtung. Sie wird vorübergehend die Mama für den Mann, an der er noch einmal neu sinnlich aufwachsen darf und sehr viel lernen kann. Das ist so normal. Und diese Normalität darf nachgeholt werden. Es wäre normal für jede Mama, dafür zu sorgen, daß ihr Sohn sich sexuell gut entwickelt. Es versteht sich von selbst, daß sie keinen Sex betreibt mit ihrem Sohn und daß sie ihn nicht zum Ersatzgeliebten macht, denn das würde ihn auf fatale Art an sie binden. Natürlich weiß sie, daß der sexuelle Akt einer kindlichen Seele in keiner

Weise entspricht. Sie wird ihren Sohn nicht sexuell mißbrauchen oder an sich binden wollen, weil sie vom eigenen Geliebten enttäuscht ist – sondern sie weiß, daß sie am Anfang die WELT ist für den Sohn, und sie wird dafür sorgen, daß der Sohn geborgen an ihr aufwachsen kann, um dann die Welt zu entdecken. Sie erlaubt ihm seine Neugier, so daß er den Weg in die Welt und zu vielen Frauen finden kann. Sie wird ihn nicht klein halten, weil sie ihn heimlich für sich behalten will, sondern sie wird ihm einen möglichst guten Start in seine eigenen Liebeserfahrungen ermöglichen. Indem die Liebeslehrerin diese Funktion der Mutter erfüllt, verwirklicht sie für sich selbst einen schönen Aspekt ihrer weiblichen Natur. Eine Frau wird entdecken, wie sehr sie selbst in ihrer intimsten Phantasie berührt wird bei dem Bild, daß ein Sohn die Mutter sinnlich entdecken darf. Indem die Frau das erlaubt, findet sie ihr eigenes sinnliches Selbstbewußtsein auf einer ganz neuen Ebene wieder. Sie sieht ihre Verantwortung. Wenn die Frau die archetypische Liebesmöglichkeit zwischen Mutter und Sohn entdeckt hat und auch gestalten kann, dann hört der Wahnsinnsglaube auf, daß eine Frau nur attraktiv ist für den Mann, solange sie unerreichbar ist für ihn. Und sie wird aufhören mit dem Glauben, daß sie ab 40 Jahren uninteressant ist für den Mann. Hier liegt so unendlich viel Stoff für die Humanisierung der Liebe.

Ich bin mir bewußt, daß die Einrichtung solcher Liebestempel noch Zukunftsmusik ist. Trotzdem mußte ich dieses Thema mindestens kurz umreißen, da es in der Zukunft sicher von Bedeutung sein wird. Die Einrichtung öffentlich anerkannter Liebesschulen wird es erst geben können, wenn eine Frauenbewegung eingeleitet ist, die öffentlich zu diesen Themen steht und anderen Mut macht, das ebenso zu tun. Solange die Gesellschaft in ihrer Struktur so sexualfeindlich bleibt, wie es gerade die Tendenz ist, gibt es wenig Chancen zu einer umfassenden Heilung. Vielleicht trägt ja dieses Buch einen wesentlichen Teil zur Verwirklichung bei!

Natürlicherweise gehört zur Verwirklichung einer solchen Liebesschule ein politisches Bewußtsein. Und natürlich gehört dazu vor allem der Aufbau eines sozialen Umfeldes, in dem es sich lohnt, die eigenen Liebesthemen zu bearbeiten.

Denn was nützt einem Liebesschüler eine kurze Glückserfahrung und eine Einsicht in seine inneren Strukturen, wenn er kurz danach zurück muß in die gesellschaftlichen Verhältnisse der alten Welt? Letztlich kommen wir an dem Thema nicht vorbei: es müssen neue gesellschaftliche Strukturen geschaffen werden, in denen die Liebe eine Chance hat. An dieser Ausweglosigkeit ist Wilhelm Reich gescheitert und mancher ernsthafte Therapeut.

Wir brauchen Plätze, wo wir uns verständigen können, und wo wir anfangen können mit der Verwirklichung.

5

Die sexuelle Natur der Frau

Ich spreche bewußt von der sexuellen Natur der Frau, obwohl manche diesen Begriff für eine Pauschalisierung halten. Ich bin mir bewußt, daß es in der sexuellen Befindlichkeit so viele Unterschiede gibt, wie es Frauen gibt, aber gemeinsam haben wir alle, daß wir von sexueller Natur sind, und daß gerade diese Tatsache über die Jahrhunderte negiert, verfolgt, bestraft und deshalb schließlich verdrängt wurde. Dieser sexuellen Natur in uns möchte ich aber gerade zu neuem Erwachen und Selbstbewußtsein verhelfen, wie immer sie auch geartet sein mag. Ich greife einige Aspekte heraus, die ich bemerkenswert finde. Die sexuelle und geistige Neigung der Frau zur Unterordnung unter den Mann wurde uns geschichtlich antrainiert. Wir werden sie gründlich überwinden, indem wir öffentliche Felder schaffen zur Verwirklichung unseres sexuellen Wesens.

Die Frau bejaht ihre sexuelle Natur und übernimmt die Verantwortung dafür. Um das tun zu können, wird sie ihre positiven geschichtlichen Quellen wieder aufsuchen und freilegen. Sie weiß, daß die Unterdrückung der Frau und der kulturgeschichtliche männliche Sieg über die Frau damit begonnen hat, daß die Frau in ihrer sexuellen Natur unterdrückt wurde. Die Einführung der Ehe ist eine subtile und feinere Form der kulturgeschichtlichen Versklavung der Frau. Die Neigung der Frau zur sexuellen Hingabe hat sich der Mann dabei zunutze gemacht. Bis heute lebt die sexuelle Potenz vieler Männer davon, daß sie eine Frau für sich besitzen wollen und Frauen das nur allzu gerne mit sich geschehen lassen. Noch heute leben viele Beziehungen damit, daß es für den Mann selbstverständlich ist, daß er "fremdgeht", daß es aber einem Verrat gleichkommt, wenn die Frau dasselbe tut. Frauen haben das verinnerlicht und leiden und dulden lieber ein ganzes Leben lang, als ihre eigene Potenz und Freiheit wieder wahrzunehmen. Der Ausstieg aus alten Formen der Unterdrückung und der sexuellen Abhängigkeit wird erst ganz geschehen, wenn Frauen ihre geschichtliche Funktion und Aufgabe in der Welt wieder sehen und erkennen können.

Funktionen, wie sie früher die Tempelhuren oder die Tempelpriesterinnen hatten, werden viele Frauen mit Lust auf eine zeitgemäße Art wieder aufgreifen. Und Frauen werden dafür sorgen, daß dieser Liebesdienst eine hohe gesellschaftliche Anerkennung bekommt. Frauen werden wieder eine natürliche sexuelle Führungsrolle übernehmen für die Männer, die unter den Entstellungen der letzten 2000 Jahre Patriarchat im sexuellen Bereich vollkommen orientierungslos geworden sind, und werden ihnen zeigen, was eine Frau liebt oder nicht liebt. Sie werden aus eigenem Interesse voll beteiligt sein, die sexuelle Not für beide Seiten der Geschlechter zu lösen.

Die Frau wird wesentlich daran beteiligt sein, daß ein erotisches Leben in den Gesellschaften der Zukunft dauerhaft entstehen kann. Sie wird mit dafür sorgen, daß die erotische Freude der Geschlechter aneinander nicht an Beziehungen gebunden bleibt, sondern ein natürliches Ferment der Gemeinschaft überhaupt wird. Ihre sexuelle Natur und ihre Kunst der Verführung versteht sie nicht mehr länger als ihre ewige Verdammnis und Erbsünde; sie sind eine Quelle ihrer weiblichen Macht, die sie lebensbejahend nutzen, aber nicht mißbrauchen wird. Auch wenn ein Teil ihrer sexuellen Natur darin liegt, daß sie es liebt, sich in die Hände eines Mannes zu begeben und sich von ihm ganz entdecken zu lassen, so wird sie sich dennoch von keinem Mann mehr beherrschen lassen. Bilder der Hingabe sind nicht mehr verbunden mit Bildern der realen Unterdrückung und Erniedrigung. Weil sie es immer mehr gelernt hat, ihre inneren sexuellen Bilder zu gestalten und einzulösen, wird sie Situationen realer Unterdrückung immer mehr durchschauen und nicht mehr tolerieren. Sie hütet und pflegt die erotische und sexuelle Quelle als eine zentrale Quelle des Lebens überhaupt. Der sexuelle Akt ist eine Beteiligung am kosmischen Spiel und Schöpfungsvorgang, eine Teilnahme an der kosmischen Hochzeit von weiblichen und männlichen Kräften der Schöpfung, der nicht gebunden ist an private Beziehungen.

Frauen werden öffentlich zu erotischen Wesen, und sie lieben das Begehren des Mannes. Sie werden von selbst austreten aus dem Versteckspiel und dem Dauerschweigen, wenn sie merken, daß die Angst vor Strafe und Erniedrigung einem Film der Vergangenheit angehört, und wenn sie merken, welche Verantwortung jetzt bei ihnen liegt, damit ein neuer Traum verwirklicht werden kann. Sie werden die erotische Macht, die sie haben, nicht mehr dafür nutzen, um einen Mann auf eine falsche Art an sich zu binden. Frauen werden dafür sorgen, daß soziale Einrichtungen entstehen, wo die sexuelle Freude der Geschlechter aneinander gepflegt wird und auch gelernt werden kann. Solche Einrichtungen werden Keimstätten sein für die Überwindung der Angst und des Patriarchats. Das erotische Vorspiel und der Nachraum bekommen dabei eine genauso tiefe Bedeutung, wie der sexuelle Akt selbst. Für die Kultivierung der sinnlichen Begegnung der Geschlechter pflegen Frauen den sinnlichen Raum untereinander. Sie schaffen das positive Bild eines Harems, ohne daß darüber ein Pascha oder Sultan sitzt.

Es werden Vertrauensräume sein, in denen sie sich gegenseitig informieren und unterstützen. Es werden auch Räume des gemeinsamen Studiums sein. Zur sexuellen Natur der Frau gehört es, daß sie die persönliche Liebe zu einem Mann zu trennen versteht vom Wesen der Sexualität. Ein sexuelles Abenteuer mit einem fremden Mann gehört genauso zum Spiel des Lebens wie eine funktionierende Partnerschaft und hat nichts zu tun mit Untreue. Sexuelle Erfüllung im umfassenden Sinn bereichert das Leben einer intimen Partnerschaft, statt es zu gefährden. Manche werden fragen, wie man eine solche Anschauung vertreten kann im Zeitalter der zunehmenden Sexualkrankheiten. Ich deute hier nur einige Thesen an:

1. Die zunehmenden Sexualkrankheiten sind eine Folge des gesellschaftlich ungelösten sexuellen Themas. Die Werbung überflutet uns mit sexuellen Reizen, ohne auch nur eine Andeutung auf Erfüllung und Lebbarkeit zu bringen. Das erzeugt eine gestaute sexuelle Energie, die schließlich zu Krankheiten führt.

2. Eine umfassende sexuelle Aufklärung und ein erfülltes sexuelles und geistiges Freundschaftsnetz befähigen uns, viel bewußter zu handeln und uns dementsprechend zu schützen, wo es nötig ist. Wir folgen nicht länger blind und "spontan" irgendwelchen aufbrechenden und lange unterdrückten Trieben. Das führt natürlich auch zu größerem Selbstschutz.

3. Ein erfülltes und bewußt geführtes geistiges und sexuelles Leben ist die beste Voraussetzung für körperliche Gesundheit. Krankheiten treten oft da auf, wo unser System labil geworden ist, weil irgendwelche seelischen Umstände zu psychischer Labilität geführt haben. Krankheit ist in diesem Sinn immer ein Signal, daß etwas in unserem sozialen Umfeld in Unordnung geraten ist. Der Aufbau von geistigen und sinnlichen Vertrauensräumen ist langfristig ein wesentlicher Beitrag zur Genesung des Menschen. Die vielen auftretenden Krankheiten unserer Zeit sind ein letztes Alarmzeichen, das uns zum Umdenken und Umgestalten unserer sozialen Strukturen und Lebensräume zwingt. Sie sind das von selbst gesetzte Warnzeichen unserer sexuellen Natur, daß es so nicht weitergehen kann, und die Aufforderung an alle wachen Geister, neue Antworten zu finden, die unserer sexuellen Natur gerechter werden und sie nicht länger bekämpfen.

6

Die lesbische Liebe

Wer sich mit dem Themenspektrum der Sexualität befaßt, kommt am Thema Homosexualität, Homoerotik und lesbische Liebe nicht vorbei. Der Eros waltet nicht nur zwischen den polaren Gegensätzen von Mann und Frau. Er ist latent immer auch unter Männern und unter Frauen vorhanden. Es ist dabei unwichtig, ob sie in erster Linie homo- oder heterosexuell sind. Ich möchte Worte einer Freundin wiedergeben, die zum Teil dieselben Männer liebt wie ich und die ihre erotische Entfaltung und Liebe dennoch in erster Linie bei Frauen erfährt.

Sie hat ihre Liebe zu den Frauen entdeckt, nachdem sie zunächst einmal aus einer langjährigen gescheiterten Liebeserfahrung mit Männern kam. Sinnliche Liebe hatte sie in ihrer Beziehung zu Männern bis dahin nicht erlebt. Diese Beziehungen bestanden fast nur aus gegenseitiger Projektion. Was sinnliche Liebe bedeuten kann, das erfuhr sie erst in der Begegnung mit einer Frau. Das Thema der "Beziehung", das dann kam, das ist wohl unter homosexuellen wie heterosexuellen Partnern gleichermaßen schwierig und mit den gleichen Problemen belastet. Ich möchte aber jetzt auf die beziehungsfreie und natürliche Seite der homoerotischen Kontakte überhaupt hinweisen.

Sie beschreibt es intimst, wie es vielen Frauen geht:

"Ich habe bei den Frauen eine viel leichtere Verständigung gefunden. Da ich selbst eine Frau bin, war es für mich viel leichter, mein Gegenüber intim zu lieben. Ich habe meinen Körper und meine Lust durch mein weibliches Gegenüber ganz neu entdeckt."

Oft beginnt die Entdeckung der sinnlichen Liebe bei einem gleichgeschlechtlichen Partner, bei dem man entdecken kann, wie sehr Sexualität und Öffnung des Herzchakras zusammenhängen. Zwischen Herzöffnung und sexueller Öffnung besteht eine intime Verbindung.

Ich habe Frauen kennengelernt, die jahrelang sexuellen Bildern nach Unterwerfung unter den Mann hinterhergerannt sind und von einer Beziehungssackgasse in die nächste liefen. Plötzlich kamen sie zur Ruhe durch die erotische Liebe zu einer Frau. Das drückte sich ganz körperlich aus, indem zum Beispiel ihre schlaff gewordenen Brüste auf einmal wieder rund und voll wurden. Nachdem sie vorher das Bild hatten, sich passiv einem Mann hinzugeben, und dabei nie wirkliche Erfüllung finden konnten, entdeckten sie auf einmal eine sexuelle Lust, die aus einem fürsorglichen Impuls entstand. Sie entdeckten ihre Lust an der Aktivität. Sie erlebten die gleiche Hingabefähigkeit in der aktiven Rolle wie sie sie in der passiven Hingabe bisher nur erhofft hatten. Sie erlebten oft erst ihre ersehnte Hingabefähigkeit dadurch, daß sie sich selbst plötzlich aktiv erlebten. Und es gibt eine sinnliche Liebe, die daraus erwächst, daß man das Gleiche am anderen entdeckt, liebt, pflegt und hervorruft, was man aus den eigenen Bildern der Sehnsucht und Phantasie intim kennt. Und da man sich selbst so intim kennt, weiß man auch genau um die Zonen des Leibes, die man nur zu berühren braucht, um eine ganze Flut des Dahinschmelzens im anderen auszulösen. Es ist eine heilende Quelle unter Frauen, wenn sie plötzlich entdecken, daß sie sich auch gegenseitig sinnlich Geliebte, Freundin, Mutter, Kind und Gefährtin sein können. Plötzlich erleben sie sinnliche Heimat beieinander, die dann letztlich auch dem Mann wieder zugute kommt.

Wir dürfen nicht vergessen, daß die erste sinnliche Erfahrung nicht nur für den Sohn die Mutter war, sondern auch für die Tochter. Das Nachholbedürfnis ist auch hier riesig groß. Denn welches Mädchen hat schon die sinnliche Geborgenheit und das sinnliche Urvertrauen erlebt, die es so dringend gebraucht hätte?

Ein Weg zur Selbstbejahung führt natürlicherweise über die nachträgliche Entdeckung des Weiblichen, das man liebt in anderen Frauen. Wenn dieser Weg blockiert ist, dann ist auch der Weg zum Mann blockiert. Eine Frau, die sinnbildlich die Mutter ablehnt, lehnt unbewußt auch ein ganzes Spektrum in sich selbst ab, von dem sie früher oder später eingeholt wird. Ein sinnliches Frauenfeld kann einen Start bedeuten für viele Frauen, von dem aus sie auf ihre weibliche kreatürliche Art die Welt entdecken können. Sie werden sich zunächst befreien von der Domestizierung durch den männlichen Übervater, mit dem wir ja nicht nur im leiblichen Vater konfrontiert waren, sondern auch im patriarchalen Gott und in der gesamten patriarchalen Struktur der Gesellschaft. Und dieser Übervater zeichnete sich vor allem durch seine sinnliche Abwesenheit aus und wurde dadurch besonders dominant, daß man ihn dauernd vermissen und nach ihm verlangen mußte. Frauen befreien sich durch die Entdeckung der Stärke des eigenen Geschlechtes auch von der inneren Fixierung auf den Gedanken, daß sie erst etwas wert sind, wenn sie als Partnerin eines Mannes gesehen werden. Das kann ein Start sein, durch den Frauen Mut bekommen für ihre mediale und übersinnliche Art, die Welt zu erleben.

Eine neue Frauenbewegung wird die Homosexualität genauso aus dem Käfig der Vorurteile befreien wie alles andere auch. Sie wird auch dafür sorgen, daß die Homosexualität nicht länger benutzt werden kann für den Aufbau eines neuen Feindbildes: den Mann. Denn diese Seite der Homosexualität gibt es natürlich auch, die sich schützt vor dem anderen Geschlecht. Sie wurde gewählt und entwickelt, weil der Weg zum Mann karmisch verbaut war. Latent ist aber eine starke Beziehung zum Mann vorhanden, und so finden diese Frauen in ihren sinnlichen Kontakten zur Frau nie wirkliche Erfüllung und Ruhe. Sie wählen als Ersatz für das Fehlende den Mann als Feindbild, den sie bekämpfen können. Sie rächen sich nachträglich am Vater, der nie für sie da war, am abwesenden Geliebten, den sie nie finden konnten. Diese Form der Homosexualität ist zwar sehr verständlich, führt aber zu keinem Ausweg und zu keiner Heilung. Weder innerlich noch äußerlich. So bleibt die Sehnsucht unerfüllt, und man kann mit ansehen, wie sich nach und nach der Haß in den Körperzellen einnistet. Diese unerfüllte Seite findet meistens sehr schnell eine Auflösung in einer Gemeinschaft, die auf Vertrauen und Transparenz basiert, sofern es die Betroffenen suchen und wollen. Denn im Schutz der Gemeinschaft hebt sich diese Grenze meistens von selber auf, und der erhoffte Kontakt kann nachgeholt werden. Ich habe im Laufe meiner Gemeinschaftserfahrung eigentlich nie homosexuelle Frauen oder Männer erlebt, die es ausschließlich geblieben wären. Obwohl ich durchaus einbeziehe, daß es auch diese Variante authentisch gibt. Der Eros läßt sich auch hier in keinerlei vorgefertigte Muster, Gesetze und Normen pressen. Er ist nun einmal per se frei und wird nur dann zur Heilung und Gesundheit führen, wenn man seine innere elementare freie Kraft und Quelle versteht und verwirklicht.

7

Die Partnersuche der Frau

So wahr wir als Frauen teilnehmen an der Evolutionsgeschichte, sind wir auch verbunden mit dem geistigen Feld von Partnerschaft zwischen Männern und Frauen. Das, was ursprünglich mit dem Traum der Ehe verbunden war, mit dem Bild der Treue bis ans Lebensende, hat ja auch eine ganz tiefe und wahre Seite der menschlichen Sehnsucht in sich. In dem Bild der Partnerschaft bahnt sich evolutionsgeschichtlich das Bild der personalen Liebe seinen Weg. Nicht in dem Ziel der Partnerschaft und persönlichen Liebe liegt der Irrtum, sondern in den Bedingungen, unter denen man versucht hat, dieses Ziel zu realisieren. Unter den gegebenen Voraussetzungen ist der Traum vom Glück zu zweit tatsächlich ein Kindermärchen geblieben.

Wir werden unseren Traum und unsere Vision von wirklicher Partnerschaft und Treue erst auf der Grundlage der freien Liebe verwirklichen können. Dazu müssen wir erst einmal unseren alten Traum vom Glück zu zweit gründlich revidieren, weil wir eingesehen haben, daß er so sowieso nicht lebbar ist. Die alte Art der Partnersuche und die Fixierung an einen Mann ist die geschichtliche Folge einer dreitausendjährigen Geschichte des Patriarchats. Es liegt jetzt an uns, ein neues Bild der Zweierliebe und des sexuellen Liebeslebens zu kreieren. Der Traum vom Glück zu zweit muß sich schon der gegebenen Wirklichkeit und der biologischen Wirklichkeit von Männern und Frauen mehr stellen, um lebbar zu werden. Die wirkliche Fähigkeit zur Treue entwickelt sich erst, wenn wir eingetreten sind in die Wahrheit der freien Liebe. Es werden sich ganz natürliche Beziehungen ergeben. Die entscheiden sich auf Grund von geistiger und sexueller Intimität und Anteilnahme. Sie entscheiden sich vor allem an einer Solidarität und

Teilnahme an gemeinsamen Themen und Aufgaben. Partnerschaften entstehen durch einen gemeinsamen Blick auf etwas Drittes, über das man sich immer intimer verständigen kann. Sie entstehen vor allem durch ein immer größeres Ausmaß an Vertrauen und Öffnung. Die Fähigkeit zur Entwicklung von wirklichen Partnerschaften und die Fähigkeit zur Entwicklung der freien Liebe gehen Hand in Hand. Die Gemeinschaften der Zukunft werden Keimstätten für die Entfaltung echter Treue, von der unsere Eltern nur geträumt haben, als sie vor den heiligen Altar der Ehe traten.

Auch in der Qualität der Treue sind Frauen ganz besonders herausgefordert. Es sind viel mehr die Frauen, die entscheiden, wen sie zum Partner wählen. Es sind Frauen, die herausgefordert sind, aus ihrer alten Rolle des Wartens auszutreten und an den Punkten, wo der Mann nicht ganz ihren Wünschen entspricht, nicht gleich ins alte Leiden zu verfallen. Es entscheidet sich sehr viel bei den Frauen, was sie bereit sind einzusetzen, wenn sie einen Mann lieben und zu ihm den dauerhaften Kontakt wollen. Freie Liebe darf nicht zu einem Wechselspiel werden, wo man den einen, sobald es schwierig wird, verläßt, weil man glaubt, daß es beim anderen viel schöner ist. Wenn die eigene Fähigkeit zur Treue entwickelt ist, wenn Frauen gelernt haben für das einzutreten, was sie am anderen sehen und lieben gelernt haben, wenn die positive Konfliktbereitschaft gestiegen ist, erst dann kann der Schleier der gegenseitigen Projektion sich lüften. Man beginnt sich zu sehen und sich gegenseitig als echte Partner zu erkennen. Erst dann verschwindet auch die Angst, verlassen zu werden.

Beziehungen zu klären und immer neu klar zu halten, ist die Grundlage der freien Liebe. Sonst droht die freie Liebe zu einer Ideologie zu werden und ist in Wirklichkeit eine Anhäufung enttäuschter Liebesgeschichten.

Die Gemeinschaften der Zukunft werden eine bärenhafte Treue entwickeln. Die Gemeinschaft wird die einzelnen Liebespartner in dieser Entwicklung unterstützen. Frauen haben für Treue und Ausdauer eigentlich in der Regel ein hohes Naturtalent. Jetzt kommt es darauf an, daß sie mit dieser Begabung ins Rampenlicht der Öffentlichkeit eintreten und sichtbar werden in ihrem Engagement, das bisher im Bereich der Liebe fast ausschließlich von privater Natur war. Die Partnerschaften der Zukunft sind keine privaten Liebesgeschichten mehr, sondern je mehr die Keimkraft der Liebe zwischen ihnen wächst, um so mehr haben sie den Wunsch, andere an dem gemeinsamen Glück teilhaben zu lassen. Denn Liebe ist per se ein verschenkendes Prinzip. Die Kultur von Partnerbeziehungen zwischen Männern und Frauen ist nicht etwa gescheitert, sondern die gab es in den letzten Jahrtausenden männlicher Geschichtsschreibung gar nicht. Sie beginnt sich zu entfalten, wenn es uns Frauen gelingt, unsere kulturgeschichtliche weiche Revolution der sinnlichen Liebe und der weichen Macht einzuleiten. Dann können wir von dem Beginn einer partnerschaftlichen Epoche reden, und ein neues Zeitalter kann beginnen.

8

Die Frage der Empfängnisverhütung

Frauen werden in den Gemeinschaften der Zukunft ein vollkommen neues Verhältnis entwickeln zur Frage der Verhütung und der Abtreibung. So wie wir heute darüber lachen, daß frühere Gesellschaften den direkten Zusammenhang zwischen Sexualität und Zeugung angeblich nicht gekannt haben, so werden wir über den schematisch gedachten Zusammenhang von Eisprung und Zeugung lachen, an den wir heute glauben.
Durch die direkte Beziehung zur weiblichen Natur, zur eigenen Körperlichkeit und zur eigenen Sexualität werden Frauen ohne viele Messungen, ohne Pille und Diaphragma wieder wissen, wann sie empfänglich sind und wann nicht. Durch das Leben in der Gemeinschaft entsteht nach einiger Zeit unter den Frauen ein gemeinsamer Zyklus, der eng mit dem Zyklus des Mondes zusammenhängt. Frauen in früheren Kulturen wußten selbstverständlich um die Zusammenhänge zwischen dem Zyklus des Mondes und dem Zyklus der Fruchtbarkeit von Frauen. Mit diesem Wissen werden wir uns ganz elementar wieder verbinden. Wahrscheinlich werden die Frauen die Zeit ihrer Regel nutzen, um sich unter Frauen zu treffen und über alle anstehenden Frauenfragen zu sprechen. Sie werden sich auch Rechenschaft abgeben gegenüber ihren unbewußten Kinderwünschen und deshalb sehr fein wissen, wann sie aufpassen müssen und wann nicht. Sie wissen auch, daß Kinder schon vor der Geburt eigene universelle Wesen sind und daß man schon vorher zu ihnen Kontakt aufnehmen kann. Es wird nichts Ungewöhnliches sein, daß sich während einer Meditation ein Kind bei ihnen meldet und ihnen mitteilt: Ich möchte gerne kommen. Man kann dann zurückmelden: Warte noch, ich muß noch dies und jenes erledigen, bevor ich soweit bin. Oder aber, man sagt eben,

okay, herzlich willkommen. Frauen werden ihre Schwangerschaft dann so ausrichten, daß sie möglichst viel von den Wachstumsvorgängen in ihrem eigenen Leib bewußt begleiten. Ich denke, daß es in einigen Jahren normal sein wird, daß Kinder, die in funktionierenden Gemeinschaften geboren werden, sich an ihre eigene Geburt erinnern werden, und daß wir zu ihrem eigentlichen höheren Selbst schon während der Schwangerschaft und davor in direkter Kommunikation stehen. Es ist selbstverständlich, daß wir in unseren Kindern, auch wenn sie noch so klein und niedlich sind, eine voll ausgereifte kosmische Person vor uns haben, und wir werden diese umfassende große Person ständig in ihnen aufsuchen, lieben und unterstützen in ihrer Entwicklung. Abtreibungen werden wohl kaum noch nötig sein.

Damit ein solches selbstverständliches und positives Verhältnis zum eigenen Leib und den Vorgängen von Fruchtbarkeit, Zeugung und Empfängnis entstehen kann, braucht es eine bewußte Arbeit in der Aufklärung und Vorbereitung. Die jungen Mädchen sollen nicht mehr das böse Erwachen erleben müssen, wenn es zu spät ist. Es ist die Aufgabe von uns Frauen, gründlich aufzuklären und den jungen Mädchen ihr Selbstbewußtsein und ihre Verantwortung beizubringen. Es nutzt nichts, sie vor den bösen Männern zu warnen, die einfach Sex machen und sich um nichts weiter kümmern. Wenn sie nicht in einer Gemeinschaft leben, die dauernd diese Zusammenhänge in die Kommunikation einbezieht, dann wird man sie natürlich darin unterstützen, auch auf die bekannte Weise, sinnvoll zu verhüten. Es sollen nur noch gewünschte Kinder geboren werden. Und natürlich haben die Frauen die Vollmacht, selbst zu entscheiden, ob sie abtreiben wollen oder nicht. Viele Frauen brauchen hier Beratung und Unterstützung. Unsere politische Aufgabe ist es, die neuen Lebenszusammenhänge so vorzubereiten, daß keine Abtreibungen mehr nötig sind. Denn es ist ein tiefer Seeleneinschnitt in das Leben einer Frau, wenn sie aus sozialen Gründen ein Kind abtreiben muß. Eine Frau in einer solchen Situation braucht Unterstützung und solidarische Hilfe. Laßt uns darüber hinaus alles dafür tun, daß diese Eingriffe in der Zukunft nicht mehr nötig sind. Nicht indem wir den Moralpredigten eines Papstes folgen, sondern indem wir unser weibliches und sexuelles Wissen wieder mobilisieren;

indem wir dafür sorgen, daß Frauen überall auf der Welt ein Selbstbewußtsein und eine Aufklärung bekommen, die es nicht mehr möglich machen, daß sie ungewollt schwanger werden; indem wir dafür sorgen, daß gesellschaftliche Umstände entstehen, die eine solche isolierte Situation von einzelnen Frauen nicht mehr ermöglichen. Ich bin mir wohl bewußt, daß es lange dauern wird, bis diese Ziele voll erreicht sind. Wir werden sie aber erreichen müssen, wenn etwas wirklich Neues eintreten soll in unser zukünftiges Leben. Wir werden sie um so schneller erreichen, je entschlossener wir damit anfangen. Ich stehe meinen jungen Geschlechtsgenossinnen gern mit Rat und Tat zur Verfügung.

9

Mutterschaft

Die Frau der Zukunft wird ein neues Verhältnis zur Mutterschaft entwickeln.

So wie sie generell aus isolierten Privatverhältnissen austritt, so wird sie es vor allem tun gegenüber der Frage von Kindern. Der Wunsch einer Frau, Kinder zu gebären, ist natürlich und hängt zusammen mit ihrer sexuellen Grundnatur. Die Beteiligten einer Gemeinschaft wissen das und werden natürlicherweise dafür sorgen, daß ein Gemeinschaftsrahmen entsteht, in den Kinder gerne hineingeboren werden. Eine Frau wird sich aber erst dann für ein Kind entscheiden, wenn sie ihre natürliche Fähigkeit zu einer dauerhaften Partnerschaft entwickelt hat, wenn sie einen Partner gefunden hat, von dem sie weiß, daß er seine Aufgabe als Vater dem Kind gegenüber dauerhaft annehmen kann und daß ihre Freundschaft zu ihm auf Vertrauen und Dauer basiert. Sicher wird es auch Frauen geben, die sich für ein Kind entscheiden, ohne einen eindeutigen Partner zu haben, aber gerade sie werden dafür sorgen, daß ihre Kinder in einer entsprechenden Gemeinschaft eingebettet sind und weitere Bezugspersonen für die Kinder da sind. Kinder brauchen wieder Eltern, auf die sie sich verlassen können. Sie wünschen Vater und Mutter oder entsprechende zuverlässige Personen für die Orientierung. Und sie wünschen natürlich, daß zwischen diesen nicht ständig das Damoklesschwert einer möglichen Trennung hängt. Wir dürfen nicht mehr zulassen, daß unsere Kinder dauernd die Tränen verlassener und rachsüchtiger Mütter und Väter mit ansehen müssen. Wir dürfen nicht mehr erlauben, daß wir unsere Beziehungskonflikte auf dem Rücken unserer Kinder austragen. Sprache ist manchmal schwierig. Ich sage dies alles ohne moralische Bewertung aus einer inneren Verbundenheit mit einer besseren Zukunft. Ich selbst habe ja etliche der genannten Fehler selbst durchlebt und weiß deshalb auch um die eigenen Schmerzen einer alleinstehenden Mutter und um die Schmerzen eines Kindes, meiner ältesten Tochter, die aus einer gescheiterten Beziehung hervorging. Wenn die Situation einmal so ist, sollten wir Verantwortung dafür übernehmen und das Beste daraus machen, in diesem Sinne bereue ich nichts. Aber wir sollten auch viel dafür tun, daß es für unsere Kinder in Zukunft einfacher wird. Und das geschieht vor allem durch eine umfassende Aufklärung.

Eine Frau wird sich nicht mehr für ein Kind entscheiden, um eine wacklige Beziehung zu kitten oder einen Mann an sich zu binden. Sie wird sich erst für ein Kind entscheiden, wenn sie selbst eingebettet ist in eine Gemeinschaft und deshalb auch andere natürliche Bezugspersonen für das Kind da sein werden. Und sie wird sich erst für ein Kind entscheiden, wenn sie ihre eigene berufliche und geistige Perspektive im Leben gefunden hat. Kinder in die Welt zu setzen hat erst dann wieder einen Sinn, wenn man für sie eine wirkliche Perspektive sieht und weiß, daß man im positiven Sinn die Aufgabe wieder ernst nehmen kann, ein Vorbild zu sein für die Kinder, an dem sie sich orientieren können. Kinder dürfen kein Ersatz mehr sein für eigene gescheiterte Lebensperspektiven und gescheiterte Beziehungen. Viele Frauen werden ihren ursprünglichen Mutterinstinkt der Fürsorge und der Pflege auf ganz andere Weise in der Gemeinschaft verwirklichen, als daß sie selber Kinder kriegen. Denn Frauen werden sich befreien von dem unbewußten Gedanken, daß sie erst dann eine richtige Frau sind, wenn sie selbst ein Kind in die Welt gesetzt haben. Es gibt noch ganz andere Möglichkeiten für die Frau, ihren positiven Mutteraspekt in sich selbst zu bejahen und zu entfalten, als selbst Kinder zu haben. Mütter werden sich natürlicherweise Unterstützung holen von anderen Frauen und auch Männern für die Erziehung ihrer Kinder.

Sie wissen, daß die erste Grundlage für das wachsende Vertrauen der Kinder darin besteht, daß sie gleich zu Beginn mehrere Bezugspersonen haben und nicht allein auf PAPA und MAMA angewiesen sind für ihre Orientierung. Kinder wünschen, wie alles in der Welt, ein vielfältiges Beziehungsnetzwerk. Vertrauen wächst nicht durch Schutz vor der Welt, sondern durch einen geschützten Eintritt in die Welt.

In den ersten Lebensjahren des Kindes werden sich die Frauen viel Zeit nehmen, um in der Nähe der Kinder zu sein. Sie sehen ihr Muttersein als umfassenden Beruf an und werden diesen Beruf so gestalten, daß sie damit nicht länger isoliert bleiben. Die ersten Lebensjahre sind entscheidend für das soziale Verantwortungsbewußtsein unserer Kinder in der Zukunft. Deshalb ist der Beruf der Mutter einer der heiligsten, verantwortlichsten und politischsten Berufe, die es überhaupt gibt. Sie werden gemeinsam mit anderen Müttern ein "Nest" im Zentrum der Gemeinschaft aufbauen, in dem die Kinder aufwachsen und lernen können. Man wird die Kinder nicht einfach nur betreuen. Es ist ein gegenseitiges Lernen.

In den ersten Jahren werden die Kinder viel in Kontakt kommen mit den Elementen der Natur, mit Wasser, Klang und Farbe. **Wir wissen, daß sie aus einem anderen Daseinsraum kommen, werden sie beobachten und viel von ihnen lernen. Wir werden ihnen Orientierung bieten, aber wir werden sie nicht bevormunden. Wir werden darauf achten, daß sie behutsam überwechseln in einen neuen Daseinsraum und dabei möglichst wenig vergessen.** In den ersten Jahren entscheidet sich grundlegend, wie sehr die Kräfte des Vertrauens und der medialen Erinnerung geschult werden. Die Geburt selbst wird ein Begrüßungsfest der Gemeinschaft sein. In der Zukunft werden sich unsere Kinder mit Sicherheit erinnern an ihre Ankunft hier auf dem Planeten Erde, so wie wir es heute manchmal durch Trancen können. Wir haben vieles vergessen, weil es schrecklich war. Wir werden die Übergänge in Zukunft so weich gestalten, daß man sich wieder gerne erinnert.

Im Namen eines angstfreien universellen Daseins auf der Erde.

10

Orientierung für die Jugend

Natürlicherweise werden wir Frauen uns ganz besonders dafür einsetzen, daß für die Jugend besondere Räume und Treffpunkte entstehen. Denn für die Jugend und die Kinder machen wir ja unter anderem die ganze Arbeit. Sie sind die Träger unserer Zukunft und der Zukunft des Planeten Erde. Jugendliche sollen alles fragen können, was sie wirklich bewegt, und wir werden bemüht sein, wahrhaftige Antworten zu geben. Niemand möchte die Rolle von komischen Erwachsenen spielen, die so tun, als hätten sie bereits alle Fragen geklärt und als stünden sie über so komischen Dingen wie Sehnsucht, Liebe, Traum, Hoffnung... An den Heilungsorten der Zukunft werden Schulen neuen Typs entstehen und Treffpunkte für die Jugend.

Vor allem im Bereich der Liebe brauchen Jugendliche eine neue und viel fundiertere Aufklärung als wir sie je erhalten haben und erhalten konnten.

Schon meine zwölfjährige Tochter kennt bereits die Situation, daß sie in den gleichen Jungen verliebt ist wie ihre Freundin. Wie reagiert jetzt die Erwachsenenwelt? Kommt das verletzende und überlegene Lächeln, kommen weise Ratschläge von Erwachsenen, die es selbst nicht gelöst haben?

Natürlich nehmen Jugendliche wahr, ob ihre Eltern oder Lehrer selbst eine Antwort kennen oder ernsthaft um Antworten bemüht sind.

Maßstab für das Vertrauen ist im wesentlichen, ob die Erwachsenen in ihrem Alter sich noch selbst die Jugend bewahrt haben. Ob sie selbst mit Interesse und Neugier in der Welt stehen, auch im Bereich der Liebe, ohne diesen abgeklärten Geist, der nur sagt: "Warte nur ab, du wirst schon auch noch begreifen..."

Für mich selbst war damals die Burg Waldeck im Hunsrück ein ganz wesentlicher Stützpunkt für mein jugendliches Herz. Ich nehme das noch heute als Maßstab, wenn ich darüber nachdenke, was Jugendliche brauchen. Wichtig war, daß wir an diesen Ort einfach kommen konnten. Wichtig war, daß dieser Platz nicht übersät war mit Vorschriften und lauter Besserwissereien. Wichtig war, daß hier ein Aubruchsgeist zu spüren war und daß hier Suchende hinkamen, ohne daß sie gleich löffelweise vorgefertigte Ideologie fressen mußten. Wichtig war auch und ganz besonders, daß wir Jungens und Mädchen soweit toleriert wurden, daß wir zum Beispiel in einem Raum schlafen durften, ohne daß uns jemand das verboten hätte. Vielleicht hat uns mal jemand zur Seite genommen und gesagt: "Aber aufpassen tut ihr schon, gell?" Aber man nahm uns für voll. Wichtig war auch, daß ein paar Erwachsene da waren, zu denen man einfach Vertrauen hatte. Wenn wir es zu wild trieben, dann stand der "Chef" Harry schon mal in der Tür und ließ sein Donnerwetter los. "Jetzt wird aber erst mal die Küche aufgeräumt, bevor ihr weiter philosophiert über Gott und die Welt." Das haben wir auch sofort akzeptiert. Aber er kam uns eben auch besuchen und schien sich echt zu interessieren für uns und für das, was wir dachten. Das waren wir nicht gewohnt.

Ich bin fast jedes Wochenende an diesen Ort gefahren, mit allen meinen Freunden, mit der Schulklasse. Wir haben auch Lehrer eingeladen mitzukommen. Ich habe an diesem Platz viel Mut entwickelt und Visionen für meine eigene Zukunft. Im Grunde ist hier für mich die Idee entstanden, daß ich einmal ein autarkes Dorf aufbauen möchte mit allen meinen Freunden, daß wir unsere eigenen Berufe aufbauen werden und in der Liebe etwas ganz anderes machen. Denn das war der einzige wahrnehmbare Schatten, der über dem Platz lag. Man spürte die Tragik und die Orientierungslosigkeit, die auch hier in den Beziehungen der Erwachsenen herrschte. Da war niemand, der uns wirklich Orientierung und Antworten hätte bieten können. Als mich an einem Abend einmal der 25jährige Leiter in sein Zimmer einlud und mich auf Knien anflehte, zu ihm zu kommen, an seiner Seite zu stehen und seine Freundin zu sein, da war ich mit meinen 16 Jahren natürlich ganz schön verwirrt. Aber wenn es diesen Platz nicht gegeben hätte, dann stünde ich heute sicher nicht da, wo ich jetzt stehe.

Wenn ich an die Jugend denke, dann denke ich vor allem daran, sinnvolle Erfahrungsräume für sie aufzubauen, in denen sie selbst experimentieren können. Bauen, forschen, lieben, entdecken und Gemeinschaft erfahren. Ein Survival-Training aufbauen, das die Kräfte des Überlebens tatsächlich steigert. Lebensräume schaffen, die die Jugendlichen befreien aus dem Zwang zum Konsum, von dem Überangebot der bestehenden Gesellschaft, und die das Interesse und die Lust am selbständigen Denken wieder wecken.

Lebensfreude zu wecken ist eine der zentralsten Aufgaben in dieser trostlosen Zeit. Die Frage nach Sinn ist elementar, und die Jugend braucht Plätze, an denen sie ernsthaft darüber nachdenken und auch Antworten entwickeln kann. Als ich im Alter von 16, 17 Jahren einsehen mußte, wie schlimm die Welt in Wirklichkeit ist, da habe ich manches Mal ernsthaft an Selbstmord gedacht. Und ich wollte keine Tröstungsphilosophien, sondern echte Antworten. Was für Aufgaben gibt es denn für junge Menschen, wenn sie die Schule beendet haben und in den Koloß einer Megagesellschaft eintreten, in der es offensichtlich wenig Sinnvolles zu tun gibt? Jugendliche brauchen wieder intimere Plätze, an denen sie wirklich studieren können, und an denen sie wieder entdecken können, daß Universität etwas mit dem Universum zu tun hat. Lernen, verbunden mit elementarer Lebenserfahrung. Sie sollen zu den Erwachsenen kommen können und Rat abholen, wenn sie es wünschen. Ich denke auch daran, gemeinsam mit der Jugend über sinnvolle Bewegungen nachzudenken, die man heute initiieren kann, Bewegungen, die in sich Kraft haben, die Spaß machen und dem Schutz des Lebens dienen. In der bestehenden Politik gibt es nicht mehr viel Platz dafür. Aber so wahr man jung ist, braucht das Leben eine Füllung mit Sinn und Ziel. Man möchte mit sinnvollen Themen hinaustreten an eine größere Öffentlichkeit. Bei uns war es noch die linke Bewegung, die uns Mut gemacht hat. Heute steht die Jugend ziemlich allein gelassen in einer Welt, in der es fast nur Grund zur Resignation gibt. Alles ist kaputt. Wir werden die Jugend nicht mehr betrügen mit falschen Treuesprüchen, aber wir werden sie unterstützen, einen Weg in der Freundschaft und Liebe zu entwickeln, auf dem die Freude von wirklicher Treue und Freundschaft genauso erfahrbar wird wie Sex und Abenteuer und was man eben so sucht, solange man noch nicht resigniert hat.

Wir werden uns beteiligen am Aufbau experimenteller Erfahrungsräume für Jugendliche, wo sie im Bereich von Landwirtschaft, Architektur, Ökologie, Technologie, etc. experimentieren können, wo sie sich nach der Schule eine Weile aufhalten können, um sich nicht Hals über Kopf für eine Berufslaufbahn entscheiden zu müssen, bevor sie überhaupt Zeit zum Nachdenken hatten. Die Jugendlichen sollen nicht eine Erwachsenenwelt kopieren müssen, die durchgängig gescheitert ist, sondern sollen Räume erhalten und Unterstützung für eigene Kreationen.

11

Die mediale Natur der Frau

Die Frauen werden ihre medialen Fähigkeiten und ihre Kräfte der Intuition wieder entfalten und eine durchschaubare und verstehbare Sprache dafür entwickeln, die auch für weniger medial begabte Wesen verständlich und vertrauenswürdig ist. Sie werden diese Fähigkeiten ganz und gar befreien von irgendwelchen Resten des Okkultismus und des Machtmißbrauchs.

Der Beruf der Seherin war in früheren Kulturen selbstverständlich. Das Patriarchat hatte endgültig gesiegt, als Zeus seine Gattin Hera auch noch von ihrer letzten Vollmacht als Hüterin der Kraft des Sehens und des Orakels entmachtet hatte. In späteren entwurzelten Gesellschaften wurden die Kräfte des Orakels und des Sehens zu Machtzwecken mißbraucht und korrumpiert. Auch heute gibt es unzählig viel Scharlatanerie auf dem spirituellen Jahrmarkt. Das ändert aber nichts daran, daß die eigentlichen medialen Wahrnehmungskräfte hohe Kräfte sind, die in den Gemeinschaften der Zukunft mit Sicherheit weiterentwickelt werden. Die mediale Fähigkeit basiert auf dem Prinzip der Verbindung mit universellen Informationsvorgängen. Es bedarf dazu einer hohen Schule der Wahrnehmung und der klaren Kommunikation. Voraussetzung ist auch hierfür die soziale Transparenz. Die telepathische Fähigkeit, mit anderen Lebewesen in Kommunikation einzutreten, hängt ab von der Fähigkeit, sich aus den Netzen der Verstellung und der Lüge zu befreien. Sonst entsteht ein Rauschen im Kanal. Es bedarf ein hohes Maß an Öffnung, um andersartige Informationen überhaupt aufnehmen zu können. Meine Kapitel über die Traumforschung sind eine wichtige Basis für alle, die an der medialen Forschung interessiert sind. Frauen haben es hier in der Regel leichter, durch ihre kreatürliche Verbundenheit mit der Welt. Diese Fähigkeit werden Frauen, aber auch Männer, wieder entwickeln, und sie werden für die verschiedensten Bereiche gebraucht. Wer die spirituellen Vorgänge zu sehen und zu begreifen beginnt, der wird von selbst sein Lebensumfeld verändern müssen. Die Veränderung geht von den Schlafgewohnheiten über die Ernährung, über soziale und sexuelle Kontakte bis in den beruflichen Bereich. Der spirituelle Weg ist ein Weg der Transformation. Man wird ihn nur gehen können, wenn man auch innerlich zu Veränderungen bereit ist. Die mediale Forschung wird die verschiedenen Forschungs- und Arbeitsbereiche, wie Ökologie, Technologie, Architektur, usw. begleiten. Gleichzeitig wird sie eingesetzt werden für den Bereich der Erforschung der inneren Bewußtseinsräume. Wer bin ich? Wo komme ich her? Was ist meine Zielgestalt? Es werden hier viele Berufswege entwickelt werden, die sich je nach Begabung herauskristallisieren, z.B. eine Spezialisierung auf die Kommunikation mit Pflanzen oder mit Tieren, Delphinforschung, harmonikale Forschung, usw.

Wichtig für die Entfaltung eines jeden medial arbeitenden Menschen ist die Einbettung in die Gemeinschaft. Es gibt viele medial begabte Menschen, besonders Frauen, die nur deshalb in Irrenanstalten landen mußten, weil sie mit ihrer übersinnlichen Begabung keinerlei Einbettung erfahren haben.

Natürlich werden wir Geschenke der Natur, wie bestimmte Pflanzen, die die Wahrnehmungsfähigkeit steigern, nutzen. Wir setzen sie ein für die Verfeinerung unserer Sinne und die Vertiefung unseres Wissens. Es wäre absurd, diesen Gabentisch Gottes oder der Natur nicht nutzen zu wollen. Ein medial begabter Mensch wird seine ganze Ernährungsweise darauf ausrichten, daß seine Zellen empfänglich bleiben für die universellen Informationen.

Besonders Kinder haben oft eine hohe mediale Begabung, die von den Erwachsenen nur belächelt wird. Erwachsene lachen, wenn Kinder davon erzählen, daß sie Engel, Faune oder ähnliche Wesen gesehen haben. Sie prägen den Kindern sehr früh ein, daß sie nur ihrer Phantasie erlegen sind und noch nicht realitätsnah leben und denken können. Man hält nur das für wahr, was man selber kennt. Wie anders entwickeln sich Kinder, wenn sie in dieser Wahrnehmung der Welt unterstützt und gefördert werden. Kinder bis zu 12

Jahren haben z.B. eine besonders empfängliche Antenne für die Information von Pflanzenwesen. Wenn sie ernstgenommen werden in ihrer Wahrnehmung der Welt statt belächelt zu werden, könnten sie diese Begabung schulen, und wir könnten von ihnen lernen. Ich selbst habe als Kind sehr oft Dinge vorhergesehen, wußte einige Tage vorher genau, was demnächst passieren wird. Das ging bis in meine späte Pubertät, aber mich haben diese Zusammenhänge eher beängstigt, denn sie waren fremd, und ich fühlte, wie schnell man mich schräg ansah und in die Ecke leichter Schizophrenie stellen wollte. Genau hier, wo ich mit einer neuen und fremden Welt in Berührung kam, hätte ich aber den Schutz und die Anteilnahme wissender Erwachsener gebraucht. Wer die Prinzhorn-Sammlung "Bilder von Schizophrenen" kennt, der ahnt, in welcher ausweglosen Situation sich manch ein sehender Mensch befunden hat, da er keine allgemeinverständliche Sprache finden konnte für das, was ihm aus anderen Dimensionen ins Bewußtsein ragte. Es liegt eine hohe Aufgabe für uns Frauen darin, medial begabte Menschen irdisch gut und fest zu beheimaten, die spirituellen Sehkräfte wieder zu schulen, zu schützen und von Scharlatanerie und Lüge frei zu halten. In der Zukunft werden sicher immer mehr Schulen entstehen, in denen die spirituellen Wahrnehmungskräfte geschult und aufgebaut werden.

12

Ein neues Berufsbild der Frauen

Frauen werden ihrer uralten Natur entsprechend eine hohe soziale Funktion und Verantwortung annehmen in den Gemeinschaften der Zukunft. In den Urreligionen hütete die Mater den Herd, das heilige und das soziale Zentrum eines Stammes. Ohne in ein sentimentales "Zurück zur Natur" zu verfallen, glaube ich, daß Frauen in überschaubaren Gemeinschaften diese Qualität wieder mehr und mehr übernehmen werden. Soziale Berufe sind dann keine Berufe zweiten Ranges mehr, sondern sie sind zentral für den Zusammenhalt der Gemeinschaft. Der Bereich der Familie und die Sorge für den Zusammenhalt der Familie war für das eigentliche weibliche Potential viel zu klein. Es waren aber trotzdem positive Qualitäten, die die Frauen jetzt in viel größerem sozialen Umfeld entwickeln werden. Sie sorgen für den Zusammenhalt der Gemeinschaft. Sie werden dafür sorgen, daß die nötige Transparenz gewahrt bleibt. "Diese Frau hat ein großes Herz", das ist dann wieder ein Ausspruch, der von echter Qualität zeugt, ein Ausdruck des Vertrauens und der sozialen Kompetenz. Ein großes Herz zu haben, ist wieder mindestens so wichtig geworden, wie einen hohen Verstand. Es ist eine ernstzunehmende Berufsqualität, die sich zu entwickeln lohnt.

Frauen werden auch weiterhin verstärkt in die sogenannten männlichen Berufe einsteigen, in die Technologie, Physik, Architektur, usw. Sie werden nichts mehr einfach den Männern überlassen. Aber sie werden innerhalb dieser Berufssparten verstärkt ihre spezifisch weiblichen Qualitäten einsetzen.

Viele Frauen hatten keine besondere Motivation, sich in die rein abstrakten Denkbereiche hineinzubegeben. Das ändert sich mit der empirischen Verantwortlichkeit, die Frauen wieder übernehmen. Sie werden dafür sorgen, daß in allen Berufsbereichen der männliche und der weibliche Geist vertreten ist und damit auch ein gesundes Maß an Eros. Wir werden unter solchen Voraussetzungen zu ganz neuen Forschungsergebnissen kommen. Frauen werden auch für die nötige Leichtigkeit und Heiterkeit sorgen in allen Berufssparten.

Frauen werden ihre politische und soziale Verantwortung annehmen durch ihre direkte Anteilnahme und Parteinahme. Sie treten ein ins öffentliche Sprechen und werden die geistigen Ergebnisse ihrer Arbeit auch in der Öffentlichkeit vertreten. Sie werden dafür sorgen, daß sie auch in der öffentlichen Welt gehört und geachtet werden. Sie werden dafür sorgen, daß Netzwerke entstehen mit Beteiligten aus allen Gesellschaftsklassen, die an der Entstehung eines globalen Friedens arbeiten. Sie werden dafür sorgen, daß Treffpunkte entstehen, wo man sich über die eigentlichen Themen verständigen kann. Und sie werden dafür sorgen, daß ihre Gemeinschaften einen geistigen und sinnlichen Heimathafen bieten für alle "Frontarbeiter" in den Städten und an den Brennpunkten der alten Kultur. An einem Mangel an Aufgaben und Berufsmöglichkeiten haben die Frauen der Zukunft bestimmt nicht zu leiden. Sie werden ihre medialen Begabungen nutzen, um eine tiefere Sicht in ihren neuen Berufen zu entwickeln. Ihre Kraftquelle ist weniger das Karrieredenken, als viel mehr die Entfaltung weiblicher Liebe und Anteilnahme im öffentlichen Leben.

Die Parteinahme für die Verschönerung und Humanisierung aller Bereiche zeichnet die Frauen aus, die sich in den verschiedensten Berufen qualifizieren. Sie werden es nicht mehr zulassen, daß sich irgendwelche Forschungen und Berufszweige weiterentwickeln können, unabhängig von der Frage ihrer humanen Vertretbarkeit. Dient unsere Arbeit der Entwicklung einer gewaltfreien Kultur oder nicht? Das ist der Maßstab, an dem wir alle unsere Tätigkeiten messen. Das ist unser Gütezeichen, das sich nach und nach überall durchsetzen wird, wenn unsere Arbeit Erfolg hat.

Teil V

Traum und Wirklichkeit – Die Quellen der Zukunft

Dieser Teil ist das Ergebnis verschiedener spiritueller Kurse und Erfahrungen, die ich in den letzten Jahren durchgeführt habe.

Er beschreibt Methoden für die persönliche spirituelle Arbeit, die Methode der Traumforschung und der Affirmation, die ich immer wieder erprobt habe und die man betreiben kann unabhängig davon, wo und wie man gerade lebt. Sie führen allerdings beide zu erheblichen Konsequenzen, und es ist die Frage, wieweit der einzelne bereit ist, sich darauf einzulassen.

Zusätzlich sind hier die philosophischen Hintergründe beschrieben, die mir und anderen Mut machen, die bevorstehenden Aufgaben überhaupt anzugehen.

1

Der Zusammenhang von Traum und Wirklichkeit

Die Schöpfungsmythologie einer kleinen Gruppe australischer Aborigines

Eine wichtige Methode zur Aneignung neuer Kraftquellen und zur Mobilisierung positiver Bewußtseinselemente ist die Traumforschung. Sie funktioniert besonders gut, wenn sie eingebettet ist in einen Gemeinschaftsprozeß, wenn sie befreit wird aus dem Korsett psychologischer Traumdeutung und wenn sie als ganz konkretes Informationselement für unser persönliches Leben betrachtet und benutzt wird.

Im Folgenden fasse ich einige Hinweise zur Philosophie der australischen Aborigines zusammen, die mir als geistiger Hintergrund für die Traumforschung wichtig sind und auf die ich im Laufe meiner eigenen Auseinandersetzung mit anderen Bewußtseinsebenen gestoßen bin.

Die Philosophie der Aborigines führt uns an bestimmte eigene archaische Bewußtseinselemente heran, und sie werden in uns wach gerufen. Die Verdrängung archaischer Bewußtseinselemente in unserer Zeit ist ein wesentlicher Grund für seelische Erkrankungen und Entgleisungen. Es geht mir nicht darum, eine neue Anhängerschaft für alte Stammesmythologien zu schaffen. Ganz nüchtern sehe ich, daß auch in den Ritualen der Aborigines Grausamkeiten praktiziert wurden, daß viele Erkenntnisse der Einweihungen über grausame Praktiken und Schmerzen gewonnen wurden. Es geht also keineswegs um Nachahmung oder Verklärung, sondern um eine Ergänzung unserer Weltsicht, die heilend wirken kann auf die Gestaltung unseres Innenlebens und unseres Umfeldes. Wenn wir uns mit der Philosophie der Aborigines auseinandersetzen, dann können wir viel über unsere eigene evolutionäre Herkunft erfahren. Ein Stück Urgeschichte ragt in unsere Gegenwart und wartet darauf, wahrgenommen zu werden. Dies kann ein Beitrag dazu sein, daß wir wieder ein positives Verhältnis entwickeln zu der Geschichte, aus der wir kommen.

Ich beziehe mich auf einen sehr ursprünglichen Teil der Aborigines, die noch heute an verschiedenen Plätzen in Australien als Nomaden leben und intim verbunden sind mit ihrer ursprünglichen Mythologie und Tradition. Sie haben keine Pflanzen- und Tierzucht, keine Behausungen. Sie leben vom Jagen und Sammeln. Sie gehen davon aus, daß sie überall in der Schöpfung beheimatet sind, wo immer sie auch hingeführt werden. Sie lassen sich führen von ihren Träumen. Sie haben eine der ältesten uns bekannten Kulturen. Robert Lawlor stellt in seinem Buch "Am Anfang war der Traum" die These auf, daß die Aborigines die ersten Vertreter des Homo sapiens sind. Man kann ihre Stammesgründung 120-150 Tausend Jahre zurückdatieren. Ein erstaunlich langes Überleben! Man sagt diesem Stamm nach, daß er ein intimes Verhältnis zu Tod und Geburt habe. Sie sterben freiwillig, und wenn es soweit ist, dann rufen sie alle ihre Verwandten zusammen und können sich innerhalb von zwei Minuten verabschieden. Eine umfassende Darstellung ihrer Philosophie finden wir in dem Buch von Robert Lawlor und sehr anschaulich auch in dem (umstrittenen) Buch "Traumfänger" von Marlo Morgan. Daß die Aborigines keine westliche Kulturentwicklung mitvollzogen haben, liegt nicht an mangelnder Intelligenz, sondern an dem bewußt gewählten Weg, ihrer alten Schöpfungsmythologie zu folgen. Laut ihrer Schöpfungsphilosophie ist der Ursprung aller Dinge der Traum. Es gibt nichts, das nicht aus einem Traum hervorgegangen ist. Die Pflanze ist der Traum des Samenkorns. Das ist ganz konkret gemeint. In allem Tun beharren die Aborigines auf der unmittelbaren Verbindung zum Ursprung aller Dinge, die im Traum geschieht. Ich betrachte die Aborigines unter dem Aspekt, daß sie eine der tiefsten kollektiven Erinnerungen widerspiegeln, aus der wir alle hervorgegangen sind. Interessant ist, daß diese Erinnerung noch heute real existiert. Wir wollen in den Gemeinschaften der Zukunft nicht erneut zu Nomaden werden, es geht nicht um ein Zurück zur Natur. Aber es geht um einen erneuten Kontakt zu unserem eigenen Ursprung. In einer Weltsicht wie der der Aborigines komme ich zu einer interessanteren Schau, als wenn ich der gängigen These folge, daß der Mensch vom Affen abstammt.

Wir sind herausgefordert, unsere Ursprünge zu sehen und zu verstehen, und zwar als aktuelles Element in unserer Gegenwart. Eine eigene rudimentäre Erinnerung fordert uns zum Umdenken auf, und die lebt heute ganz real, z.B. verkörpert in den Aborigines. Viele Aborigines weisen heute mit Vehemenz darauf hin, daß der westliche Mensch den Planeten Erde zerstört, wenn er in seinem bisher gültigen Denken verweilt. Er zerstört die Erde vor allem durch falsche und unbewußte Träume, aus denen dann seine falsche Realität folgt. Wenn er jetzt nicht eine neue Verbindung zu seinen eigentlichen Träumen schafft, dann zerstört er sich und die Erde. Die heute herrschende Kultur ist ein Abspaltprodukt von Menschenträumen, die ihren eigentlichen Ursprung vergessen und verleugnet haben. Die Entgleisungen unserer Zeit fordern uns heraus, die eigentlichen Ursprünge neu zu sehen und zu verstehen und den Traum von Kultur und Wirklichkeit neu und verbindlich zu träumen.

Die Aborigines sagen: Am Anfang der gesamten Schöpfung war der Traum. Träume sind in ihrer Sicht tiefgründige kollektive Erinnerungen, die mehr Macht haben als religiöser Glaube oder wissenschaftliche Theorien. Religion ist bereits die Folge davon, daß der Mensch ausgetreten ist aus der Verbindlichkeit und wirklichkeitsschaffenden Kraft, die seine Träume haben. Die Kultur der Aborigines basiert auf der Erinnerung vom Ursprung allen Lebens. Sie sprechen in ihrer bildhaften Sprache von den "schöpferischen Ahnen", die die Welt in der sogenannten "Traumzeit" schufen. Man möge sich das ganz einfach vorstellen: Unsere eigene geistige Potenz, die göttlichen Ursprungs ist, nennen sie die "Ahnen". Diese träumten den Traum vom Paradies der Erde, einem materiellen Dasein. Vor ihren Wanderungen legten sich die Ahnen schlafen und träumten die Ereignisse des nächsten Tages. Auf diese Weise schufen sie alle Elemente, Tiere und Pflanzen. Jedes Ding konnte sich in der Traumzeit in ein anderes verwandeln, es war dabei unmittelbar verbunden mit seinem Ursprung. Alle Zyklen und Phasen waren gleichzeitig. In diesem Schöpfungstraum wurden die Ahnen irgendwann müde, legten sich schlafen, und dazu gingen sie in die Elemente ein, die sie geschaffen hatten. Das heißt, sie schlafen jetzt in uns, in den Pflanzen, Tieren, Steinen, im Wasser und im Licht und erträumen aktiv ihren nächsten Schöpfungsakt. Das geschieht ganz konkret in unseren Träumen. Deshalb sollten wir nicht mehr zulassen, daß unsere Träume ein abgespaltener und unbewußter Teil unseres Bewußtseins bleiben. Der Mensch ist auch während des Tages und seinen konkreten Handlungen gleichzeitig ein Träumender, nur hat er das Bewußtsein und die Erinnerung dafür verloren.

Die Aborigines halten weder den Traum noch die Erscheinungswelt für Illusionen, denn sie sind untrennbar miteinander verbunden. Ich zitiere aus dem Buch von Robert Lawlor:

"Es gibt keinen vom Inneren losgelösten Raum. Es gibt keine Ereignisse oder Gegenstände – seien es Sterne, Raumschiffe oder Moleküle –, die von den Gefühlen und Wünschen, Entwürfen, Tätigkeiten und Bildern des Bewußten abgelöst sind. Sie alle sind Kinder, die aus der Verbindung von Bewußtem und Unbewußtem geboren sind. Es geschah einmal, daß wir von unausgewogenen Wahrnehmungsweisen oder mißverständlicher Sprache zu dem Glauben verleitet wurden, der Raum sei losgelöst vom Bewußtsein und die Zeit sei etwas anderes als das rhythmische Hin- und Herschwingen zwischen dem Subjektiven und dem Gegenständlichen, und damals haben wir die Wahrheit über die Schöpfung der Ahnen aus den Augen verloren."

Bei den Aborigines gibt es eine Mythologie von einer Zeit, in der kein Mensch auf die Idee kam, andere Lebewesen zu essen. Erst als bereits ein Schöpfungsfehler eingetreten war, eine Trennung der verschiedenen Bewußtseinsräume, kam der Mensch dazu, andere Lebewesen zu töten.

Alles ist aus Bewußtsein, man kann auch sagen, aus dem bewußten Traum entstanden. Alles hat einen sichtbaren und einen unsichtbaren Teil. Der ganze Raum ist Bewußtsein und teilt sich auf in das Sichtbare und das Unsichtbare. Tag und Nacht existieren gleichzeitig, als die gegenüberliegenden Seiten einer sich drehenden Kugel. Wenn ich jetzt körperlich in diesem Tag bin, dann bin ich gleichzeitig in der Nacht und träume meinen nächsten Traum von einer Wirklichkeit, die sich realisieren wird. Es gibt eine unauflösbare

Beziehung zwischen Potential und Wirklichkeit, zwischen Bewußtem und Unbewußtem. Das Unbewußte wird anders verstanden als bei uns. Es ist Teil des Bewußtseins. Die Dinge, die in Erscheinung treten, sind manifestiertes Bewußtsein, während das noch nicht Realisierte in der Welt des Unbewußten existiert. Man kann auch sagen: Wir sind die Ahnen, bzw. das schöpferische Bewußtsein, das die Wirklichkeit erzeugt, und zwar in einem viel größeren Ausmaß als wir zu denken wagen. Unsere eigenen inneren Gedanken und Tätigkeiten sind das aktive Bewußtsein der Ahnen. Sie und wir leben untrennbar miteinander verbunden und erscheinen gegenseitig als Inneres und Äußeres des jeweils anderen.

Psychologisch gesehen gibt es den inneren Traum von etwas, er veräußerlicht sich durch die entsprechende Wirklichkeit und taucht wieder zurück in die Erinnerung. Erinnerung, Sinn und Bedeutung ist das, was alles Seiende miteinander verbindet. Deshalb ist die Schulung des Gedächtnisses, die Brücke der Erinnerung zwischen den verschiedenen Bewußtseinsräumen, von so wesentlicher Bedeutung für den gesamten Schöpfungsverlauf. Raum und Zeit sind nur äußere Metaphern dieses inneren Energievorganges. Aber sie sind real.

Man möge sich das Beispiel von unseren Zellen vergegenwärtigen. Es wird behauptet, daß sich unsere Zellen 10^{23} mal in der Sekunde entmaterialisieren und wieder erneuern. Man kann also sagen, daß wir dauernd materiell und immateriell gegenwärtig sind. Der gesamte Schöpfungsvorgang ist ein ständiges Hin- und Herschwingen zwischen Traum, Idee, Bewußtsein und materieller Vergegenständlichung. Gestalten werden als äußere Projektion einer inneren Vision aufgefaßt. Aber diese Projektion ist ganz real. Auch das Licht träumt. Indem wir dem Universum ein eigenes inneres Leben absprechen, sperren wir unser eigenes Bewußtsein ein. Alles ist ein Kommunikationsakt, in dem verschiedene Energiezustände, der materielle und der immaterielle Daseinsraum, miteinander in Kontakt bleiben. Jedes Ding hat einen metaphysischen, kommunizierenden Aspekt und einen materiellen. Es gibt das eine ohne das andere nicht. Alles Geschaffene, Sterne, Menschen, Insekten, ist am Bewußtsein der Schöpfungskraft beteiligt. In jedem Detail spiegelt sich das Ganze. Jeder Teil der Schöpfung handelt auf Grund von inneren Träumen und Wünschen. Indem ich Kontakt aufnehme zu einem Ding, z.B. einem Stein, kann ich seinen Traum verstehen und abrufen. Ich weiß dann auch, ob mein Eingriff erwünscht ist oder nicht. Da ich selbst ein Aspekt bin, der die gesamte Schöpfung widerspiegelt, verstehe ich in jedem Detail immer auch mich selbst. Die Erde kann ganz konkret als Buch der Schöpfung betrachtet werden, in dem ich alles lesen kann. Die ganzheitliche Welt auszubeuten, bedeutet nichts anderes, als sich selbst auszubeuten. Denn ich bin das Ganze. Die Erkundung des riesigen Universums und das Wissen um die Bedeutung der Schöpfung werden durch eine innere und eine äußere Erkenntnis des eigenen Ich erfahren. Subjektivität und Objektivität verschmelzen zu einer untrennbaren Einheit. Es gibt keine objektive Wirklichkeit, ohne daß mindestens ein kollektives Subjekt diesen Traum träumt, das heißt, im Unbewußten eine Vorstellung erzeugt von dieser Wirklichkeit. Jeder wirkliche Wunsch findet seinen Beweis und seine Erfahrung in einer äußeren Wirklichkeit und wird nicht ruhen, bis er sie gefunden hat.

Soweit eine grobe Übersicht über die Grundgedanken der Mythologie der Aborigines. Das Weltbild, das ich in dieser Mythologie vorfinde, hat einen viel einleuchtenderen und zwingenderen Charakter als wissenschaftliche Theorien vom Urknall der Erde und von der Entstehung der Materie, die irgendwann rein zufällig das Leben ausgeschwitzt hat. Wir sind in dieser Mythologie viel mehr und unausweichlich verantwortliche Täter als ausgelieferte Opfer. Das Göttliche als die ewige Schöpfungsquelle ist ja in jedem von uns durch die sogenannten Ahnen wirksam. Es ist weder ein atheistisches noch ein theistisches Weltbild. Entscheidend ist das hohe Maß an Verantwortlichkeit und an Einbettung in das Ganze, das der Mensch in diesem Weltbild hat.

Wenn unsere inneren geistigen und seelischen Vorgänge, die der gegenwärtige Mensch der Gesellschaft hegt und pflegt, der Traum der Ahnen und damit des göttlichen Bewußtseins sein sollen, dann kann nur eine scheußliche Welt dabei herauskommen! Das kann und wird sich erst ändern, wenn der Mensch bereit ist, seine inneren Seelenvorgänge, seine Träume bewußt anzuschauen und zu verändern. Wir sind also dringend herausgefordert, Verantwortung zu übernehmen für unsere inneren geistigen und seelischen Vorgänge.

Heilung besteht in der Veränderung seelischer Prozesse. So zwingend und einfach fordert diese Mythologie uns auf, umzudenken. Wie diese Innenvorgänge verändert werden, das ist nicht beliebig. Es geschieht durch Wahrnehmung und Kenntnisnahme und immer in Verbindung mit der gesamten Schöpfung.

Daß wir alle in diesem entsetzlichen Horrorfilm des 20. Jahrhunderts leben, in dem sowohl unsere inneren Vorgänge als auch die äußere Wirklichkeit durch entsetzliche Wunden geprägt sind, liegt vor allem daran, daß der Mensch seine Einbettung in universelle Vorgänge vergessen und verleugnet hat, daß der Mensch seit Jahrtausenden die bewußte Verbindung zu seinen Schöpfungsträumen und dem dauernden Kommunikationsakt zwischen Traum und Wirklichkeit verloren hat.

Der Mensch kennt seine Träume nicht mehr und übernimmt auch keine Verantwortung mehr für sie.

Der Mensch kennt nicht mehr seine Urheberschaft universeller Vorgänge und erfährt sich als getrennten Teil einer Schöpfung, der er ausgeliefert ist und die er zerstört, beraubt und bekämpft. Die Bewußtseinsvorgänge des Menschen sind abgespalten und träumen einen furchtbaren Horrortraum. Der Mensch hat die Verantwortung für die göttlichen Vorgänge in sich selbst und in der Schöpfung abgelehnt und damit auch die Ahnen, d.h. das göttliche Bewußtsein in sich selbst, entmachtet. Dieses abgespaltene, nicht mehr kommunizierende Bewußtsein bringt aber eine entsprechende zerstörerische Wirklichkeit hervor. Ich zitiere noch einmal aus dem Buch von Robert Lawlor:

"Wenn die Weißen nicht lernen, Zugang zu den Träumen des Landes, der Pflanzen und der Tiere zu finden, bevor sie sie brauchen oder essen, werden sie verrückt und krank und werden sich selbst zerstören."

Den Zugang zu den Träumen des Landes zu finden und den Zugang zu den eigenen Träumen zu finden, das ist unmittelbar miteinander verbunden, denn überall, wo du einen ursprünglichen Traum verstehst, da verstehst du auch dich selbst. Die Erforschung der inneren geistigen Zusammenhänge und der äußeren Wirklichkeit gehören untrennbar zusammen.

Mit unseren Worten würden wir sagen: Die Inweltkrise und die Umweltkrise bedingen einander und können nicht unabhängig voneinander verstanden werden.

Es gibt nur ein Sein – diese Tatsache wieder mit Interesse aufzunehmen und mit der Möglichkeit der schöpferischen Veränderbarkeit wahrzunehmen, das ist die große Herausforderung, die uns durch die Philosophie der Aborigines entgegenleuchtet und die Mut machen kann, aus bestehenden Verhältnissen auszutreten und einen neuen Schöpfungstraum zu wagen.

Lebensveränderung durch konkrete Traumarbeit

Vor dem Hintergrund dieser Philosophie erscheinen unsere Träume, die Tagträume und die Träume der Nacht, in einem neuen und bedeutenden Licht. Es sind Bewußtseinsvorgänge, die beteiligt sind am universellen Schöpfungsgeschehen. Es ist ja wirklich ziemlich komisch, daß wir von ca. einem Drittel unserer Lebenszeit, nämlich der Zeit unseres Schlafes, so gut wie nichts wissen. Manchmal aber wachen wir morgens auf und erinnern uns an einen Traum, als hätten wir ganz konkret etwas erlebt. Und in unseren Träumen erleben wir manche Dinge so intensiv, daß man während des Träumens kaum auf die Idee kommt, daß man ja "nur" träumt. Ich möchte hier einige Hinweise geben für die ganz konkrete Traumforschung, die man sich im Laufe der Jahre antrainieren kann. Man kann damit die Gestaltung des Alltagslebens beträchtlich beeinflussen. In meinen Traumforschungsexperimenten haben sich ganz besonders die Hinweise und Praktiken der Senoi als wichtiges Element erwiesen. Ich beziehe deshalb ihre Hinweise in besonderer Weise ein. Die Senoi sind ein besonders friedliebendes Volk in Malaysia.

1. Zur Schulung der Erinnerung

Wer Traumforschung intensiv betreibt, der wird sich einige Male in der Nacht wecken und sich morgens Zeit nehmen, bevor er mit den Alltäglichkeiten beginnt, um sich noch einmal die Nacht zu vergegenwärtigen. Die erste Schulung besteht im Erinnerungstraining. In welchen Gefilden hat sich mein Unterbewußtes während der Nacht aufgehalten?

Es lohnt sich, ganz ruhig liegenzubleiben, nicht gleich an Themen und Aufgaben des Tages zu denken. Die Erinnerung der Träume steigt von unten auf! Man sollte also die Gehirnzellen zunächst ruhig halten. Durch die bekannte Konzentration des Tages kommt die Erinnerung nicht. Sie kommt durch Beiläufigkeit und indem man möglichst im geöffneten Zustand des Halbschlafes bleibt. Wenn man ein Traumtagebuch anlegt und die Träume regelmäßig aufschreibt, so unterstützt das den Erinnerungsvorgang. Ich selbst benutzte ein kleines Diktiergerät als "Traumapparat". Ich habe es mir im Laufe der Zeit angewöhnt, im Schlaf den Knopf zu drücken und die Elemente, die mir wichtig erscheinen, auf Band zu sprechen. Man merkt so bald, daß die Logik des Schlafbewußtseins eine ganz andere ist als die Logik des Wachbewußtseins. Im Wachbewußtsein versucht man bereits, das Geträumte der Tageslogik anzupassen. Es lohnt sich also, sich darin zu trainieren, noch aus dem Schlafbewußtsein heraus zu sprechen.

2. Einrichtung spezieller Traumforschungsnächte

Es ist gut, sich einige bewußt ausgewählte Traumforschungsnächte einzurichten. Man achte in dieser Zeit auf die Ernährung, indem man leichte Kost ißt. Man kommt in diesem Zusammenhang immer mehr dazu, Ernährung – egal, was wir essen – als Erkenntnisdroge zu sehen und zu nutzen. Es sind Bewußtseinselemente, die wir zu uns nehmen. Leichte Kost erleichtert das Erinnerungsvermögen. In solchen Nächten schlafe ich immer allein. So ca. alle drei bis vier Stunden wecke ich mich und trainiere mich in einem möglichst umfassenden Erinnerungsvermögen. Meistens gebe ich mir vor dem Schlafengehen ein Thema, zu dem ich träumen möchte. Im Laufe der Zeit findet man besonders günstige Zeiten für die Traumforschungsnächte heraus, z.B. die Nächte um Vollmond und Neumond. Wer solche Übungen oft macht, der wird merken, daß man sich nachts auf unglaublich vielen verschiedenen Bewußtseinsebenen gleichzeitig bewegt. Man wird auch bemerken, daß man oft verschiedene Träume gleichzeitig träumt. Und man wird vor allem im Laufe der Zeit bemerken, daß man die Träume bewußt lenken kann. Niemand muß mehr Opfer sein in seinen Träumen.

Das ist eine ganz wesentliche Übung der Senoi. In ihrem Stamm gilt eine Person dann als erwachsen, wenn sie es gelernt hat, aus keinem

Traum mehr als Opfer hervorzugehen. Um das zu erlernen, durchlaufen sie eine regelrechte Traumschulung.

3. Das Wachträumen

Eine wichtige Übung zur Schulung des bewußten Träumens liegt in der Verzögerung des echten Einschlafens. Ich versuche, Zeuge zu werden meiner Bewußtseinstätigkeit, ich versuche, genau zu beobachten, wann und wie der Übergang in den Schlaf funktioniert. Es ist eine Vorübung für das Bewußtseinstraining, sich während des Träumens bewußt zu sein, daß man träumt. Zunächst einmal stelle ich meine Gedanken ruhig. Ich gebe meinem Bewußtsein die Information ein, daß ich mich erinnern will und erinnern werde. In der Beobachtung der Phase des Einschlafens liegen schon viele Schlüssel enthalten, denn man kann beobachten, wie das Bewußtsein nach und nach immer beweglicher wird, wie es sich nach und nach aus der direkten Identifizierung mit Raum und Zeit löst und in die verschiedensten Bewußtseinsräume wechseln kann. Wenn man es in diesem Bereich immer mehr zu lenken lernt, erlebt man manchmal bewußt den Übergang in transzendentale Bewußtseinsräume mit.

Immer wieder ist es auch da gut, bestimmte Übungen zu machen. Als erstes beobachte ich genau meine Körperhaltung und nehme mir vor, sie auch im Schlaf noch zu kennen. Ich nehme meinen Körper wahr wie den Tempel meines Bewußtseins, von dem ich ausziehe in eine Traumwelt und zu dem ich bewußt zurückkehren möchte. In diesem Zusammenhang spürt man nach und nach, daß die Himmelsrichtung, in der ich liege, von Bedeutung ist. Das ist eine Hilfe für die Erinnerung. Kurz vor dem Aufwachen erinnert man sich an den ruhenden Leib, man wird sich im Traum bewußt, daß man jetzt erwacht. Ich bleibe dann ganz still liegen und schaue an, was ich alles erlebt habe. Erst nach einiger Zeit wechsle ich die Lage.

Die nächste Übung, die ich noch im Halbschlaf mache, besteht darin, meinen ruhenden Körper bewußt zu verlassen und im Geist in die Nähe meiner Umgebung zu fliegen. Ich begebe mich z.B. in meinen Halbschlafbildern bewußt in das Bücherregal in meinem Zimmer, bevor ich mit dem Geist weiter abschwirre, z.B. 10 m entfernt von meinem Wohnplatz auf die Wiese. Ich schaue einfach darauf, wo es mich hinzieht, und lande bewußt an diesem Ort. Ich studiere ihn sehr genau, z.b. eine Pfütze, die ich sehe, ganz in der Nähe meines Hauses. Noch bin ich wach. Ich prüfe in meinem Bewußtsein: Ist denn da wirklich eine Pfütze? Dann schaue ich sie mir ganz genau an. Am nächsten Morgen gehe ich an den Platz und schaue nach, was denn da wirklich ist. Das alles sind sehr tolle Übungen für die Schulung der Verbindung zwischen Wachbewußtsein und Traumbewußtsein. Es schult auch unser Wachbewußtsein und die Wahrnehmung unserer ganz konkreten Umgebung. Es schult ein immer umfassenderes Sehvermögen.

4. Training des weichen Willens

Man wird bei diesen Übungen bemerken, wie schnell das Bewußtsein abschwirrt. Zeuge der eigenen Bewußtseinsvorgänge zu werden ist eine hohe Kunst. Schon da kann man erfahren, was weiche Macht bedeutet. Wer es zu verbissen versucht, bei dem kann es sein, daß er monatelang vergeblich trainiert. Das analytische Bewußtsein nutzt einem in diesen Fällen meistens wenig. Man wird auf Widerstände bei sich selbst stoßen. Man wird die Schuld zunächst immer auf äußere Umstände und die Widrigkeiten des Lebens zurückführen. Bis man merkt, daß man die Schuld auf niemanden anders mehr schieben kann. Man bemerkt im eigenen Inneren einen tiefen Trotz, so tief, daß man sich gar nicht erinnern will. Man wird alles mögliche finden und erfinden an Ausreden, bis man zu dem Punkt kommt, wo man plötzlich mit Heiterkeit erkennt: Ach, so bin ich. Dann kommt vielleicht eine Phase der Selbstverurteilung, aber auch das sind nur Hindernisse auf dem Weg zum Erfolg. Wenn man dann schließlich immer noch Traumforschung betreiben will, dann kommt die Phase, in der man reich ernten kann und auch bereit ist, die vielen Dinge anzuschauen, die einem das innere Spektrum der eigenen Seele anbietet. Das Unterbewußte läßt sich durch keine Zwangsmethoden einfangen. Im Laufe der Zeit kommt man in Berührung mit einem weichen, aber entschlossenen Willen. Dann kommt die Erinnerung wie von selbst. Es ist die Zeit der Ernte. Die Erinnerung vergrößert sich in dem Ausmaß, wie wir vor eigenen Bewußtseinselementen nicht mehr erschrecken. Plötzlich ist man verwundert, wie einfach es geht, wenn man die eigene

Willensenergie kennt und nutzt. Ein Koan, der für viele Bereiche gilt.

5. Spülträume als Projektionsvorgänge des eigenen Bewußtseins

Das alles sind Vorübungen für das bewußte Träumen. Jetzt möchte ich auf einige Richtlinien eingehen, was das Träumen selbst betrifft. Wenn wir erst einmal die Kunst der Erinnerung kennen, dann stellt man mit Erstaunen fest, was das eigene Unbewußte alles so treibt. Es ist ziemlich viel Mist, was man da zusammenträumt! Oft wacht man schweißgebadet auf, weil man irgendeinen Verfolgungstraum hatte. Plötzlich versteht man, warum man morgens oft so gestreßt ist. Eine ganze Emotionswelle bringt man da mit in den Tag, und zwar aus seinen Träumen! Da versteht man, warum sich eine Instanz im Inneren lieber nicht erinnern will. Und der Initiator von all diesem Mist soll ICH sein!? Die Regisseurin von vielen schlechten Krimis? Es gibt Träume, die nenne ich Spülträume. Sie signalisieren mir, daß mein Unbewußtes sich auf einem Irrweg befindet. Es ist, als hätte man einen schlechten Trip genommen und erliegt nun vielen Projektionsbildern der eigenen Seele. Sie sind damit aber immer auch ein Hinweis, daß in meinem Alltag etwas nicht stimmt. Und daß da in meinem Unbewußten jemand oder etwas Regie führt, von dem ich eigentlich nicht will, daß er oder es Regie führt. Es lohnt sich also trotzdem, sie kurz anzuschauen und dann gründlich zu verabschieden. So, wie ich Lebensverhältnisse schaffen möchte, in denen ich gerne lebe, so möchte ich mich auch freuen auf meine Nächte, weil mir wieder ein spannendes Bewußtseinsabenteuer bevorsteht. Also übe ich mich in der Dramaturgie meiner Träume. Und eines kann ich bereits jetzt aus meiner Erfahrung heraus mit Sicherheit sagen: Gelungene Traumforschungsexperimente haben immer Konsequenzen für den Alltag. Sie stärken die Präsenz und Gegenwärtigkeit für das, was dich umgibt, und sie bringen die Möglichkeit, Regie zu führen, immer mehr ins Bewußtsein. Ein schöpferischer Träumer wird auch ein schöpferischer Lebenskünstler sein, dem es gelingt, sein Leben im gewünschten Sinn immer mehr zu harmonisieren, vor allem mit Tatkraft und Energie zu durchtränken.

6. Traumregeln der Traumkunst der Senoi

Es gibt einige Traumregeln, die ich, angeregt durch die Traumkunst der Senoi, erprobt habe und die sich sehr bewähren. Der Erfolg tritt erstaunlich schnell ein. Eine der wichtigsten Regeln besteht darin, aus keinem Traum als Opfer hervorzugehen. Es gibt Traumfreunde und Traumfeinde. Im Traum hat man die Aufgabe, den Feind zu besiegen. Indem das gelingt, wird die Kraft des Feindes integriert. In der Traumkunst der Senoi darf man also durchaus Gewalt anwenden, ohne dabei jemanden zu verletzen. Es handelt sich dabei um die Integration eigener Bewußtseinsinhalte. Gerade das ermöglicht den Senoi, so friedlich zu leben. Es ist auffallend, daß sie ein außergewöhnlich friedliches Volk sind. Du erkennst deine Traumfeinde dadurch, daß sie dich im Traum ignorieren oder bedrohen. Egal, ob du einem Traumfreund oder einem Traumfeind begegnest: Es ist deine Aufgabe, Kontakt herzustellen und dir ein Geschenk abzuholen. So machst du dir immer mehr auch deine Traumfeinde zu Traumfreunden. Wenn du dir das Geschenk deines Traumfeindes abgeholt hast, dann ist er dein Freund geworden. Auch das ist der Ausdruck für die Aneignung einer Kraft, die einem im Traum begegnet. Wenn sich nach und nach diese Traumregeln im Unbewußten durchsetzen, dann sind sie eine große Hilfe für die Erinnerung, für das bewußte Träumen und für die Fähigkeit der Traumkonzentration. Geschenke, vor allem Getränke und Speisen, teilt man anschließend mit seinen Traumfreunden.

Bist du in einer aktuellen Notsituation, so rufe nach deinen Traumfreunden. Hole dir die Hilfe, die du brauchst.

Wenn du etwas nicht verstehst, so frage dein Gegenüber so lange, bis du es verstanden hast. Verlasse eine Situation niemals ohne Klärung.

Wenn du eine sexuelle Situation träumst, so übe dich darin, sie bis zu Ende zu träumen. Du brauchst im Traum vor keinen moralischen Grenzen haltzumachen, denn es geht um die Aneignung einer vertieften Selbstkenntnis und die Integration unbewußter Bewußtseinselemente. Alles, was dir im Traum begegnet, sind Aspekte deiner eigenen Seele.

Begegnet dir im Traum ein Freund aus deinem jetzigen Leben, so ist es deine Aufgabe, ihm hinterher von der Begegnung zu erzählen.

Ist er dir in einem negativen Aspekt begegnet, so hat er die Möglichkeit, sich bei dir zu entschuldigen, oder aber du kannst dich bei ihm entschuldigen. In diesem Sinn sind Träume sehr oft Führer der Seele für die Klärung einer Situation. Ich träume immer dann besonders intensiv, erinnere mich dann besonders gut, wenn es mir gelingt, die Verbindung zum alltäglichen Leben herzustellen. Manchmal wache ich morgens auf und weiß, daß ich drei Briefe zu schreiben habe. Konsequenzen aus den Träumen zu ziehen, bereichert das Traumleben gewaltig. Es ist eine Traumregel der Senoi, immer etwas aus dem Traum in die Gestaltung des Tages mitzunehmen.

7. Die besondere Kraft von Fliegeträumen und von luziden Träumen

Wenn man vom Fliegen träumt, so spürt man sehr oft nach dem Aufwachen ein besonderes Glücksgefühl. Die Kunst besteht dann darin, bewußt zu landen und sich die Orte auszuwählen, an denen man landet. Das steigert die Traumkonzentration sehr stark. Suche dir ein Ziel aus und lande bewußt. Schaue dir den Ort, wo du landest, genau an. Meistens steckt in solchen Träumen ein ganz wichtiger Schlüssel und Hinweis für die eigene Situation. Heilungssymbole, die man für das alltägliche Leben entschlüsseln kann, tauchen auf.

Das gleiche gilt für Fallträume. Wenn du fällst, so werde dir im Traum bewußt, daß du die Kunst des Fliegens beherrschst. Achte darauf, daß du weich landest, und suche dir den Ort aus, an dem du landest.

Besonders spannend sind die sogenannten luziden Träume. Der Träumer wird sich im Traum bewußt, daß er träumt. Meistens beginnen solche Träume damit, daß man sich im Traum schlafend vorfindet. Man wechselt von dort aus bewußt die Szenerie. Es ist auffallend, wie geläutert man aufwacht, wenn einem solche Traumexperimente gelungen sind. Das führt dann auch dazu, daß man sich immer bewußter wird über die vielfältigen Möglichkeiten im Traum. Wenn man vor eine Mauer stößt, dann erinnert man sich daran, daß man träumt, und weiß, daß man auch durch die Mauer hindurchlaufen kann.

Ich bringe ein eigenes Beispiel für einen besonders intensiven luziden Traum: Ich träumte, daß ich im Zelt liege und schlafe, so wie es der Realität entsprach. Ich sah mich schlafend liegen. Erst als ich merke, daß mir jemand ganz weich über den Kopf streicht, möchte ich die Augen öffnen. Es fühlt sich ganz real an, aber ich spüre die starke Aufforderung, jetzt nicht richtig aufzuwachen, sondern das ganze im Traum weiterzuverfolgen. Ich rutsche im Traum rüber zu meinem Nachtgefährten und teile ihm mit, daß da jemand ist. Ich frage ihn, ob er wach genug ist, um mal nachzuschauen, ich selbst dürfe gerade nicht die Augen öffnen. Dann schaue ich im Traum nach, wer das ist, der mir da über den Kopf streicht. Da sitzt mir mein Bruder gegenüber, der im Moment in den USA lebt. Er strahlt mich an. "Das letzte Mal hast du mich besucht im Traum, jetzt habe ich es auch mal versucht, ob es klappt. Das ist ja super, wie das funktioniert." Ich bin nach diesem Traum so glücklich aufgewacht, als hätte ich ihn real getroffen.

Im Laufe der Zeit wird man bemerken, daß man sich auf diesem Weg tatsächlich telepathisch treffen kann.

8. Traumforschungsgruppen

Im Stamm der Senoi bildet die Arbeit mit den Träumen das wichtigste soziale Bindeglied. Morgens trifft sich der Stamm, um wichtige Träume zu berichten. Das Traumforum schafft die nötige soziale Transparenz. Manche Hinweise aus den Träumen werden so ernst genommen, daß sie den Ort wechseln, wenn verschiedene Träume darauf hinwiesen, oder sie berufen eine Versammlung ein, wenn ein erfahrener Träumer dies wünscht. Es ist Aufgabe eines jeden Träumers, bestimmte Hinweise aus der Nacht in den Tag mitzunehmen und eine kreative Tat daraus zu machen.

Ich selbst leite immer wieder Traumforschungsgruppen, in denen wir Hinweise aus den Träumen ernst nehmen. Wir nehmen uns besondere Traumthemen vor. Es ist auffallend, wie oft gemeinsame Symbole auftauchen, oder wie sich im Traum gleichzeitig bestimmte Träumer immer wieder begegnen. Sich im Traum zu verabreden, das ist dann eine Kunst für besonders fortgeschrittene Träumer.

Nach und nach wird die Nacht zu einem ebenso spannenden Experiment wie der Tag. Nach und nach beginnt man, bewußt in der

Nacht mehr zu riskieren und bewußt zu gestalten und zu erinnern. Man begibt sich in Grenzbereiche. Das hat Auswirkungen auf das Gestaltungspotential am Tag. Man findet immer mehr heraus, wie man einen Traumzyklus bildet, der das innere Seelenleben festigt, und durch was die eigene Psyche in Unordnung gerät. Wer es lernt, in der Nacht die eigenen Träume bewußt aufzunehmen und zu lenken, der wird das auch in der Gestaltung des Alltags immer mehr beherzigen. Träume sind das schöpferische Potential eines potentiellen Lebenskünstlers. Träume geben mir Auskunft über meine intimsten Wünsche und Sehnsüchte. Sie sind der mehr oder weniger entdeckte Lebenskünstler in uns.

Ich halte die Traumforschung für eine ganz wesentliche Quelle zur Entschlüsselung kosmischer Informationen, die uns im Alltagsbewußtsein nicht zugänglich sind. In vielen früheren Kulturen wußte man um die besondere Bedeutung des Träumens. Ein bewußter Träumer kann transzendentale Reisen machen, die einem sonst ohne Drogen kaum möglich sind.

Die Orakelpriesterinnen haben die wichtigsten Botschaften aus dem Traum erfahren.

Es gibt heute noch eine kleine Frauen-Terrakotta, aus einem uralten unterirdischen Tempel, dem Hypogäum auf der Insel Malta. Es handelt sich um eine figürliche Darstellung einer Priesterin aus dem Orakelraum, die schlafend ihre Botschaften empfängt.

Der biblische Jakob hatte sein göttliches Offenbarungserlebnis durch einen Traum. Der Mythos der Rosenkreuzer bildete sich um die Legende des Christian Rosenkreuz, der seinen göttlichen Auftrag durch einen Traum erhielt.

In meiner langen Praxis der Traumforschung habe ich immer mehr erfahren, daß es verschiedene Kategorien des Träumens gibt. Es gibt die Projektionsträume, die symbolischen Träume, es gibt zusätzlich eine Traumebene, auf der man sich in einer anderen Bewußtseinsdimension aufhält. Aus diesem transzendentalen Raum heraus entstehen immer wieder die sogenannten Offenbarungsträume, die eine einschneidende Wirkung auf das ganze Leben haben. Möge es uns gelingen, die Kraft des Träumens als positive Offenbarungsquelle in dieser Zeit wieder zu erschließen und zu nutzen.

9. Der Traum als Vorerfahrung der Stufe des Todes

Eine besonders beglückende Erfahrung waren für mich Träume, in denen ich meine absolute kosmische Beweglichkeit erfuhr. Ich machte eine kosmische Reise in die verschiedensten Zonen des Weltalls. Ich traf mir bekannte Personen, die hier aber nicht wie Menschen aussahen. Ich traf zum Beispiel meinen Vater, der wie ein Klangkörper erschien, der sich im All ausstreckte wie ein tanzender Lichtkegel. Ich erkannte ihn sofort. Im Traum fand ich das gar nicht verwunderlich. Ich lachte ihm zu: "Hallo Papa, ach so siehst du im Kosmos aus!" Blitzschnell konnte ich mich fortbewegen in andere Zonen. Außerdem erlebte ich den Zustand, daß ich mich selbst in den verschiedensten Daseinszuständen gleichzeitig bewegte. Ich traf dabei meine ewige Gestalt, im Wachbewußtsein ein abstraktes, undefinierbares Gebilde. Im Traum war es selbstverständlich, daß ich gleichzeitig jemandem einen Besuch abstatten konnte, während ein anderer Teil meines Selbstbewußtseins sich in einem Sandkorn befand, und daß ich zusätzlich meine ewige Gestalt sehen konnte. Im Traum fand ich es keineswegs verwunderlich, daß mein Ich sich als Sandkorn identifizieren konnte. Erst, wenn man am nächsten Morgen seine Worte auf Band hört, die man ohne korrigierenden Richter aus dem Schlaf heraus gesprochen hat, dann ist man erstaunt über die Strukturlogik dieses eigenen Erfahrungsraumes. Ich wachte aus diesem Traum lachend auf mit den Worten: "Ach, so fühlt sich das an, wenn man tot ist." Ich habe anschließend diese heiteren Worte ziemlich ernst genommen. Traumforschung kann auch so etwas bedeuten wie die bewußte Vorerfahrung des Raumes, in dem wir uns nach unserem Tod aufhalten. Der Tod kann damit ein bewußter Wechsel unseres Daseinsraumes werden. Es ist gut, sich in diesen anderen Dimensionen bereits etwas auszukennen. Die Angst vor dem Tod verschwindet, es entsteht aber ein riesiges Interesse, sich auszukennen, zu wissen, wohin man geht, bewußt zu sterben und den ewigen Raum des Vergessens zu überwinden.

So, wie wir im Schlaf meistens nicht wissen, daß wir schlafen, wissen wir im Zustand des Todes sonst auch nicht, daß wir tot sind, und bleiben ausgeliefert an eine uns fremde Welt, hier wie im Jenseits, ohne Kenntnis von der eigenen Freiheit zu haben. Ich halte es durchaus für eine realistische Perspektive, die Freunde und Verwandten herbeizurufen, wenn man stirbt, sich zu verabschieden und zu wissen, wohin man geht. Möglicherweise sind wir bis dahin soweit fortgeschritten, daß es uns leicht möglich ist, den Kontakt zu halten und unsere Kommunikation immer selbstverständlicher auf die verschiedenen Daseinsräume auszuweiten.

2

Die Bedeutung der Traumarbeit für eine neue Kulturbildung

In der Heranreifung unseres Bewußtseins träumt die Erde einem neuen Paradies entgegen

In unseren Tagträumen und in den Träumen der Nacht sind wir herausgefordert, eine neue gemeinsame Vision zu schaffen und einen bewußten Traum zu träumen von unserem weiteren Leben auf der Erde in Verbindung mit allen Wesen, die sich ebenfalls diesen Planeten als ihre Heimat ausgesucht haben. Es ist der Traum einer gewünschten Wirklichkeit, die tief in unseren Herzen und Gedanken verankert ist. Unsere eigentliche unverstellte Sehnsucht ist – wenn wir sie wahrnehmen und erkennen – ein wichtiger Schlüssel, denn in ihr träumt unser göttliches Bewußtsein seinen Schöpfungstraum. In der Heranreifung unseres Bewußtseins träumt die Erde einem neuen Paradies entgegen. Indem dieser Traum bewußt zu Ende geführt wird, geht er seiner Verwirklichung entgegen, er wird sich materialisieren, weil so die Beziehung zwischen Traum und Wirklichkeit beschaffen ist. Wenn dies nicht geschieht, kann die Erde nicht geheilt werden.

Von alleine wird sie es sicher nicht tun. Es ist unsere Aufgabe, daß die Kultur und Gesellschaft, die wir schaffen, die Struktur der Schöpfung widerspiegeln in einem schöpferischen und liebenden Sinn. Wenn dieser Traum komplex genug beschaffen ist, dann hat er mehr Macht als die bestehende äußere Wirklichkeit. *"Nichts ist machtvoller als eine Idee, deren Zeit gekommen ist"* (Victor Hugo). Die bestehende Wirklichkeit wird sich erst ändern, wenn ein neues Schöpfungsbewußtsein im Menschen selbst heranreift. Unsere bewußten und immer komplexeren Visionen sind die Kräfte, die

Materialisierungen hervorbringen können. Wenn der Traum von einer angstfreien Welt der freien Liebe immer konkreter geträumt wird, wenn wir die Informationen, die er braucht, immer konkreter entwickeln, so daß wir individuell darin geborgen sind und sich das Universum darin widerspiegelt, dann hat dieser Traum alle Informationen in sich, um sich universell zu materialisieren.

Unsere Aufgabe ist also nicht die Mission, sondern die Entwicklung der richtigen Vision und Information. In der Sprache der Aborigines: die Entwicklung des richtigen Traumes.

Dazu müssen immer mehr Keimzellen für die Entwicklung der neuen Information entstehen.

Eine Jahrtausende währende Geschichte des Mißerfolges und der Destruktivität liegt vor unseren Augen. Sie ruft in uns ein immer stärker werdendes Nein hervor. Das allein aber bringt uns nicht weiter. Nirgendwo in der Geschichte finden wir den Beweis für einen möglichen Erfolg unseres Vorhabens. Und jeder wird uns darauf hinweisen, wieviele Versuche, das Gute zu verwirklichen, schon gescheitert sind. Kaum jemand wagt noch den Beginn eines Prozesses der tatsächlichen Umstülpung der intimsten Innenvorgänge. Gut sein besteht bis heute – in der Vorstellung der meisten Menschen – im Verzicht auf das Böse. Das Böse wird aber nicht verschwinden, solange wir keine bessere Information entwickelt haben. Alle Personen, die in sich die Kraft zu einem neuen Aufbruch fühlen, müssen jetzt mithelfen, daß Orte entstehen können, an denen neue Antworten in allen Bereichen entwickelt werden können.

Die Zusammenschau von Subjektivität und Objektivität ist der Schlüssel für eine Spiritualität der Zukunft, die den alten Kampf zwischen Subjektivität und Objektivität überwinden wird. Bisher will die Wissenschaft immer noch die Dinge vorfinden, wie sie sind, unabhängig von den Tiefen unseres Geistes, aus dem doch gerade unsere Wahrnehmung und der rationale Verstand hervorgegangen sind. Die Religion hat die Träume des Menschen dementsprechend ins große Jenseits verlagert.

In Zukunft werden alle wissenschaftlichen Tätigkeiten von spiritueller Forschung begleitet sein.

Keine Forschung wird mehr beliebig in die Schöpfung eingreifen, sondern man wird immer erst Kontakt aufnehmen zu dem sogenannten Forschungsobjekt und seinem Traum.

Der Ökologe fragt dann, bevor er eingreift: Welchen Traum träumt diese Landschaft und was möchte in ihr unterstützt und geweckt werden?

Der Ernährungswissenschaftler fragt: Was ist mein Traum von einer Ernährung, die in Verbindung mit dem Universum steht, und was in der Schöpfung träumt davon, von uns aufgenommen zu werden? Und wie? Welche Informationen tragen die Früchte in sich, die wir aufnehmen und entschlüsseln wollen?

Der Technologe fragt: Welchen Traum träumt das Licht und welche Maschinen entstehen daraus im Sinne einer künstlerischen Beteiligung und Nutzung des universellen Energievorganges?

Wir werden die telepathische Kommunikationsforschung aufgreifen, denn aus dieser Gesamtschau ist es klar, daß sie funktionieren muß. Sie funktioniert aber erst unter Menschen, die nicht mehr gezwungen sind zu Lüge und Verstellung.

Die natürliche Basis für eine solche Forschung ist die Wiederherstellung von Gemeinschaften. Was früher das Kollektivbewußtsein war, das wird auf eine neue Ebene gehoben.

Die Entstehung eines neuen Kollektivbewußtseins hat dabei eine entscheidende Funktion. Das Kollektivbewußtsein ist in der bestehenden Gesellschaft auf unbewußte und zerstörerische Art noch voll vorhanden. Es ist zerstörerisch, weil es seine eigentliche Verbindung und Einbettung in funktionierende Gemeinschaften und die Einbindung in universelle Kommunikationsvorgänge verloren hat. Es hat damit kein Korrektiv mehr und hat seine wirklich verbindende Funktion verloren. Heute hält man sich für einen Individualisten und folgt einem kollektiven Unbewußten, das seine eigene Regie führt. Faschistische Strömungen, nationale Kriege, Mode, Massenhysterie, blinder Okkultismus, McDonalds, eine über zehnjährige Kohl-Regierung sind Beispiele für das latent wirkende Unbewußte und seine verheerenden Auswirkungen.

Unsere positiven archaischen Bewußtseinselemente verlangen nach einer Wiedereinbettung in natürliche Gemeinschaften. Das positive Kollektivbewußtsein wird sich wieder herausbilden durch den Aufbau natürlicher Gemeinschaften. Darin besteht auch die Befreiung der Familie und der Zweierbeziehung aus ihrem viel zu engen Ghetto. Indem wir das tun, pflegen wir den archaischen Teil unserer Vergangenheit und heben ihn auf eine neue Stufe. Wir werden damit die positiven Elemente der Vergangenheit, aus der wir kommen, wieder erinnern und integrieren. Aber wir werden keine archaischen Gemeinschaften gründen, sondern wir sind herausgefordert, unseren Traum auf einer zeitgemäßen Ebene zu träumen. Die Kräfte des Individuums, der Wissenschaft und der Forschung wollen voll integriert werden.

Wir sprechen heute von dem kommunitären Bewußtsein einer Gemeinschaft, wenn die Individuationsvorgänge integriert und unterstützt werden. Das gemeinschaftsfähige Individuum muß voll entstehen, das ist eine geschichtliche Aufgabe, vor der wir stehen. Hierin liegt u.a. die Integration aller Bewußtseinselemente. Gemeinschaften, die diese Grundlage geschaffen haben, haben mehr Macht als gegenwärtige politische und materielle Verhältnisse, als Religion und Wissenschaft der alten Art, denn sie können universelle neue Informationen entwickeln, die für das Überleben gebraucht werden und die eine feldartige Wirkung verbreiten. Die Information von zeitgemäßen funktionierenden Gemeinschaftsmodellen fehlt heute ganz elementar. Daran krankt die Gesellschaft und das ganze Universum. Es geht bei den neuen Gemeinschaften um die Herausbildung eines kommunitären und kommunizierenden ICHs. Das kommunitäre Ich ist im Grunde nichts anderes als das zu vollem Bewußtsein erwachte kollektive Ich, das in der Evolution seinen erkennenden und kommunizierenden Stellenwert akzeptiert und angenommen hat. Es wird gebildet durch verantwortungsbewußte Individuen. Gemeinschaften der Zukunft werden notwendigerweise Foren einrichten für die dauernde Transparenz ihrer menschlichen und politischen Vorgänge. Ihr Grundprinzip ist das der durchlässigen Kommunikation. Die Foren sind die Keimzellen und Heiligtümer jeder entstehenden Gemeinschaft. Nicht mehr die Angst vor Entlarvung, sondern das Interesse am eigentlichen Sehen und Erkennen sind Motivationskräfte des eigenen Handelns. Niemand erfährt sich mehr als abgeschlossenes Individuum, das sich vor den anderen schützen muß. Die Notwendigkeit, Vertrauensräume zu erzeugen, motiviert jeden, der Welterkenntnis und Selbsterkenntnis zusammen sehen kann. Man möge sich vorstellen, daß in Wahrheit ja sowieso alle Lebewesen schwingungsmäßig miteinander kommunizieren. Anziehung und Abstoßung vollziehen sich auf dieser Ebene, ganz egal, was ich äußerlich sage, und sie können auch nur auf dieser Schwingungsebene verändert werden. Wahrheitsfähigkeit ist damit eine entscheidende Grundlage für die universelle Kommunikationsforschung. Gemeint ist dabei nicht der preußische Wahrheitsbegriff des kategorischen Imperativs, sondern eine zelluläre und schöpferische Wahrheit.

3

Die Schaffung einer positiven Vergangenheit

Ich habe in der Auseinandersetzung mit der archaischen Mythologie der Aborigines Grundgedanken wiedergefunden, die mich in einer neuen politischen Sicht bestärken und verpflichten. Sie führen in eine geistige Freiheit und Verpflichtung gleichermaßen, sie führen zwingend aus der Opferhaltung in die Übernahme von Verantwortung für alles, was man denkt, tut und fühlt.

Es sind Grundgedanken, die die Kraft und den Mut verleihen, Pilotmodelle für gewaltfreie Gesellschaften aufzubauen. Das ist eine logische Konsequenz, die aus einer solchen Forschung folgt, denn man kann nicht länger einfach so Mitläufer bleiben.

Es entsteht eine innere Notwendigkeit, die entbindet von Zweifeln und von Gedanken der Ohnmacht. Es ist eine fundamentale Gegenphilosophie zu dem Glauben, daß wir hilflos einer Welt ausgeliefert sind, in der wir sowieso nichts verändern können.

Es hat mich beglückt, eine solche geistige Grundlage bei unseren Urahnen wiederzufinden. Es ist, als könnte man ein Stück positive Vergangenheit affirmieren. Das Verhältnis zur Vergangenheit und zur Zukunft ordnet sich zwingend neu durch den Einstieg in ihre Philosophie. Man stelle sich vor, wir würden eine Geschichtsschreibung betreiben, in der wir uns auch mit einer positiven Vergangenheit befassen, aus der wir gerne kommen. Besonders wir Frauen würden uns doch mit ganz neuer Energie der Historie Mensch zuwenden, wenn Geschichte nicht nur Kriegsgeschichte, Verfolgung und Ausrottung bedeuten würde. Wenn Geschichtsforschung wieder etwas zu tun bekommt mit positiven Lebensperspektiven, wenn ich eine positive Verbindung finde zu einer Quelle, die ich lieben kann, dann finde ich auch leichter eine mögliche Richtung für eine sinnvolle Zukunft. Die objektive Wirklichkeit ist so schlimm geworden, daß ein Ausstieg zwingend wird. Dafür muß ich aber wissen, in was ich einsteige, und auch positive Quellen meines Ursprunges wieder freilegen. Ich kann sehen, wie einseitig die bisherige gängige Weltsicht war. Wir müssen uns jetzt andere Quellen erschließen, wenn wir ernsthaft einen Ausweg aus der Sackgasse suchen. Im Grunde geht es um die spirituelle Qualität, ja sagen zu können zum Gesamtcharakter des Lebendigen. Die spirituelle Forschung, die daraus erwächst, gibt jedem Beteiligten die Möglichkeit, die Verantwortung zu übernehmen für die Entwicklung einer neuen gewaltfreien Gesamtinformation.

Ein kollektiver erlösender Traum beinhaltet einen möglichen Neuanfang. So wie sich das Feld der Gewalt weltweit ausbreiten konnte und ganze friedliebende Völker und Stämme vernichten konnte, so beinhaltet diese Philosophie jetzt auch die Möglichkeit, daß wir Informationen entwickeln, die universell vom Zeitgeist gebraucht werden und deshalb mit der entsprechenden weichen Macht weltweit wirken können.

Wir sind herausgefordert, unseren positiven Traum von einer gewaltfreien Erde so konkret und so bewußt wie nur irgend möglich zu träumen und damit zu materialisieren. Das ist unser Beitrag zur Schaffung einer neuen Wirklichkeit.

4

Die Kunst der Affirmation

So sehr, wie wir in den Nächten die Traumforschung erlernen werden als Erschließung unseres universellen Potentials, so sehr werden wir uns am Tag üben in der Kunst der Affirmation. Affirmation, das ist die Kunst der Bejahung. Es ist die Verbindung mit einer eigenen Quelle, die frei wird, wenn wir selbst kennen, was wir tun wollen und tun werden. Die Kunst der Affirmation ist das bewußte Training in der Annahme der eigenen Verantwortung und Verbindlichkeit. Eine Verbindlichkeit, die mit den universellen Kräften und Energien übereinstimmt und sie deshalb umfassender nutzen kann. Affirmationskunst steht immer in Zusammenhang mit der eigenen Sinnfindung.

Es ist die Kultivierung und Pflege unserer eigenen Gedanken. Es ist die bewußte Arbeit mit den eigenen Tagträumen, mit der Visionsbildung. Es ist gut, dies täglich zu üben und darüber hinaus auch Affirmationen zu finden, die für einen längeren Zeitraum gelten.

Der Ausgangspunkt ist die Meditation. Ich hole mir ein geistiges Bild vor Augen, wie ich gemeint bin, wie ich sein will und wie ich sein werde. Ich visioniere diese Gestalt, bis ich sie leibhaftig vor mir sehe und in mir fühle. In dieser Verbindung kann man nach einer gewissen Zeit des Trainings sehr schnell sehen: "Ach, so bin ich gemeint." Man kann sehr schnell sehen, was anliegt. Man kann seine eigenen Notwendigkeiten erkennen, das heißt, man erkennt seinen eigenen Platz und Stellenwert in der menschlichen Gesellschaft und schließlich im Universum. Man erkennt, wo und wie man gebraucht wird, sowohl in der beruflichen wie auch in der persönlichen Perspektive. Man kann sich eingebettet wiedererkennen in einem Gesamtgeschehen, in dem man eine ganz besondere Funktion und Aufgabe hat. Man kann erkennen, ob das eigene Leben etwas zu tun hat mit der universellen Aufgabe und mit der inneren Libido, die man hat. Jemand entdeckt auf einmal ganz neu, daß er eine Verbindung hat zu Pflanzen, Tieren oder Kindern, er entdeckt Vorlieben in der Architektur, in der Heilung oder in einem speziellen geistigen Bereich, die ihm vorher gar nicht bewußt waren. Man findet eine Fülle von eigenen Möglichkeiten vor, man übt sich darin, die Dinge herauszukristallisieren, zu denen man jetzt sein volles Ja gibt. In diesem Sinn hat Affirmationskunst immer auch zu tun mit der richtigen Kunst der Begrenzung. Eine gelungene Affirmation setzt ungeahnte Kräfte frei. Der Hader, daß man so oder so sein sollte oder könnte, hört auf der Stelle auf, wenn man sehen kann, wie man von der eigenen Gestalt her eigentlich gemeint ist im universellen Ganzen und dazu sein Ja gibt: "Ich will und ich werde."

Die menschlichen Beziehungen werden wie ein Sternengeflecht, in dem man eine ganz besondere Stellung innehat. Man hört auf, ständig ein anderer sein zu wollen als man ist, gleichzeitig entdeckt man die ständige Wandlungs- und Werdekraft in dem, was man ist. "Ich bin, was ich sein werde." Es kommt auch niemand auf die Idee, dem Sirius zu sagen, er solle jetzt grün leuchten. Die Kunst der Affirmation ist intim damit verbunden, daß man erkennt, wer man ist und sein möchte. Man stößt bei der Arbeit auf viele unbewußte Glaubenssätze, die man hat, z.B. den Satz: "Mich liebt sowieso keiner." Das ist eine Negativ-Affirmation. Wenn ich ihr folge, dann ist es kein Wunder, daß sich die Wirklichkeit entsprechend einstellt. Wenn ich meine Wirklichkeit verändern möchte, dann brauche ich hier eine neue Affirmation, die ich auch mit Entscheidungskraft fülle. Es ist ein Glückserlebnis, sein eigenes universelles Wachstumsziel wiederzufinden und zu erkennen, daß man es jetzt bewußt aufgreifen, gestalten und verändern kann. Man kann sein Potential erkennen, das man nutzen muß, weil es niemand anderes tut. Es ist wie die Entdeckung einer eigenen inneren Notwendigkeit. Ohne Eitelkeit sieht man seine Funktion und Größe und nimmt sie in aller Sachlichkeit an. Größenwahn und Kleinheitswahn fallen von einem ab, wenn man erkennt, wo die eigenen Notwendigkeiten liegen.

Die Kunst der Affirmation und die Arbeit an der eigenen Sinnfindung hängen untrennbar miteinander zusammen. Man kann sehr schnell sehen, ob man sein Potential nutzt oder nicht. Man spürt auch die Macht der Negation in sich selbst. Man tritt aus einem verurteilenden Verhältnis zu sich aus. Affirmation beginnt damit, daß man zur Kenntnis nimmt, wo man in der eigenen Entwicklung gerade steht, und daß ein Wille zur Selbstveränderung da aufkeimt, wo sich deutliche Engpässe zeigen. Man kann sehen, ob Zweifel zu einer Dauerstruktur geworden sind, die einen abhalten, etwas zu tun, oder ob sie notwendig sind, weil noch Informationen fehlen für die spezielle persönliche Erfüllung der Aufgabe. Reibungen und Konflikte gehören zur Erfüllung des eigenen Potentials.

Der erste Schritt, der aus der Kunst der Affirmation und der Visionsbildung folgt, ist der, daß man immer mehr auszutreten vermag aus der unbewußten Reaktion auf andere. Zu der Visionsfindung und Affirmation gehört auch immer die Vorstellung einer bestimmten Emotion. Man geht gleichsam wie ein Künstler an die Gestaltung des eigenen Selbstbildes, zunächst in der Vision, die man dann täglich trainiert. Welche Emotionen sind verbunden mit bestimmten Handlungen? Wie kann ich die gewünschten Emotionen erreichen, mit welchen Gedanken und Taten sind sie verbunden? Man wird schnell erkennen, daß Emotion und Gedanke untrennbar miteinander verknüpft sind. Emotionen folgen immer bestimmten Gedanken. Klare Gedankenpflege ist die beste Garantie für das Erreichen gewünschter Emotionen. Es ist so wichtig, die Emotionen zu kennen und mitzuvisionieren, weil sie letztlich das bewegende Element sind. Wenn man z.B. mit der freien Liebe nur Heroismus, Gefühlskälte und Verlassenheit assoziiert, dann wird man sie niemals realisieren, auch wenn man sich scheinbar noch so tapfer darum bemüht. Es ist ein Zeichen, daß in unserer gedanklichen Vision etwas fehlt und nicht stimmt. Das materielle Kleid einer gewünschten Realität muß sich schon einigermaßen gut anfühlen, damit ich es wirklich gerne anziehe. Ein Gedanke wird sich erst realisieren mit einer ihm entsprechenden Emotion. Wie das Wort selbst schon sagt: Emotion = das Hinausbewegen. In diesem Sinn visioniert man mit größter Klarheit und Kraft natürlich klare Beziehungen und die damit verbundenen Emotionen. Klare Beziehungen zu schaffen ist der Ausgangspunkt für freies Handeln. So wie Sonne und Mond in einer klaren Beziehung zueinander stehen, so sollten wir auch unter uns Menschen unsere universellen Beziehungen und Funktionen wieder freilegen.

Die Affirmationsfindung geht bis in die kleinsten Details. Wieviele Zigaretten passen zu mir? Will ich noch rauchen? Wie ist es mit dem Alkohol? Was bewirke ich in mir und in der Welt, wenn ich weiterhin Fleisch esse? Gibt es Menschen, Pflanzen oder Tiere, die durch meine Verursachung leiden? Was kann ich tun, damit das aufhört? Will ich, daß es aufhört?

Affirmationen kommen nicht aus der Moral, sondern aus einer Art von Ernte, aus einer Einsicht in innere Notwendigkeiten. Aus der Kunst der Affirmation entstehen niemals starre Gesetze, sondern es entsteht die Flexibilität und die Verbundenheit mit einem inneren Ziel. Es werden keine Gesetze entstehen wie: Du sollst nicht töten; du sollst nicht ehebrechen. Es werden aber innere Wahrnehmungen entstehen, die sehr wohl wissen, wann ich gegen ein inneres Wachstumsgesetz handle, wann ich eine Beziehung verletze und wann nicht. Affirmationen folgen den inneren Wachstumsgesetzen und der Herstellung klarer Beziehungen. Die Überwindung jeglicher Gewalt und Vernichtung besteht im Kontakt und in der Herstellung klarer Beziehungen, sowohl im Detail wie auch im Universum. Gewalt und Zerstörung geschieht fast immer aus der Kontaktlosigkeit.

Was sind die Dinge, die mich aus meinem Zentrum hinauswerfen? Wo reagiere ich mit Wut, mit Angst, mit Enge?

In der Affirmationsübung visioniere ich immer einen Raum, in dem ich selbst meine Wirklichkeit beeinflussen kann. Meine Visionskraft ist der mögliche Ausgangspunkt für die Schaffung einer neuen Möglichkeit und die Aneignung einer gewünschten Potenz, in die ich dann hineinwachsen kann. Ich möchte in diesem Zusammenhang hinweisen auf die sieben Gesetze der Manifestation, die Gerd Ziegler entwickelt hat. Sie bieten eine hilfreiche Methode für die Affirmationsforschung. (G. Ziegler, "Vision der Freude").

Wenn ich glaube, daß ich ein Potential in mir trage, an dessen Entfaltung mich andere hindern, dann suche ich in meiner Vision nach einer Öffnung und Entfaltung. Die Cherokee-Indianerin Dhyani Ywahoo sagt es in ihren Worten sehr klar und direkt: *"Solange ich glaube, eine andere Person hindere mich an der Entfaltung meines Potentials, so ist das Faulheit."* ("Am Feuer der Weisheit")

Bisher glaubt der Mensch im großen und ganzen viel lieber daran, daß es andere sind, die ihn an der Verwirklichung seines Zieles hindern, anstatt sein wirkliches Potential und Ziel kennenzulernen und zu erproben. Der bisherige Mensch ist viel lieber unfrei als frei.

Das ist eine geschichtliche Tatsache, die wir einmal ohne Verurteilung zur Kenntnis nehmen müssen. Der Vater, die Mutter, die Gesellschaft, die Behörden, der Guru oder Gott, der sich geirrt hat, sind schuld an der Misere. Vielleicht liegt aber die eigentliche Schuld darin, daß ich einem falschen Weltbild folge. In der Affirmationsforschung sucht man nicht nach Schuld. Man sucht bewußt die Räume auf, auf die man einen Einfluß hat, und erweitert sie nach und nach. Man sucht bewußt nach den Qualitäten, die man bejahen kann und deren Kraft man verstärkt durch die Bejahung. Man sucht bewußt die Qualitäten der Lebensbejahung und der positiven Ausdehnung auf und denkt natürlicherweise mit für weitere Generationen. Die Kunst der Affirmation nutzt unser hohes Potential des Trotzes nicht mehr gegen andere, sondern sie richtet die Kraft des Trotzes gezielt auf die Entwicklung des eigenen Potentials. Es ist die Kunst, von der Verweigerung zur Neugestaltung zu kommen.

5

Aufbau von Heilungsorten

Meine kleine Tochter hat im Alter von sechs Jahren einmal sehr klar ihre Frage nach einer möglichen guten Welt ausgedrückt: "Mama, ich kann mir nicht vorstellen, daß die Welt einmal wirklich gut wird. Wir können doch nicht zu allen Menschen hingehen und ihnen allen sagen, daß sie jetzt gut werden sollen. Das schaffen wir doch gar nicht. Und vielleicht wollen die das ja auch gar nicht. Das würde nur gehen, wenn plötzlich der liebe Gott in alle Menschen hineinleuchten würde, so daß sie es von innen her auf einmal wirklich wissen, wie das geht, und es wollen. Aber wenn der liebe Gott das könnte, dann hätte er es doch längst gemacht." Hier ist auf einfachste kindliche Weise eine Frage ausgedrückt, die im Grunde auch jeden Erwachsenen bewegt, solange er überhaupt noch den Mut hat, hinzuschauen.

Kann, und vor allem will man als erwachsener Mensch noch ernsthaft an die mögliche Rettung dieser Erde glauben? Es geht mir nicht um die Schaffung neuer Tröstungsphilosophien. Aber wenn man diesen Weg wählt, dann muß man solche Fragen stellen. Dann sollte man es auch ganz tun, denn sonst ist jeder andere Weg leichter. Dazu braucht man eine geistige Ausrüstung der Kraft, die auch dann standhält, wenn es schwierig wird. Und schwierig wird der Weg, soviel ist klar. Denn der Traum der Negativität wird groß und mächtig geträumt. Er entspricht dem herrschenden Zeitgeist und einem kollektiven Unbewußten, das mit Macht dem Untergang entgegenstrebt. Er hat bisher eindeutig die größere Macht. Um zu unserem Ziel gelangen zu können, brauchen wir Orte der Erfahrung, die uns in neue Denkkategorien hineinführen. Es ist unsere Aufgabe, Heilungsorte aufzubauen, die uns neu in eine Schule des positiven Denkens und Handelns hineinführen, die uns hineinführen in Wahrnehmungsräume des Vertrauens und der Eigenverantwortung.

Heilungsorte haben die Aufgabe, dieser mächtigen Wirklichkeit eine neue und komplexere Information entgegenzusetzen. Diese Information muß aus den Lebenserfahrungen und den Forschungen der Heilungsorte erst entwickelt werden. Heilung durch Einbeziehung und Integration statt Ausgrenzung und Abgrenzung. Heilung durch Erkenntnis und Umgestaltung. Heilung durch den Aufbau neuer Archetypen und Informationen. Die Information des Göttlichen, das hineinleuchten müßte in das Leben der Menschen, damit er "gut" werden kann, muß erst entwickelt werden. Und da es um die Entwicklung einer humanen Lebensform geht, sollte sie auch vom Menschen entwickelt werden.

Im Zentrum aller Bereiche wird die Frage nach funktionierenden Keimzellen der Gesellschaft stehen, in denen Menschen, Tiere und Pflanzen wieder eingebettet sind in einen schöpferischen und angstfreien Kommunikationsraum. Man wird das Bild des Stammes in einem modernen Sinn, in dem alle Beteiligten verantwortliche Träger sind, wieder aufgreifen. Im Zentrum dieser Forschungsorte steht der Aufbau funktionierender Gemeinschaften, in denen die Notwendigkeit individueller Entwicklung genauso erfüllt werden kann wie der Wunsch nach einem bewußten kollektiven Geist, der aus der Solidarität kommt. Sinnvolle Gemeinschaftserfahrung ist ein wesentliches Element der Gesundung. Daß diese Erfahrung den meisten Menschen fehlt, ist eine wesentliche Ursache für die allgemeine Erkrankung und Sackgasse. Man wird natürlicherweise nach Formen des Zusammenlebens suchen, die allen Beteiligten ein höchstes Maß an Freiheit, Schöpfungsvielfalt und Liebesentfaltung möglich machen. Die Verantwortlichkeit der Beteiligten, auch im sexuellen Bereich, steigt durch ihre Teilnahme und das Interesse am Gesamtgeschehen. Sexueller Mißbrauch, Unterdrückung und Gewalt, die die bürgerliche Phantasie neu entstehenden Gemeinschaften so gerne unterstellt, weil sie selber voll davon ist, wird durch die Schaffung der sozialen Transparenz unmöglich sein. Sie sind das krasse Gegenteil von dem, was die Beteiligten eines solchen Ortes anstreben und verwirklichen werden.

Heilungsorte der Zukunft werden keinen vorgefertigten Antworten folgen. Es sind Orte der Forschung. Sie werden die zeitgeschichtlichen "missing links" für ein zeitgemäßes Stammesbewußtsein herausfinden. Sie werden Antworten entwickeln müssen, die der Entwicklung des Individuums und der Entwicklung des Gemeinschaftsgeistes dienen.

Die Gemeinschaften der Zukunft werden in ein grundlegend schöpferisches, pflegendes und verantwortliches Verhältnis zu sich selbst und zu ihrer Umwelt eintreten. Da gibt es keine Teile mehr, die man einfach ausrotten kann; man kann sie höchstens verwandeln und integrieren. Sie werden ein relativ karges Leben führen und auf unnötigen Konsum verzichten. Sie treten überhaupt in ein anderes Verhältnis zur Umwelt ein, als das des Konsums. Sie werden eine bewußte Ernährung wählen, zu der sie in unmittelbarem Kontakt stehen und von der sie wissen, woher sie kommt. **Loslösung von Konsum, Hinführung zu Kontakt und Autarkie sind notwendige Voraussetzungen für jede Art von langfristiger Heilung.** Sie wissen, daß alles, was man zu sich nimmt, ein Teil der Schöpfung und des Gesamtbewußtseins ist. Sie werden eine hohe Gedankenpflege betreiben und das bewußte Träumen wieder erlernen, denn man kann es sich nicht mehr leisten, den eigenen Leib mit schlechten Gedanken und Sorgen zu vergiften. Durch die Not der Zeit und das Fehlen der alten Konsummöglichkeiten werden sie neu erlernen, was es heißt, Verantwortung für sich und die Umwelt anzunehmen. Sie werden aus dem Glauben austreten, ausgeliefert zu sein an eine Schöpfung, die aus festen, objektiven Gesetzen besteht. Und sie wissen, daß ihre künstlerischen Taten nicht beliebig sind. Sie werden bestehende Mittel der Technik und des gegenwärtigen Standes der Forschung soweit nutzen, wie es für den Start ihrer Arbeit nötig ist. Ein Ziel ihrer Arbeit ist die Entwicklung von autarker Energieversorgung. Durch die innere Transformation werden sich auch neue äußere Wege eröffnen, Energie zu erschließen und sinnvoll zu nutzen. Zwingend werden einige ganz austreten müssen aus den Zusammenhängen der alten Kultur und sie nach und nach vollkommen überwinden. Sie haben die Aufgabe, neue Grundparadigmen der Liebe und der Forschung von innen her zu entwickeln. Das ist ein notwendiger Beitrag zur Rettung dieses Planeten Erde.

Andere haben die Aufgabe, den geschichtlichen Wandel gesellschaftlich und politisch einzuleiten und vorzubereiten.

Wem sich plötzlich Herz und Geist öffnen für die dringende Situation der Not, in der sich die Erde mit allen Mitbewohnern befindet, der wünscht weniger eine kurzatmige Befreiung. Er denkt von selbst an nachfolgende Generationen und an die Vorbereitung eines Weges, auf den sich unsere Kinder und Kindeskinder wieder gerne berufen können, weil es ein Weg des Herzens ist.

Wer vom Weg einer möglichen freien Liebe und neuen Heilungsorten erfährt, der wird also nicht Hals über Kopf Beruf, Familie und Kinder verlassen für die eigene Befreiung und mit ideologischem Eifer andere bekehren wollen zu Wahrheiten, die er selbst noch gar nicht kennt. Er wird aber solche Orte aufsuchen und nutzen für die eigene Weiterentwicklung und für die weitere Arbeit an den neuen Gedanken. Wir werden eine Kooperation entwickeln müssen, die unabhängig davon ist, an welchem Standort wir uns persönlich befinden. Der Erfolg besteht nicht in der Anzahl von Mitgliedschaften. Der Erfolg tritt dadurch ein, daß wir mit allem Engagement das Neue hineinleuchten lassen an den Orten, an denen wir leben und arbeiten und selbst Verantwortung übernehmen für unser Tun. Einen Gemeinschaftsgeist zu entwickeln, der teilnimmt am Ganzen, das ist der Beitrag, der von uns allen verlangt ist. Es gibt keinen einzelnen Messias mehr, der uns die Arbeit abnimmt. Einen kollektiven Messias zu entwickeln, indem wir die anstehenden Fragen selbst stellen und beantworten, das entspricht dem drängenden Thema unserer Zeit. Sterben werden wir alle früh genug. Vielleicht lohnt es sich gerade deshalb, ein Leben zu leben, nach dem wir auf unserem Sterbebett sagen können: Ich habe mein Leben gelebt, und es war ein Beitrag dafür, daß es sich gerne leben läßt auf dieser Erde. Ich komme gerne wieder.

Wenn Politiker, Ärzte, Pfarrer, Psychologen, Aussteiger, Handwerker, Architekten, Ökologen und Technologen, Huren und Heilige in diesem Sinne Kongresse einrichten für wirkliche Kooperation, dann ist ein großes Stück der anstehenden Befreiung eingeleitet.

Wenn zehn Menschen sich in diesem Sinne verständigen können, dann ist das mehr als der Weltkongreß von Rio de Janeiro, denn dann beginnt etwas Neues im Inneren, das sie bisher immer im Äußeren gesucht haben.

6

Die Energie der Verwirklichung – und die Kraft, nicht so zu werden, wie die Gegner einen haben wollen

Ob das ganze Vorhaben gelingt oder nicht, hängt entscheidend von der Frage ab, ob es zu einem Zusammenspiel kommt zwischen engagierten Vertretern innerhalb der Gesellschaft und engagierten Vertretern, die den Austritt wagen oder gewagt haben. Wer solche Heilungsorte heute aufbauen möchte, der wird auf große Schwierigkeiten stoßen in der In- und Umwelt. Man sollte deshalb diesen Weg behutsam und sehr bewußt wählen.

Ein einfaches Beispiel: Wer anfängt, sich bewußt zu ernähren und kein Fleisch mehr zu essen, der hört schnell von allen Seiten die schlimmsten Vorwürfe. Plötzlich bist du ein Verbrecher, weil du noch Lederschuhe trägst, oder ein Mörder, weil du es wagst, aus Versehen eine Ameise zu zertreten. Und was tust du den Gurken an, du elender Ökofaschist! Es ist, als müßten die anderen ihr eigenes schlechtes Gewissen abreagieren an dem, der etwas Neues probiert. Das wird noch schlimmer, wenn eine Gemeinschaft den Bereich von Liebe und Sexualität bewußt in ihre Arbeit aufnimmt. Die Tabuzone in diesem Bereich ist noch so groß, daß die ganze Umwelt, zum Teil auch fortgeschrittene Geister, sofort den Teufel in jede Gruppe hineinprojiziert, die das ernsthaft versucht. Alles, wovor man Angst hat, wenn die gängigen Normen unterbrochen werden, wird in diese Gruppe hineinprojiziert. Alle eigenen Sünden, Perversionen und Gemeinheiten werden dieser neuen Gruppe angelastet. Andere werfen ihre ganze Hoffnung auf die Leiter der Gruppe und suchen sofort die intimste Nähe und Freundschaft zu ihnen.

Da diese aber, wenn sie wahrheitsgemäß und klug sind, die Hoffnung der anderen unmöglich erfüllen können, noch wollen, werden sie hinterher dafür gehaßt. Sie werden sich in den Medien und der Presse sehr bald in der Gesellschaft von schlimmsten Verbrechern wiederfinden. Jemand, der ernsthaft die Frage stellt, ob diese Erde noch zu retten ist, muß sich bald mit der Tatsache konfrontieren, daß "Weltverbesserer" zu sein in den Augen der meisten zu einem echten Schimpfwort geworden ist. An diesem Prüfstein kommt wohl kaum eine Gruppe vorbei, die wirklich etwas Neues vorhat. Es ist weniger eine Revolution, die mit wehenden Fahnen einhergeht, als eine stille Radikalität, die im Inneren die Voraussetzungen entwickelt, aus denen sich neue Keimzellen einer gesellschaftsbildenden Kraft entwickeln können, auf die es heute ankommt.

Es gibt wenige Menschen, die bereit sind, den Maßstab der echten Forschung und der Solidarität zu ihrem eigenen zu machen. Durch diesen Engpaß mußten alle Gruppierungen durch. Ob es die Sannyasins waren, deren Guru man ins Gefängnis brachte, ob es Findhorn war, dessen Gründer Peter Caddy man plötzlich bei den Ökofaschisten einreihte, ob es in früheren Zeiten die Templer waren oder die Katharer oder Jesus und die Urchristen. Es wiederholt sich immer das gleiche Prinzip. Da, wo etwas Neues keimt, da stemmt sich eine ganze Welt dagegen. Es erscheint fast wie ein Naturgesetz. Im Inneren wie im Äußeren. Da, wo man sich etwas Neues vornimmt, da stößt man auch auf einen heftigen Widerstand im Inneren. Alles Bekannte und Gewohnte lehnt sich noch einmal mit aller Kraft dagegen auf. Es ist, als würde man geprüft, ob man auch wirklich das vorhat, was man glaubte vorzuhaben. Zweifel und Widerstände gehören zum Weg dazu. Entscheidend ist, ob die einzelnen sie als solche durchschauen lernen und nutzen können. Ein Prinzip der Schöpfung, das wir nicht kopieren, aber kapieren sollten. Auf dieses Prinzip, das wir im Inneren antreffen, treffen wir genauso im Äußeren. Dasselbe Prinzip wiederholt sich solange, bis wir etwas wirklich Neues entwickelt und verstanden haben. Das Neue zeichnet sich ja dadurch aus, daß es noch nicht bekannt ist. Die meisten aber messen das Neue an dem, was sie bereits kennen, und bringen die vielen Beispiele des Scheiterns in der Geschichte als Beweismittel dafür, daß es nicht funktionieren kann. Wenn man z.B. ein Projekt der freien Liebe entwickeln möchte, dann kommt ganz schnell das Argument. "Ach, das kennen wir doch alles schon, das ist doch sowieso gescheitert."

Jesus, Bhagwan, die Katharer, Templer und viele andere sind u.a. auch deshalb gescheitert, weil sie ihre Projekte unter gesellschaftlichen Strukturen aufbauen wollten, deren Macht sie unterschätzt hatten. Sie hatten vor allem nicht voll durchschaut, wieviel Macht diese Strukturen der patriarchalen Gewalt im Inneren des Menschen besaßen, auch im Inneren von ihnen selbst. Sie hatten noch nicht im ganzen Ausmaß die pathologischen Strukturen von Führerschaft, Anhängerschaft und Unterwerfung durchschaut, wie sie dem Patriarchat zugrunde liegen. Jedenfalls hatten sie noch keine umfassenden Antworten auf die Strukturen des Patriarchats von Führerschaft und Hierarchie. Deshalb wurden sie schließlich auch alle als Führer angebetet, gehaßt und vernichtet. Auch bei Wilhelm Reich, der ja in vielem sehr tief auf den Grund der Wahrheit geschaut hat, finden wir diesen Engpaß. In seinem Buch "Der Christusmord" ist diese innere und äußere Ausweglosigkeit fundamental dargestellt. Deswegen ist die volle Überwindung des Patriarchats von so grundlegender Bedeutung. Heilungsorte der Zukunft müssen dieser Tatsache ins Auge sehen. Sie werden nicht zum Erfolg kommen können, wenn sie dauerhaft von einem politischen oder religiösen Führer geleitet sind. Die gründliche Überwindung von Führerschaft und Anhängerschaft, die sich die Beteiligten nach und nach aneignen werden, ist eine wesentliche Voraussetzung für das Gelingen.

Das bedeutet aber nicht, daß man sich auf seinem Weg keine Lehrer sucht. Viele Menschen lehnen Führerschaft mit aller Vehemenz ab, gerade weil sie sich so sehr nach einer Führung sehnen, der sie vertrauen können. Sie sind enttäuscht worden und daher kommt ihre Ablehnung. Reine Ablehnung ist aber keine Lösung. Die alten Strukturen von Führerschaft, Anhängerschaft und Anpassung können ja nur dann wirklich überwunden werden, wenn die Teilnehmer bereit sind, selbst die Verantwortung zu übernehmen.

Man braucht schon eine hohe Kraft des Gelingens, um durch diese Wand von geistigen Widerständen weich hindurchzusegeln und unbeirrbar nach neuen Ufern Ausschau zu halten. Es ist egal, ob man etwas im Inneren oder Äußeren vorhat. Das geistige Prinzip, das hier wirkt und durchschaut werden will, ist in beiden Fällen das gleiche. Im Äußeren ist die Verbindung und Öffnung zur Welt entscheidend. Deshalb wird Heilung ohne politische Arbeit unmöglich sein. Selbstbewußtsein lebt nur als ein Anerkanntes. Hier liegt ein wesentlicher Grund, warum die meisten Versuche von neuen Modellen bis jetzt scheitern mußten. Wer die Anerkennung in der Welt – egal ob als Individuum oder als gemeinschaftliches Modell – auf Dauer nicht finden konnte, der gerät irgendwann in die Situation einer Mutante, eines ausgesonderten Teiles des großen Ganzen. Wenn man zu lange mit einem Vorurteil ständig konfrontiert wird, ohne geistig darauf vorbereitet zu sein oder eine Antwort zu kennen, dann nagt es solange an einem, bis man schließlich so wird, wie die Gegner es wollen. Das heißt, man ist dem Gegner erlegen. Ein psychologischer Krieg kann genauso intelligent geführt werden wie ein Krieg mit realen Waffen. Wenn eine Gruppe etwas Neues ausprobiert und dann konfrontiert wird mit der Meinung der Öffentlichkeit: Sekte, gefährlich, gewalttätig, missionarisch, etc., dann kann es durchaus passieren, daß die Teilnehmer der Gruppe schließlich tatsächlich so werden. Sie werden ängstlich, angepaßt, wütend und aus lauter Verzweiflung elendig missionarisch. Sie bewegen sich solange im Käfig der Vorurteile, bis sie einen geistigen Ausweg aus diesem Käfig finden. Solange die engagiertesten Vertreter innerhalb der Gesellschaft und die sogenannten "Aussteiger" sich mißtrauisch beäugen und der Insider dem Aussteiger vorwirft, daß er ja nur abhaut, oder aber der Aussteiger dem "Insider", daß er zu feige ist, die bestehenden Verhältnisse zu verlassen, wird es zu keinem Erfolg kommen können. Es geht um Wahrnehmung und Akzeptanz der beiden Seiten. Und es geht um ein sinnvolles Zusammenspiel. Vor allem geht es um den Abbau von Feindbildern, statt dauernd neue zu entwickeln. Entscheidend ist für alle engagierten Friedensarbeiter und Friedensarbeiterinnen, ob wir die globale Notwendigkeit von entstehenden Heilungsorten sehen. Wir können von den verschiedensten Standorten aus mitwirken. Es ist eine Frage der persönlichen Begabung, Kraft und Kompetenz, an welche Orte man sich begibt.

24 Thesen für eine neue Frauenbewegung

24 – das ist im I-Ging "Die Wiederkehr, die Wendezeit". Das Prinzip der Wiederkehr ist ein Grundprinzip uralten matriarchalen Denkens. Eine Kultur des Friedens kommt an einer Rückbesinnung auf matriarchale Quellen nicht vorbei. Mögen diese Thesen beitragen, daß eine stille revolutionäre Kraft in uns Frauen wächst, ein Stolz und eine revolutionäre Entschlossenheit zu politischem spezifisch weiblichem Handeln, das sich unbeirrbar einsetzt für dieses Leben. Es geht uns vor allem um ein neues Verhältnis zu diesem irdischen Daseinsraum, und wir besinnen uns neu auf den Ursprung der Materie, der Magna Mater.

Diese Thesen sind auch für Männer geschrieben. Mehr oder weniger waren wir alle mal Mann, mal Frau in der Geschichte. Wir suchen die Befreiung des weiblichen Denkens und Handelns auf dem Planeten überhaupt, die Reintegration der weiblichen Seite in uns allen. Mögen die Männer uns in unserem neuen Schritt unterstützen und die Befreiung sehen, die auch für sie darin liegt, denn von dem richtigen Zusammenspiel zwischen Männern und Frauen hängt so vieles ab.

1. Die positive Überwindung des Patriarchats. Die Männerherrschaft hat über 3000 Jahre lang die Geschichte geprägt und dabei das Prinzip der harten Kraft aufgebaut. Die Macht männlicher Gesellschaften bestand im Brechen von Widerständen. Das äußerte sich in den Eroberungszügen, den Religionskriegen, den Erziehungsmethoden und den Methoden der Technik im Umgang mit der Natur. Durch diese Methoden ist der heutige Mann selbst in eine innere Sackgasse geraten, aus der er ohne weibliche Hilfe nicht mehr herausfindet. Wir wollen keine alten matriarchalen Strukturen wieder aufbauen, wir wollen auch nicht die Männer erneut dominieren oder bevormunden. Frauenmacht ist nicht gegen den Mann gerichtet und nicht gegen unsere Liebe zu den Männern, sie verläßt aber entschlossen diejenigen männlichen Strukturen, die zu der weltweiten Vernichtung des Lebens und der Liebe beigetragen haben. Der Planet Erde konnte nur in diesen elenden Zustand geraten, weil wir Frauen mitgemacht haben, bzw. es erduldet haben. Wir haben unsere Fähigkeit der Geduld an der falschen Stelle eingesetzt. Die aktive Beteiligung der Frauen am Patriarchat lag in ihrem Entzug und ihrem Dauerschweigen, das ihnen allerdings durch Folter und Verfolgung mit den schlimmsten Mitteln aufgezwungen wurde. Ohne unsere weibliche öffentliche Stellungnahme findet niemand mehr aus der Sackgasse heraus. Es liegt jetzt an uns Frauen, die politische und sexuelle Verantwortung wieder anzunehmen, die so lange gefehlt hat. Wir laden alle engagierten Männer ein, sich unserer Friedensarbeit anzuschließen.

2. Beendigung des Geschlechterkampfes. Es kann auf der Erde keinen Frieden geben, solange in der Liebe Krieg ist. Die Entstehung gewaltfreier Kulturen kann nur eintreten, wenn der Geschlechterkampf gründlich überwunden wird. Frauen werden sinnliche Räume und Begegnungsformen aufbauen, in denen sich die Geschlechter auf neue Weise begegnen und dadurch erkennen können. Sie folgen dabei dem Prinzip der Polarität und Ergänzung, der erotischen Anziehung und Einlösung. Sexualität ist hierbei ein wesentliches Element der Erkenntnis und der Solidarität. Frauen besinnen sich hierfür auf ihre eigenen weiblich matriarchalen Quellen und Kräfte. Daraus folgt der Aufbau einer partnerschaftlichen Kultur.

3. Solidarität unter Frauen. Frauensolidarität ist die Grundlage einer neuen Frauenbewegung und einer gewaltfreien Kultur. Es geht um eine Solidarität, die auch dann standhält, wenn zwei Frauen denselben Mann lieben. Neben dem Aufbau unserer vielfältigen Liebesbeziehungen pflegen wir den Kontakt und die Gemeinschaft unter Frauen. Unser Konkurrenzkampf untereinander hört auf, weil wir nicht mehr privat lieben und keinen Mann mehr für uns alleine haben wollen. Dieses Denken gehört nicht zur weiblichen Natur, es wurde uns im Laufe der Geschichte durch die Treuegebote und die Besitzansprüche des Mannes aufgezwungen. Wir haben da mitgemacht und unser natürliches Denken aufgegeben. In dem entstehenden neuen Frauenfeld kommen Frauen zusammen, die entschlossen sind, eine neue weibliche Kultur aufzubauen. Wir werden grundsätzlich eine Politik der Liebe betreiben und dafür sorgen, daß sie sich vermehrt. Wir pflegen unsere Freundschaft und Gemeinsamkeit durch die Teilnahme an den Themen dieser Welt. Wenn Frauen um diese neue Solidarität überall auf der Erde jetzt schon wüßten, was für eine woman power da entstehen könnte! Winnie Mandela, Wangari Maathai, Dhyani Ywahoo... Wenn die Winnie Mandela solche Gefährtinnen gehabt hätte, hätte sie sicher nicht diese schrecklichen Dinge getan, die man ihr nachsagt.

4. Gemeinschaften der Zukunft. Die natürliche Einbettung des Menschen ist die Gemeinschaft. Gemeinschaften sind die organischen Keimformen der zukünftigen Gesellschaft. Frauen werden sich erinnern an ihre stammesbildende Funktion in der Geschichte. Sie treten aus allen Privatverhältnissen aus und nehmen ihre universelle Aufgabe wieder auf. Sie schaffen soziale und ökologische Räume, in denen das Leben auf gesunde Weise entstehen und wachsen kann. Diese Räume sind die Gemeinschaften und Heilungsbiotope der Zukunft.

5. Die sexuelle Natur der Frau. Die Frau bejaht ihre sexuelle Natur und übernimmt Verantwortung dafür. Sie verbindet sich wieder mit dem sexuellen Paradies der Erkenntnis, aus dem sie der patriarchale Gott vertrieben hat. Dieser patriarchale Gott wurde erfunden zur Unterdrückung der Frau und der Sexualität. Indem die Frau ihre sexuellen Impulse bewußt gestaltet und gesellschaftlich integriert, beginnt ihre wirkliche Emanzipation und ihre besondere Würde als Frau. Sexualität braucht zur Entfaltung Wahrheit und Vertrauen. Sie braucht die Überwindung der Verachtung, die eine Wurzel in der männlichen Impotenz hat. Die Frau weiß das und tut auf ihre weiche Art einiges dafür, die Männer von ihren heimlichen Impotenzsorgen zu befreien. Eine wesentliche Wurzel für die Gewalt in der Gesellschaft liegt in der nichtgelebten Sexualität. Frauen werden die Lösung dieses Themas nicht länger den Männern überlassen.

6. Die Frage der Verhütung. Natürlich übernimmt die Frau der Zukunft die Verantwortung für die Frage, ob sie Kinder auf diese Welt bringt oder nicht. Darüber darf kein Papst mehr zu Gericht sitzen. Durch die direkte Beziehung zur eigenen weiblichen Natur und Sexualität werden Frauen ohne viel Messungen, ohne Pille und Diaphragma wieder wissen, wann sie empfänglich sind und wann nicht. Wir setzen solche Mittel aber ein, solange sie gebraucht werden. Durch Aufklärung, sexuelles Wissen und Selbstkenntnis werden Abtreibungen in den Gesellschaften der Zukunft wohl nicht mehr vorkommen. Wir lassen sie uns aber von keinem Papst oder höherem Richter verbieten, da, wo sie aus sozialen Gründen noch nötig sind. Selbstverständlich sollen geliebte und erwünschte Kinder diese Erde bevölkern.

7. Kinder. Es gehört zur sexuellen Natur von Frauen, daß wir Kinder gerne gebären. Die Zukunft der Menschheit entscheidet sich an unseren Kindern. Wir werden mit entschlossener und weicher Kraft Schutzräume für die Kinder aufbauen, wo diese neugierig und angstfrei auf die Welt zugehen können. Dazu brauchen die Kinder mehrere Bezugspersonen, die für sie Verantwortung tragen. Sie brauchen mehrere Kinder, mit denen sie gemeinsam aufwachsen. Sie brauchen Mütter und Väter, die sich untereinander nicht mehr bekriegen und denen sie deshalb vertrauen können. Schafft den Kindern eine Heimat – das ist ein wesentliches Paradigma weiblichen Denkens.

8. Liebe und Treue. Liebe kann nicht eingezäunt werden. Liebe ist keine Privatsache. Das weiß die neue Frau. Du kannst nur treu sein, wenn du auch andere lieben darfst. Treue bewährt sich nicht durch die Ausschließung, sondern durch die Einbeziehung anderer. Das ist ein selbstverständliches Prinzip einer neuen weiblichen Ethik. Eifersucht gehört nicht zur Liebe, sondern zu einem krankhaften System von Verlustangst und Mißtrauen. Für die Verwirklichung freier Liebe und dauerhafter Treue brauchen wir Gemeinschaften, in denen Wahrheit, Transparenz und Vertrauen entstehen können. Die Befreiung der Liebe von Angst, Einengung, Anklammerung und falschen Treueschwüren geschieht durch Vertrauen. Treue entsteht dort, wo wir selbst uns entscheiden, dem, was wir lieben, treu zu werden und dafür öffentlich einzutreten. Wenn eine Frau im Zustand der Liebe ist, kann sie niemals verlassen werden.

9. Partnerschaft. Partnerschaft ist ein hohes und noch wenig erreichtes Ziel in der menschlichen Evolution. Sie ist die höchste Stufe in der Entwicklung frei liebender Menschen. Das gilt für die Partnerschaft der Geschlechter überhaupt, und es gilt für die Partnerschaft zwischen einer Frau und einem Mann. Partnerschaft basiert auf dem Prinzip der Ergänzung, statt auf dem von Herrschaft oder Nivellierung. Partnerschaft basiert auf dem Prinzip der Freiheit, statt auf dem der Umklammerung. Partnerschaft basiert auf der Eigenverantwortung der beiden Partner. Partnerschaft kann nur entstehen in einem geistigen Feld der Liebe, das nicht mehr gebunden ist an Bedingungen. Partnerschaft verlangt deshalb die Emanzipation beider Geschlechter.

10. Jugend. Eine neue Frauenbewegung wird der Jugend eine positive Orientierung geben. Sie wird nicht mehr dulden, daß revolutionäre oder ökologische Bewegungen am Thema Liebe einfach vorbeigehen. Sie wird dafür sorgen, daß durch politische Arbeit die Chancen der Liebe vergrößert werden. Sie wird durch ihre politische Arbeit die Menschenrechte schützen, zu denen gehört das Recht auf Liebe. Sie wird dafür sorgen, daß sich Jugendliche wieder gerne an der Politik beteiligen, weil Politik etwas mit Liebe und Anteilnahme zu tun hat. Sie wird ein neues Konzept der Liebe weltweit zum Thema machen. Sie wird dafür sorgen, daß Jugendliche genügend Vertrauenspersonen finden für ihre intimsten Fragen, Sorgen und Wünsche. Sie wird ihnen selbstverständlich für alle sexuellen Fragen Wege und Orientierungen aufzeigen.

11. Berufsbildung. Frauen werden die sogenannten männlichen Berufe nicht mehr nur den Männern überlassen. Sie werden weibliche Qualitäten und Denkweisen in alle Forschungsbereiche einbeziehen: das sind vor allem die Qualitäten der weichen Kraft, der weichen Auflösung von Widerständen, der Kommunikation statt Abgrenzung, der Integration statt Kollision. Diese Qualitäten werden von den Frauen nicht nur in den sozialen Bereichen entwickelt, sondern auch in den politischen, den technologischen, den wissenschaftlichen. Auch Technologie und Wissenschaft brauchen ein anderes Denken, um auf neue Weise mit Widerständen und Widersprüchen umgehen zu lernen. Eine gewaltfreie Kultur beginnt mit gewaltfreiem Denken.

12. Ergänzung statt Hierarchie. In ihren Berufen folgen Frauen dem Prinzip der Ergänzung statt dem Prinzip der Hierarchie. Sie werden dafür sorgen, daß jede Art von Unterdrückung ein Ende hat. Es ist ihre Aufgabe, in einer Gemeinschaft jede Person zu sehen, zu begleiten und in ihrem Werdeprozeß zu unterstützen. In einer Gemeinschaft hat jede Person eine eigene öffentliche Funktion und

Aufgabe, die sie entdecken und annehmen kann. Erfahrene Frauen werden sie auf diesem Weg selbstverständlich unterstützen. Frauen entwickeln durch Teilnahme und Unterstützung ihre natürliche Autorität, an der sich andere orientieren können.

13. Netzwerke des Friedens. Engagierte Frauenherzen leben für die Überwindung aller Ismen und Dogmen, denn diese dienten letztlich immer der Unterdrückung von Lebenswahrheiten und der Verdrängung der Sexualität. Frauen folgen dem Prinzip der Öffnung und der Anteilnahme. Durch ihre kreatürliche Sinnlichkeit helfen sie, die Grenzen der Angst und der daraus folgenden Gewalt zu überwinden. Sie beteiligen sich aktiv am Aufbau eines internationalen Friedensringes: ein Netzwerk des Herzens, das über allen Religionen, Weltanschauungen und Parteizugehörigkeiten steht. Woman power: das ist die friedenschaffende Kraft der weichen Macht. Nicht mehr die alte Macht, Leben zu vernichten, sondern die Macht, Leben zu erzeugen, zu bewahren und weltweit zu schützen.

14. Tiere. Es gibt ein weibliches Wissen über die Verbundenheit aller Lebewesen. Frauen verbinden sich wieder mit ihrem Instinkt von Schutz, Pflege und Wärme für alles Lebendige. Wir lösen diese Fähigkeiten von jeder Sentimentalität und setzen sie definitiv der Wirklichkeit von jedem Schlachthof, jeder Pelzfarm und jedem Tierlabor entgegen. In diesem Punkt gibt es keinerlei Toleranz mit den bestehenden Tötungseinrichtungen der patriarchalen Kultur. Es geht hier nicht um persönliche Schuldzuweisungen, sondern um die Entwicklung von konsequenten Perspektiven, die aus dieser Sackgasse hinausführen. Kannibalen haben Menschen gefressen, unsere Zeitgenossen fressen Tiere und Tierkinder. Irgendwann wird man merken, wie gering der Unterschied ist. Alles, was Augen hat in der Evolution, will leben, sehen, erkennen, teilhaben an diesem Wunder der Schöpfung. Augen sind für die Neugier da. Es ist absurd, solche jungen Wesen, die noch ganz am Anfang ihrer Erkenntnis leben, kontaktlos zu töten, um sie zu essen. Eine neue Frauenbewegung ist dazu da, um aus diesem Wahnsinn auszutreten. Ein entschiedenes Nicht-mehr-mitmachen gehört mit Sicherheit zu ihren Erkennungsmerkmalen.

Was wir den Lebewesen antun, kommt immer auf uns zurück. Das gehört tief zum alten und neuen Frauenwissen. Es gibt nur ein Sein, und was wir unseren Mitgeschöpfen antun, das tun wir immer auch uns selber an. In einer neuen Frauenbewegung setzen wir alle unsere geistigen und sexuellen Mächte ein, damit diese Massaker an uns und unseren Mitgeschöpfen ein Ende haben.

15. Ökologie. Ökologie ist die Lehre vom gemeinsamen Wohnen aller Mitgeschöpfe. Der Mensch hat dieses Wohnen gestört, er muß es jetzt wieder heilen. Die Dinge müssen wieder durch einen Sinn gesehen und verbunden sein, damit der Mensch sie lieben und pflegen kann. Solange das Leben des Menschen so sinnlos geworden ist, kann er unmöglich die Natur heilen. Heilung der Natur bedeutet Heilung des Menschen und umgekehrt. Die Umweltkrise der Natur und die Inweltkrise des Menschen sind zwei Seiten derselben Sackgasse und können nur in dieser Zusammenschau gesehen und gelöst werden. Gewaltfreie Forschung ist Kommunikationsforschung. Weibliches Arbeiten in der Natur ist Kommunikation mit allen Wesen. Weibliches Gärtnern ist spirituelle Ökologie in so elementarer und selbstverständlicher Form, daß uns schon das Wort »spirituell« etwas komisch vorkommt.

16. Religion. Frauen verbinden sich auf neue Art mit dem ursprünglichen Impuls der Schöpfungsreligionen. Sie folgen dabei keinem Glaubensdogma, keinem Katechismus und keiner Kirchenlehre. Es gibt aber einen religiösen Urimpuls, den sie lieben, weil er zum Leben gehört. Sie haben keine Religion mit Gott an der Spitze, denn ihre Religion ist das Leben selbst. Sie pflegen den sakralen Charakter der Welt in der Aufmerksamkeit für die einfachsten Dinge und das Geheimnis, das ihnen allen innewohnt. Es gibt Wahrnehmungsbereiche des Lebens, die stehen jenseits von Definition und Diskussion. Frauen werden aktiv neue archetypische Kräfte der Schöpfung abrufen, die Heilkraft für die Seele haben. Sie werden dem alten männlichen Götterhimmel, durch den soviel Unheil auf die Erde kam, eine weibliche Ablösung und neue Richtung anbieten.

17. Wiederkehr und Wandlung. Frauen werden den Gedanken vom zyklischen Charakter aller Dinge wieder ins Bewußtsein rufen. Dazu gehört auch der Gedanke der ewigen Wiederkehr. Sie werden für ein neues Verhältnis zu Tod und Wiedergeburt sorgen und der Erforschung dieser Zusammenhänge eine hohe Aufmerksamkeit schenken. Auf daß wir wieder Verbindung haben zu der Frage, woher wir kommen und wohin wir gehen. Frauen holen ein Stück Ewigkeit auf die Erde, indem sie trotz allen Neuerungen mit dem Rhythmus und dem Prinzip von Wandlung und Wiederkehr verbunden bleiben. Das drücken sie auch in alltäglichen Tätigkeiten aus, indem sie immer, wenn sie etwas Neues begehen, geistig an den Ursprung zurückkehren und von da aus das Neue entstehen lassen. Das ist die eigentliche Quelle für echte und gewaltfreie Radikalität: an die Wurzel gehen.

18. Die Kunst des Träumens. Für die Entwicklung und Verwirklichung der gewünschten Ziele eignen sich Frauen bestimmte Methoden der Kraft an. Eine der Methoden ist die Erlernung des bewußten Träumens. Das Träumen ist eine aktive Tätigkeit unseres wachen Geistes, ebenso wie Mathematik oder Computerwissenschaft, nur findet sie in einem anderen Raum statt, und die wesentliche Bedeutung dieses Bewußtseinsraumes ist von der männlichen intellektuellen Welt vergessen worden. Im geschulten Träumen erfahren wir uns als Quelle der Schöpfung, d.h. als Quelle und Urheber der Dinge, von denen wir hinterher glauben, sie seien ohne uns entstanden und wären außerhalb von uns als objektive Gegebenheit. Wer es lernt, seine Träume bewußt zu gestalten und zu verändern, hat einen wesentlichen Schlüssel für die Gestaltung und Veränderung der Wirklichkeit, vor allem zur Überwindung der eigenen Angst und Gewalt.

19. Die Kunst des Denkens. Aus Gedankenkraft entstehen neue Wirklichkeiten. Die Kunst des Denkens gehört zur schöpferischen Existenz des Menschen. Mit der Kraft des männlichen intellektuellen Denkens wurde eine Wirklichkeit geschaffen, deren Ende wir heute vor Augen haben. Es war ein einseitiges, ein lineares und gewalttätiges Denken. Frauen werden das intellektuelle Denken aufgreifen und neu verbinden. Sie treten in eine neue Schule des Denkens ein, das eine andere Wirklichkeit schafft. Die Denkkraft muß sich mit der Herzkraft verbinden. Frauen glauben nicht an lineare und starre Gesetze, sondern an bewegliche. Sie fördern nicht länger das nomothetische Weltbild, sondern ein offenes und liebevolles, eines, wo möglichst viele Wesen beheimatet werden können.

Sie denken nicht an eine Wahrheit an sich, sondern an eine bestmögliche Entwicklungsmöglichkeit für alle. Sie denken mit für zukünftige Generationen und haben keinen kategorischen Imperativ mehr außer dem einen: alles Leben braucht Kontakt, braucht Aufmerksamkeit und Pflege.

20. Wissenschaft und Forschung. Aus dem Gesagten ergibt sich eine leitende Rolle der Frau für neue Weichenstellungen in allen Wissenschaften. Frauen werden neue Orientierungen und Maßstäbe setzen. Sie werden z.b. die Frühgeschichtsforschung des Mannes durch spirituelle Archäologie ergänzen. Frauen waren ja maßgeblich beteiligt an dem Wissen, mit dem sie damals ihre Steinkreise errichtet, ihre Kranken geheilt und ihre Toten bestattet haben. Die Frau trägt dieses matriarchale Wissen, welches all diesen Epochen zugrundelag, ja in sich selbst, als zelluläre Information, so wie diese Information in der Materie selbst, der Mater, überall abrufbar vorhanden ist. Mathematik bedeutet ursprünglich Mutterweisheit. Wir haben die Möglichkeit, ein umfassendes Wissen in uns abzurufen und neue Erkenntnisformen aufzubauen, die zwar auch verbunden sind mit linearer Logik, aber vor allem mit ganzheitlicher Schau und Erinnerung. Die Frau wird sich an Systeme der Technik erinnern, die nicht darauf aus waren, Widerstände der Natur mit Gewalt zu brechen. Sie wird maßgeblich beteiligt sein, auch im Bereich von Forschung und Technologie das bisherige Prinzip der harten Kraft und der Widerstandsbrechung zu ersetzen durch ein weiches Prinzip der Resonanztechnologie.

21. Integration der Wut. Wenn wir auf diese jahrtausendealte Männerkultur zurückschauen, und wenn wir sehen, wie heute noch fast überall derselbe Wahnsinn herrscht, Wahnsinn in der Liebe, Wahnsinn in der Technologie, Wahnsinn im Umgang mit Kindern und Tieren, Wahnsinn im Krieg, dann stellt sich uns die Notwendigkeit einer inneren Umkehr. Wir können nicht mehr schweigen. Es ist zuviel. Zuviel Blut ist geflossen und fließt immer noch. Wir können aber auch nicht unserer Wut darauf einfach freien Lauf lassen, denn dann würde noch mehr Blut fließen. Wir müssen, das ist unser zweiter kategorischer Imperativ, wir müssen unsere Wut umformen zu einer Energie, die vor keinen Widerständen mehr haltmacht und sich durch nichts auf der Welt mehr einschüchtern läßt. Es ist eine stille, eine große, eine sehr entschlossene Energie.

Aus jeder Revolution ist bisher neue Unterdrückung entstanden. Das darf nicht mehr passieren, indem wir unsere Wut von Anfang an anders nutzen. Für die Beendigung der sexuellen Gewalt, für die Beendigung aller Leiden, die der Mensch, vor allem der männliche, mit unserer Duldung so lange und so furchtbar an aller Kreatur vollzogen hat. Nicht mehr gegen etwas, sondern entschlossen für etwas. Wir brauchen die Kraft der Wut, aber nicht mehr als Kraft gegen die Männer, nicht mehr als Kraft eines antimännlichen Feminismus, sondern als Kraft zu bedingungslosem Schutz allen Lebens. Männer, die hier anders denken, auch unsere Geliebten, werden hier radikal umlernen müssen.

22. Austritt aus der Opferrolle. Frauen werden immer entschlossener austreten aus dem Glauben an ihre Opferrolle. Frauen sind von ihrem Wesen her nicht Opfer, sondern Erzeugerinnen ihrer Wirklichkeit. Jede Frau, die ihre Macht über Männer kennengelernt hat, hat die Möglichkeit gespürt, diese Macht zu mißbrauchen oder sie einzusetzen für eine andere Wirklichkeit. Frauen haben eine biologische und natürliche Autorität, die ihr kein Mann streitig machen wird, wenn sie es nicht selbst so will. Wenn wir nur Opfer gewesen wären, könnten wir uns heute nicht auf unsere Kraft besinnen. Noch ist die Wirklichkeit anders. Noch gibt es überall auf der Welt reale Täter und reale Opfer. Wir werden unsere Erkenntnis, daß es eine Möglichkeit gibt, aus der Opferrolle auszusteigen, nutzen, um für möglichst viele einen solchen Freiraum zu schaffen. Wir werden diese Erkenntnis nutzen, um etwas zu unternehmen für die Menschen, die in einer Situation der realen Gewalt leben. Diese These wird den verantwortlichen Trägerinnen Kraft und Orientierung geben, am Aufbau neuer sozialer Strukturen zu arbeiten. Also fangen wir an, diese uralte weibliche Kraft, aus der Kulturen entstanden sind, wieder aufzubauen. Ich als Frau bin nicht Opfer, nicht Objekt. Wir sind nicht mehr dazu da, die bestehenden Strukturen zu dulden, sondern sie zu verändern. Überall in der Welt soll der Gedanke der weichen Macht aufgenommen und weitergetragen werden.

23. Weiche Macht. Weiche Macht ist die Macht, Widerstände durch Herzkraft zu überwinden und Schwierigkeiten durch Leichtigkeit zu nehmen. Wir brauchen dafür entweder ein jahrtausendelanges Training im Zenbuddhismus – oder wir nutzen die Kräfte, die wir Frauen von Natur aus haben. Weiche Macht ist ein Ordnungsprinzip, dem sich auf die Dauer auch die härtesten Männer fügen, wenn sie merken, daß es ohne Rache, ohne Bestrafung und ohne Hintergedanken arbeitet. Die harten Männer sind ja so hart geworden, weil diese weiche Macht ihnen gefehlt hat. Es ist die Macht der Mütter, die entschlossen den Schutz für ihre Kinder übernommen haben. Es ist die sexuelle Macht von Frauen, die nicht mehr über die Potenz oder Impotenz ihrer Liebhaber zu Gericht sitzen, und die trotzdem entschlossen sind, mit ihren weichen Mitteln die Lebensfreude neu zu befreien. Weiche Macht ist das Prinzip der Evolution, das sofort in Kraft tritt, wenn die Lebewesen keine Angriffsfläche mehr haben für ihre Bosheit. Weiche Macht ist letztlich auch die Kraft, die einen Graskeimling befähigt, eine 5 cm dicke Asphaltdecke zu durchdringen, um ans Licht der Welt zu kommen. Es ist das Organisationsprinzip und das Kraftprinzip der Natur und die eigentliche Entelechie ihrer Lebewesen.

24. Affirmation. Affirmation ist die Kunst der Bejahung, die Kunst, neue Ideen zu sehen, zu wollen und zu verwirklichen. Indem wir anfangen, sie zu sehen, entsteht der Wille, sie zu verwirklichen. Und damit wir unter den alltäglichen Problemen unseres Alltags nicht wieder zusammenfallen, benutzen wir die Kunst der Affirmation. Es sind inzwischen immer mehr Gruppen von Frauen, die sich in diesem Sinne finden. Die Affirmation bekommt ihre Kraft durch öffentliche Erklärungen und spirituelle Verbindung mit den Zielen. Affirmation ist das Gebet an uns selbst, das wir als weibliche Wesen sprechen und hinter das wir nicht mehr zurückgehen werden. Insofern ist sie ein definitiver Austritt aus unseren alten Rollen. Es ist eine wirkliche Revolution, die sich mit größter Kraft im Inneren abspielt. In diesem Sinn freuen wir uns auf die neuen Männer, auf einen neuen Eros und auf eine neue Verbindung der beiden Geschlechter. Wir brauchen weder Softies noch Chauvies, wir brauchen Verständigung und einen gemeinsamen Eintritt für das Leben. Wir brauchen eine Kultur, in der die Liebe zwischen den Geschlechtern eine reale Möglichkeit bekommt, damit wir uns endlich wieder "erkennen" können.